正编一─part1
正编二─part2
正编三─part3
副编
part4

心灵之旅

梁思成 林洙／著

人民文学出版社

图书在版编目(CIP)数据

梁思成心灵之旅／梁思成，林洙著．—北京：人民文学出版社，2012
ISBN 978-7-02-009212-3

Ⅰ．①梁⋯ Ⅱ．①梁⋯②林⋯ Ⅲ．①古建筑—中国—摄影集②古建筑—考察—中国 Ⅳ．① K928.71

中国版本图书馆 CIP 数据核字（2012）第 105943 号

责任编辑　王一珂
装帧设计　刘　静
责任印制　苏文强

出版发行　人民文学出版社
社　　址　北京市朝内大街 166 号
邮政编码　100705
网　　址　http://www.rw-cn.com

印　　刷　北京瑞禾彩色印刷有限公司
经　　销　全国新华书店等

字　　数　255 千字
开　　本　720 毫米 ×1020 毫米　1/16
印　　张　20.25　插页 21
印　　数　8001—13000
版　　次　2013 年 4 月北京第 1 版
印　　次　2013 年 10 月第 2 次印刷

书　　号　978-7-02-009212-3
定　　价　52.00 元

如有印装质量问题，请与本社图书销售中心调换。电话：01065233595

梁思成先生　张水澄摄

少年

青年

1954年，梁思成手绘颐和园谐趣园图

中年

壮年

晚年

1929年，梁思成、林徽因测绘沈阳北陵

1936年,梁思成、林徽因在天坛祈年殿顶

1936年，梁思成、林徽因在修缮天坛祈年殿现场

1952年9月1日,梁思成在工地指导教学　张祖道 摄

1952年9月14日,梁思成、林徽因会见英国建筑师斯金纳 张祖道 摄

1957年，梁思成（后排右一）陪同毛泽东主席、刘少奇主席接见外宾

1950年代，梁思成在波兰

1950年代，梁思成在波兰湖上泛舟

1950年代，梁思成在捷克参加关于"城市建设"的会议

梁思成在北戴河海滨休假

1960年代，梁思成在清华大学运动会上致词

"文革"初期的梁思成

Palazzo Rucellai   In Florence Alberti designed the Rucellai Palace. It is important because it is the building where superposed orders were used in the forms of pilasters decorating (tabularium) the facade. The entablature is so designed that it serves as either an entablature or cornice. The projections here are all slight. Pilasters project ¼ of the diameter. Doors are square. In this design the feeling of defense disappeared.   Alberti designed

S. Maria Novella facade   S. Maria Novella facade for Rucellai. There were a number of tombs built in the walls.   Church of S. Andrea was entirely

S. Andrea   free for Alberti to design. It is a Latin cross with a dome at the crossing and barrel vaults at the arms. There are no side aisles. Columns were placed at large and small spacing.

Rossellino   Rosselino (1409-1464) was associated with Alberti. They went to Rome on the invitation of St Nicholas. They worked on St. Peter's.   At Siena Rosselino built

Pallazzo Piccolomini   the Pallazzo Piccolomini. He was inspired by the Riccardi Palace. (Aeneas Silvius). Pope Pius the II. was the patron. He employed Rosselino to build a church, a palace and a town hall. The palace is isolated and built around a court.

1927年，梁思成手绘罗马古建筑

1920年代,梁思成手绘卢浮宫的柱廊

1936年，梁思成手绘河南郑县开元寺塔

1936年，梁思成手绘山东长清灵岩寺慧崇塔

1954年，梁思成手绘颐和园谐趣园

1950年代，梁思成手绘的他憧憬中的北京市区街道图

目录

正编一

- 一... 一片瓦
- 二... 立志

正编二

- 三... 蓟县独乐寺——第一篇古建调查报告
- 四... 宝坻广济寺三大士殿——一个奢侈的幸福
- 五... 正定古建调查报告纪略——重要的发现
- 六... 大同古建筑——大同人民的骄傲
- 七... 云冈石窟——隋唐以前的实物
- 八... 龙门石窟——石刻艺术的宝库
- 九... 应县木塔——世界上最高的木构建筑
- 十... 赵州桥——世界上最古的敞肩桥
- 十一... 晋汾古建筑——民间匠师的智慧
- 十二... 山西五台山佛光寺
- 十三... 西南地区的古建调查
- 十四... 广西容县真武阁——不落地的柱子

正编三

- 十五... 清华大学营建学系学制及学程计划草案——创立建筑系
- 十六... 国徽与人民英雄纪念碑
- 十七... 关于中央人民政府行政中心区位置的建议——梁陈方案
- 十八... 曲阜孔庙之建筑及其修葺计划——梁思成与古建保护
- 十九... 检查——永远一步也不再离开我们的党

副编

- 梁思成、林洙两地书

写在前面的话

林 洙

这本书像是文选，又不是严格意义上的文选。它的前一部分主要是梁先生的古建调查报告、解放前后关于建筑的一些文章，包括在特定历史条件下被迫所作的检讨；后一部分则是书信，主要是写给我的书信；其时段起自1962年，终至先生去世前夕，几乎全部第一次公开面世。梁先生文章中穿插的文字，是为便于读者阅读，我所作的说明。从这本书中，读者可以把捉到梁思成一生思考和关注问题的大体脉络。它的特点也在于此，故而名之"心灵之旅"。

解放前，梁思成主要是一个学者。他热爱祖国，关心国事；但他留给后人的文字，更多地集中在他所研究的建筑领域，集中在学术的范畴。

近来，一个朋友常常与我谈及梁思成的事业与生活。他没有像其他学者那样讨论古建筑本身，而是更关注于先生当时的工作环境与社会状况。

梁思成曾在他的古建调研报告中说："旅行的详记因时代情况之变迁，在现代科学性实地调查报告中，是个必要部分。"这些"行程"、"记游"生动翔实地记下了当时古建存在的状态、那个年代的社会环境，更浸含着主人公所经历的欢欣与挫折，留下了那个年代对这些古代建筑描述的文字记录。

梁思成开展古建调查的年代，整个国家民族都处于日本帝国主义侵略的威胁之下。他深刻地认识到，古代建筑是中华民族文化的结晶，一旦战争爆发，我国的这些珍贵文化遗产将可能毁于一旦。他是一位建筑学家，更是一位爱国主义者。他带着紧迫感，与学社同仁们不畏艰苦，马不停蹄地在华北地区寻找和勘查。1937年七七事变前夕，他们找到了唐代的佛光寺以及华北地区大批宋、辽、金时代的古建。梁思成将其完整地记录下来，作为财富留给了子孙后代。以后的岁月里，只要条件允许，他都不放弃调查古建的机会。直到1961年,他依然不辞年迈,对广西容县真武阁进行勘查研究。可以说,他是尽了他所能做到的一切,来完成历史交给他的使命。

读者通过先生的这些文字,能够更为感性地体味中国古代建筑的魅力与梁思成的建筑思想。

为了培养新一代建筑学的人才,抗战胜利后,他就着手设立清华大学营建学系。新中国成立之初,他更是以百倍的热情投入到新生中国的建设中。他主持设计了国徽和人民英雄纪念碑,与陈占祥一同向党提出了新的北京城的规划方案。也正是在此期间,他开始感到各方的压力,受到不公正的批判。

进入上世纪六十年代,由于社会政治大环境的影响,先生在学术领域所做的文章渐少(当然,他还一直在进行着《营造法式》的注释工作);但作为一个有良知的知识分子,他依旧关注着社会的发展,依旧以一颗赤子般的心怀热爱着自己的祖国,相信着党。

值得一提的是,梁思成与林徽因是很勤于写信的人,同时也有保留朋友们信件的习惯。遗憾的是,"文革"期间,面对疯狂野蛮的抄家批判浪潮,为了避免引起不必要的麻烦,梁先生在我帮助下,烧毁了费正清夫妇的书信以及沈从文先生写给林徽因的书信。他只保留了新中国成立后自己写给党和国家领导人的信件底稿。在梁思成存信中,我从未见过梁林二人的往返信件,它们对思成来说应该是至为珍贵的。在与思成相处的日子里,我也从未听他提起过这些信件。也许它们已经被销毁,也许,它们还藏在某一个尚未被人发现的角落!

幸运的是,梁思成与我的这批通信得以留存至今。其间,自然不乏缠绵思恋之语,但更多涉及的是对祖国发展的关注、对社会时事的看法,以及对个人进步的渴求。到了1966年,即使在"山雨欲来风满楼"的严峻形势下,他还是努力要跟上形势,在对吴晗、翦伯赞等人的批判中,他一方面检查自己,一方面听从党的安排。然而,极具戏剧性的是,正当他认为自己紧跟党走的时候,当时的清华大学党委却正在准备批判梁思成和钱伟长的材料。

这批书信,本是我们夫妻间的私房话,是否适宜发表,我有很大的顾虑。然而,接触到这批书信的朋友们却有着不同的看法。他们都说,信中透露出了梁思成对祖国的忠诚、对生活的热爱以及对家庭的责任感。与我结婚时，他已年逾六旬，但对待妻子，他依然充满了激情和真诚。他在对待我的情感中包含着他的同龄人所少有的青春的活力。同时，他还关怀老人，爱护子女。当时，在健康日益恶化的情况下，他仍心怀着对民族文化的高度责任感，拼尽心力完成了宋代《营造法式》的注释研究工作。

这批书信，比较生动真实地反映了先生晚年的生活和思想面貌，也反映了他在特定历史条件下的局限。它们对读者研究梁思成的生平思想，了解特定历史阶段中那一代知识分子的心路历程一定会有助益。梁思成不是家属的私有，他属于他的祖国和人民。因此，我决心将这部分资料曝光，让世人评说。

读罢此书，你将看到这样一个梁思成——他坚忍而又困惑，高尚却有缺点，丰厚而又纯真！

一 ... 一片瓦
二 ... 立志

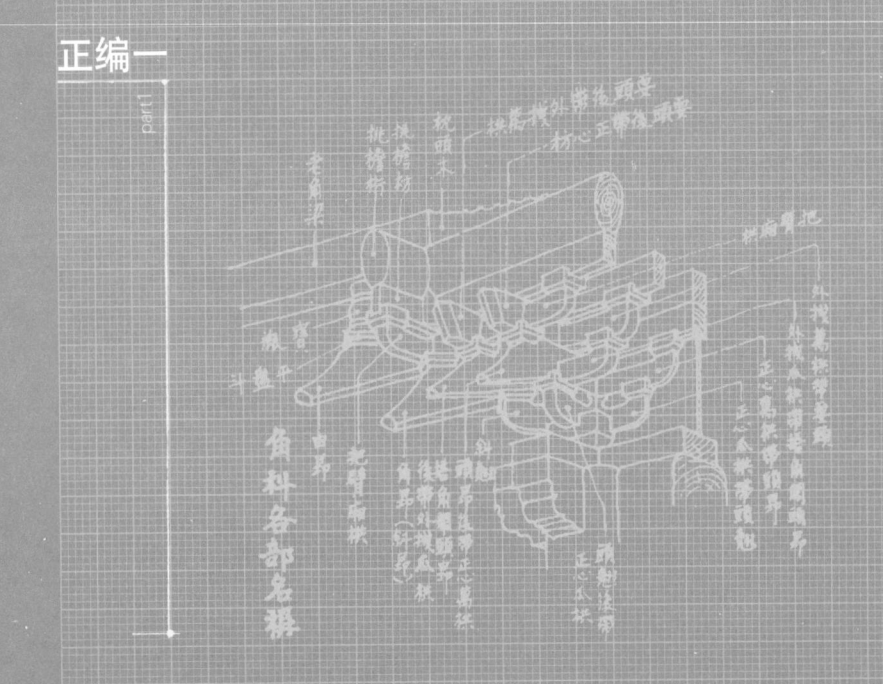

正编一

part1

一... 一片瓦

梁思成 1901 年出生于日本东京。1907 年，梁家迁居到神户郊区须磨海滨的一座华侨别墅。梁思成幼年时期曾随父母去奈良及京都，游历至奈良时正值大佛寺落架全修；梁启超夫妇以一日圆的香资买了一片大殿的瓦，在上面写下了梁思成的名字，祈求佛祖保佑他们的长子平安成长。梁启超不会想到，这块瓦片却让儿子日后与古建筑结下了不解之缘。日本奈良与京都的古建筑（建造年代相当于中国唐朝）竟成了思成后来研究中国古建时必不可少的参考资料。更没有人想到，1945 年，他曾冒着巨大的风险，向美军郑重提出了不要轰炸日本京都和奈良两座历史文化名城的建议。在梁思成的心中，它们不仅属于日本人民，也是世界人民的宝贵财富。

1963 年，日本和中国都举办了鉴真和尚圆寂一千二百周年的盛大纪念活动，为纪念鉴真和尚促进两国友好和文化交流的不朽贡献，在鉴真弘法的故土——扬州大明寺，准备建设一座纪念堂，梁思成被选为设计者。他仿照奈良唐招提寺金堂的风格设计了鉴真纪念堂。他认为，金堂虽是日本建筑，但却是唐代建筑传承的产物。以金堂的形式和风格纪念鉴真和尚，象征千余年来中日两国人民的友谊，是最为恰当的。

梁思成曾回忆："在设计过程中，我猛然记起童年时与父母亲一起去奈良出游的情景，想到大佛殿。巨大的正殿正在维修，父母亲捐出一日圆的香资，把我的名字刻在瓦片上。当唤起这种回忆时，我不由得沉浸在返回日本的心绪中。对日本的怀恋之情就像那瓦片一样，无法飘离诞生处日本'故乡'的土地。"

新民业报时代任公及顺成永三儿

1906年,梁启超与思成(左一)、思顺(右一)、思永(右二)摄于日本东京。照片上方为梁启超亲笔题字:"新民业报时代任公及顺成永三儿。"

约1908年，李蕙仙（左一）与孩子们在日本山上游玩小憩。孩子分别为思成（右一）、思顺（右二）、思永（右三）

在日本上小学时期的梁思成

二... 立志

1924年，梁思成结束了清华学校的学业，也养好了腿伤。他准备与林徽因一同前往美国宾夕法尼亚大学建筑系学习。当时宾大建筑系不收女生，林徽因只得入了美术系，但选修建筑系的课程。后来，她成为我国第一位女建筑师。

1927年，梁思成以优异的成绩获得宾大建筑学硕士学位，林徽因也获得了美术系学士学位。

在宾大学习期间，梁思成深刻地认识到：建筑是民族文化的结晶。他对建筑史这门学科产生了浓厚的兴趣，为之狠下功夫。他发现，埃及、希腊、罗马及欧洲诸国的古建筑均得到了系统的整理，并有了研究成果，而我们这个有着悠久文化历史的古国，竟没有一部自己的建筑史。正当他茫然之际，收到了父亲寄来的一部重新再版的古籍——《营造法式》，梁思成不禁喜出望外。可是，翻阅此书，他又转入了迷惑，因为书中的内容他根本无法读解。他曾形容《营造法式》是一本"天书"。我国在宋代就对建筑有了这样系统的论述，可见中国建筑发展到宋代已经成熟。他不能回避，决心一定要读懂这本"天书"，立志要解开中国建筑发展之谜。于是，他决定再入哈佛大学的研究生院去深造，以"中国宫室史"为题攻读博士论文。他在哈佛用了三个月的时间读遍了所有关于中国建筑的资料，可是利用这些有限的东西无法完成他的论文。他必须回国实地调查寻找中国的古建筑。那个年代，中国建筑尚未引起西方学者的注意，但日本学术界已开始注意研究中国古建。梁思成感到：如果我们自己不研究中国建筑史，那么这块学术领地迟早会被日本学术界所占领；中国建筑史一定要由中国人来书写。怀着这样的雄心壮志，他与导师约定：自己先回到祖国去实地调查古建筑，两年后提交毕业论文。

1928年，他在东北大学短暂地逗留了一年多就回到北平加入中国营造学社，开始了中国建筑史的研究。

梁公认为：要研究古代建筑应先从近代开始。因此，他以清故宫的建筑为实例,以清工部《工程做法则例》为教材,拜老工匠为师,参考了大量的民间有关建筑估算做法的口诀、手抄秘本等进行研究。两年后,他已谙熟了清式建筑的做法,并用现代科学的表达方式写出了一本现代读物——《清式营造例则》。

完成了《清式营造例则》的写作之后,梁思成开始了坚苦的漫长的古建筑考察之路。

1922年，梁思成与林徽因、林母摄于雪池林寓

梁思成、林徽因在赴美途中

1927年前后，梁思成（左一）与林徽因、吴文藻（左四）、陈意（左五）、陈植（最前者）等在美国纽约合影

↑ 梁思成、林徽因在美国参加化妆晚会

↓ 梁思成、林徽因宾夕法尼亚大学时的同学们合影

正编二

part 2

三... 蓟县独乐寺——第一篇古建调查报告

四... 宝坻广济寺三大士殿——一个奢侈的幸福

五... 正定古建调查报告纪略——重要的发现

六... 大同古建筑——大同人民的骄傲

七... 云冈石窟——隋唐以前的实物

八... 龙门石窟——石刻艺术的宝库

九... 应县木塔——世界上最高的木构建筑

十... 赵州桥——世界上最古的敞肩桥

十一... 晋汾古建筑——民间匠师的智慧

十二... 山西五台山佛光寺

十三... 西南地区的古建调查

十四... 广西容县真武阁——不落地的柱子

三... 蓟县独乐寺——第一篇古建调查报告

独乐寺，俗称大佛寺，位于天津蓟县城内西大街。它是我国现存最古老的木结构建筑之一，相传始建于唐，辽统和二年（984）重建。

梁思成对独乐寺是心怀深厚情感的。1932年4月，他开始进行古建调查的起点就是蓟县的独乐寺。当时，日军已经威胁平津，梁思成怀着责任心与紧迫感，身携借自清华的仪器设备，与弟弟梁思达一起来到蓟县，对独乐寺进行了实地系统的调研。归平后，梁思成依据调研所得的第一手材料，在林徽因帮助下，完成了《蓟县独乐寺观音阁山门考》一文，同年6月发表在《中国营造学社汇刊》。这篇论著，确立了独乐寺在中国建筑史上的地位。

解放后，在上世纪六十年代中，为了测绘、保护独乐寺，先生又三次来蓟县。鉴于1932年那次测绘受各种客观条件的限制还有些疏漏，梁思成认为独乐寺需要重新测绘。

1964年4月，他携我一同前往蓟县，联系准备重测事宜。随之，他组织清华大学建筑系的学生，由文化部古建研究室主任祁英涛率领到独乐寺测绘，由他进行具体指导。得到新测的图纸和照片，他欣慰不已，曾感慨："总算了却一桩心愿。"他准备归后即向上级提出重修独乐寺观音阁的建议。

1966年的春天，国内政治气候已是"山雨欲来"，梁思成的处境也越发险恶。他深感重修独乐寺无望，即使如此，他还是冒着风险，顶着压力，第三次来到蓟县与有关部门研讨观音阁的保护问题。他提出要为观音阁安装避雷针、安好全部门窗；为防止鸟类粪便落于观音头像，要为观音头像罩上铁丝网。在他的建议下，文化部迅速拨款九千元，由河北省古建队按其要求施工安装完毕，使独乐寺受到了妥善保护。这里节选的是1932年梁思成对独乐寺的调查报告。在文中，他提出了研究古建必须从实物入手的观点。

近代学者治学之道，首重证据，以实物为理论之后盾，俗谚所谓"百

梁思成在独乐寺香炉旁

闻不如一见"，适合科学方法。艺术之鉴赏，就造型美术言，尤须重"见"。读跋千篇，不如得原画一瞥，义固至显。秉斯旨以研究建筑，始庶几得其门径。

造型美术之研究，尤重斯旨，故研究古建筑，非作遗物之实地调查测绘不可。

我国建筑，向以木料为主要材料。其法以木为构架，辅以墙壁，如人身之有骨节，而附皮肉。其全部结构，遂成一种有机的结合。然木之为物，易朽易焚，于建筑材料中，归于"非永久材料"之列，较之铁石，其寿殊短；用为构架，一旦焚朽，则全部建筑，将一无所存，此古木建筑之所以罕而贵也。然若环境适宜，保护得法、则千余年寿命，固未尝为不可能。去岁西北科学考察团自新疆归来，得汉代木简无数，率皆两千年物，墨迹斑斓，纹质如新。固因沙漠干燥，得以保存至今；然亦足以证明木寿之长也。

至于木建筑遗例，最古者当推日本奈良法隆寺飞鸟期诸堂塔，盖建于我隋代，距今已千三百载。然日本气候湿润，并非特宜于木建筑之保存，其所以保存至今日者，实因日本内战较少，即使有之，其破坏亦不甚烈，且其历来当道，对于古物尤知爱护，故保存亦较多。至于我国，历朝更迭，变乱频仍，项羽入关而"咸阳宫室火三月不灭"，二千年来革命元勋，莫不效法项王，以逞威风，破坏殊甚。在此种情形之下，古建筑之得幸免者，能有几何？故近来中外学者所发现诸遗物中，其最古者寿亦不过八百九十余岁，未尽木寿之长也。

蓟县独乐寺观音阁及山门，皆辽圣宗统和二年重建，去今（民国二十一年）已九百四十八年，盖我国木建筑中已发现之最古者。以时代论，则上承唐代遗风，下启宋式营造，实研究我国建筑蜕变上重要资料，罕有之宝物也。

翻阅方志，常见辽宋金元建造之记载；适又传闻阁之存在，且偶得见其照片，一望而知其为宋元以前物。平蓟间长途汽车每日通行，交通尚称便利。二十年秋，遂有赴蓟计划。行装甫竣，津变爆发，遂作罢。至二十一年四月，始克成行。实地研究，登檐攀顶，逐部测量，速写摄影，以纪各部特征。

归来整理，为寺史之考证，结构之分析、及制度之鉴别。后二者之研

梁思成在独乐寺观音阁前

1934年初春,梁思成、林徽因夫妇带领南下的东北大学学生考察独乐寺

究方法，在现状图之绘制；与唐、宋（《营造法式》），明、清（《工程做法则例》）制度之比较；及原状图之臆造（至于所用名辞，因清名之不合用，故概用宋名，而将清名附注其下）。计得五章，首为总论，将寺阁主要特征，先提纲领。次为寺史及现状。最后将观音阁山门作结构及制度之分析。

观音阁及山门最大之特征，而在形制上最重要之点，则为其与敦煌壁画中所见唐代建筑之相似也。壁画所见殿阁，或单层或重层，檐出如翼，斗栱雄大。而阁及门所呈现象，与清式建筑固迥然不同，与宋式亦大异，而与唐式则极相似。熟悉敦煌壁画中净土图者，若骤见此阁，必疑身之已入西方极乐世界矣。

其外观之所以如是者，非故仿唐形，乃结构制度，仍属唐式之自然结果。而其结构上最重要部分，则木质之构架——建筑之骨干——是也。

观音阁是一座外表上两层实际上三层的木结构。它是环绕着一尊高约十六米的十一面观音的泥塑像建造起来的。因此，二层和三层的楼板，中央部分都留出一个空井，让这尊高大的塑像，由地面层穿过上面两层，树立在当中。这样在第二层，瞻拜者就可以达到观音的下垂的右手的高度；到第三层，他们就可以站在菩萨胸部的高度，抬起头来瞻仰观音菩萨慈祥的面孔和举起的左手，令人感到这一尊巨像，尽管那样的大，可是十分亲切。同时从地面上通过两层的楼井向上看，观者的像又是那样高大雄伟。在这一点上，当时的匠师在处理瞻拜者和菩萨像的关系上，应该说是非常成功的。

……

蓟既为古来重镇，其建制至为周全，学宫衙署，僧寺道院，莫不齐备。而千数百年来，为蓟民宗教生活之中心者，则独乐寺也。寺在城西门内，中有高阁，高出城表，自城外十余里之遥，已可望见。每届废历三月中，寺例有庙会之举，县境居民，百数十里跋涉，参加盛会，以期"带福还家"。其在蓟民心目中，实为无上圣地，如是者已数百年，蓟县耆老亦莫知其始自何年也。

"独乐寺不知创自何代，至辽时重修。有翰林院学士承旨刘成碑。统和四年孟夏立石，其文曰：'故尚父秦王请谈真大师入独乐寺，修观音阁。以统和二年冬十月再建上下两级、东西五间、南北八架大阁一所。重塑

梁思成与同事考察独乐寺南白塔

1949年后,梁思成应文化部敦请,赴蓟县考察独乐寺维修情况

十一面观音菩萨像'"。

统和二年,即宋太宗雍熙元年,公元984年也。阁之再建,实在北宋初年。《营造法式》为我国最古营造术书,亦为研究宋代建筑之唯一著述,初刊于宋哲宗元符三年(公元1100年)上距阁之再建,已百十六年。而统和二年,上距唐亡(昭宣帝天佑四年,公元907年)仅七十七年。以年月论,距唐末尚近于法式刊行之年。且地处边境,在地理上与中原较隔绝。在唐代地属中国,其文化自直接受中原影响,五代以后,地属夷狄,中国原有文化,固自保守,然在中原若有新文化之产生,则所受影响,必因当时政治界限而隔阻,故愚以为在观音阁再建之时,中原建筑若已有新变动之发生,在蓟北未必受其影响,而保存唐代特征亦必较多。如观音阁者,实唐宋二代间建筑之过渡形式,而研究上重要之关键也。

寺之创立,至迟亦在唐初。《日下旧闻考》引《盘山志》云:

自统和上溯至唐初三百余年耳。唐代为我国历史上佛教最昌盛时代;寺像之修建供养极为繁多,而对于佛教之保护,必甚周密。在彼适宜之环境之下,木质建筑,寿至少可数百年。殆经五代之乱,寺渐倾颓,至统和(北宋初)适为须要重修之时。故在统和以前,寺至少已有三百年以上之历史,殆属可能。

有清一代,因坐落之关系,独乐寺遂成禁地,庙会盛典,皆于寺前举行。平时寺内非平民所得入,至清末遂有窃贼潜居阁顶之轶事。贼犯案年余,无法查获,终破案于观音阁上层天花之上;相传其中布置极为完善,竟然一安乐窝。其上下之道,则在东梢间柱间攀上,摩擦油腻、尚有黑光,至今犹见。

鼎革以后,寺复归还于民众,一时香火极盛。民国六年,始拨西院为师范学校。十三年,陕军来蓟,驻于独乐寺,是为寺内驻军之始。十六年,驻本县保安队,始毁装修。十七年春,驻孙□□部军队,十八年春始去。此一年中,破坏最甚。然较之同时东陵盗陵案,则吾侪不得不庆独乐寺所受孙部之特别优待也。

北伐成功以后,蓟县党部成立,一时破除迷信之声,甚嚣尘上,于是党委中有倡议拍卖独乐寺者。全蓟人民,哗然反对,幸未实现。不然,此千年国宝,又将牺牲于"破除迷信"美名之下矣。

民国二十年，全寺拨为蓟县乡村师范学校，阁，山门，并东西院坐落归焉。东西院及后部正殿，皆改为校舍，而观音阁山门，则保存未动。南面栅栏部分，围以土墙，于是无业游民，不复得对寺加以无聊之涂抹撕拆。现任学校当局诸君，对于建筑，保护备至。观音阁山门十余年来，备受灾难，今归学校管理，可谓渐入小康时期，然社会及政府之保护，犹为亟不容缓也。

此次旅行，蒙清华大学工程学系教授施嘉炀先生惠借仪器多种，蓟县王子明先生及蓟县乡村师范学校校长刘博泉，教员王慕如，梁伯融，工会杨雅园诸先生多方赞助，与以种种便利。而社员邵力工，舍弟梁思达同行，不唯沿途受尽艰苦，且攀梁登顶，不辞危险，尤为难能。归来研究，得内子林徽音在考证及分析上，不辞劳，不惮烦，与以协作；又蒙清华大学工程教授蔡方荫先生在比较计算上与以指示，始得此结果。而此次调查旅行之可能，厥为社长朱先生之鼓励及指导是赖，微先生之力不及此，尤思成所至感者也。

1949年后，梁思成应文化部敦请，赴蓟县考察独乐寺维修情况

四... 宝坻广济寺三大士殿——一个奢侈的幸福

在考察蓟县独乐寺即将结束之际,梁思成得知宝坻县还有一座结构类似蓟县独乐寺的广济寺。他设法找来了宝坻广济寺的照片进行鉴别,发现寺内大殿是"辽式的原构"。1932年6月11日,梁思成带着营造学社的一名年轻社员和一个随从,从北平出发前往宝坻。由此,宝坻也就成了梁思成"野外调查"的第二站。

抵达广济寺,梁思成发现,古寺敞开的大殿顶部梁架与内部结构骨干正是宋《营造法式》中所述的"彻上露明造"。后来,他情不自禁地描述:"在发现蓟县独乐寺几个月后,又得见一个辽构,实是一个奢侈的幸福。"他赞扬寺内的辽代建筑三大士殿"内部梁枋,结构精巧,似繁实简,极用木之能事,为后世所罕见"。《宝坻县广济寺三大士殿》一文最早载于《中国营造学社汇刊》第三卷第二期,后来,他在自己所著的《中国建筑史》中又对该寺予以陈说,广济寺在建筑史上的历史地位也由此奠定。

遗憾的是,1947年之秋,这座具有重要文物价值的千年古刹遭到拆毁,成为永远无法弥补的遗憾。

行　程

今年四月,在蓟县调查独乐寺辽代建筑的时候,与蓟县乡村师范学校教员王慕如先生谈到中国各时代建筑特征,和独乐寺与后代建筑不同之点,他告诉我说,他家乡——河北宝坻县——有一个西大寺,结构与我所说独乐寺诸点约略相符,大概也是辽金遗物。于是在一处调查中,又得了另一处新发现的线索。我当时想到蓟县绕道宝坻回北平,但是蓟宝间长途汽车那时不凑巧刚刚停驶,未得去看。回来之后,设法得到西大寺的照片,预先鉴定一下,竟然是辽式原构,于是宝坻便列入我们旅行程序里来,又因其地点较近,置于最早实行之列。

我们预定六月初出发,那时雨季方才开始,长途汽车往往因雨停开,一直等到六月十一日,才得成行。同行者有社员东北大学学生王先泽和一

梁思成等人在三大士殿前合影

个仆人。那天还不到五点——预定开车的时刻——太阳还没上来,我们就到了东四牌楼长途汽车站,一直等到七点,车才来到,那时微冷的六月阳光,已发出迫人的热焰。汽车站在猪市当中——北平全市每日所用的猪,都从那里分发出来——所以我们在两千多只猪惨号声中,上车向东出朝阳门而去。

由朝阳门到通州间马路平坦,车行很快。到了通州桥,车折向北,由北门外过去,在这里可以看见通州塔,高高耸起,它那不足度的"收分",和重重过深过密的檐,使人得到不安定的印象。

通州以东的公路是土路,将就以前的大路所改成的。过了通州约两三里到箭杆河,白河的一支流。河上有桥,那种特别国产工程,在木柱木架之上,安扎高粱秆,铺放泥土,居然有力量载渡现代机械文明的产物,倒颇值得注意,虽然车到了桥头,乘客却要被请下车来,步行过桥,让空车开过去。过了桥是河心一沙洲,过了沙洲又有桥,如是者两次,才算过完了箭杆河。河迤东有两三段沙滩,长者三四里,短者二三十丈,满载的车,到了沙上,车轮飞转,而车不进,乘客又被请下来,让轻车过去,客人却在松软的沙里,弯腰伸颈,努力跋涉,过了沙滩。土路还算平坦,一直到夏垫。由夏垫折向东南沿着一道防水堤走,忽而在堤左,忽而过堤右,越走路越坏。过了新集之后,我们简直就在泥泞里开汽车,有许多地方泥浆一直浸没车的蹬脚板,又有些地方车身竟斜到与地面成四十五度角,路既高低不平,速度直同蜗牛一样。如此千辛万苦,进城时已是下午三时半。我们还算侥幸,一路上机件轮带都未损坏,不然甚时才达到目的地,却要成了个重要的疑问。

我们这次期望或者过奢,因为上次的蓟县是一个山麓小城,净美可人的地方,使我联想到法国的村镇,宛如重游 Fugere, Arles 一般。宝坻在蓟县正南仅七十里,相距如此之近,我满以为可以再找到另一个相似净雅的小城镇。岂料一进了城,只见一条尘土飞扬的街道,光溜溜没有半点树影,转了几弯小胡同,在一条雨潦未干的街上,汽车到达了终点。

下车之后,头一样打听住宿的客店,却都是苍蝇爬满,窗外喂牲口的去处。好容易找到一家泉州旅馆,还勉强可住,那算是宝坻的"北京饭店"。泉州旅馆坐落在南大街,宝坻城最主要的街上。南大街每日最主要的商品是咸鱼——由天津经一百七十里路运来的咸鱼——每日一出了旅馆大门便入"咸鱼之肆",我们在那里住了五天。

西大寺坐落在西门内西大街上,位置与独乐寺在蓟县城内约略相同。在旅馆卸下行装之后,我们立刻走到西大寺去观望一下。但未到西大寺以前,在城的中心,看见镇海的金代石幢,既不美,又不古,乃是后代重刻的怪物。不凑巧,像的上段也没照上。

西大寺天王门已经"摩登化"了,门内原有的四天王已毁去,门口挂了"民众阅报处"的招牌,里面却坐了许多军人吸烟谈笑。天王门两边有门道,东边门上挂了"河北第一长途电话局宝坻分局"的牌子,这个方便倒是意外的,局即在东配殿,我便试打了一个电话回北平。

配殿和它南边的钟楼鼓楼,和天王门,都是明清以后的建筑物,与正中的三大士殿比起来真是矮小得可怜。大殿之前有许多稻草。原来城内驻有骑兵一团,这草是地方上供给的马草。暂时以三大士殿做贮草的仓库。

这临时仓库额曰:"三大士殿"是一座东西五间、南北四间、单檐、四阿的建筑物。斗栱雄大,出檐深远,的确是辽代的形制。骤视颇平平,几使我失望。里边许多工人正在轧马草,草里的尘土飞扬满屋,三大士像及多位侍立的菩萨,韦驮,十八罗汉等等,全在尘雾迷蒙中罗列。像前还有供桌,和棺材一口!在堆积的草里,露出多座的石碑,其中最重要的一座是辽太平五年的,土人叫做"透灵碑",是宝坻"八景"之一。

抬头一看,殿上部并没有天花板,《营造法式》里所称"彻上露明造"的。梁枋结构的精巧,在后世建筑物里还没有看见过,当初的失望,到此立刻消失。这先抑后扬的高兴,趣味尤富。在发现蓟县独乐寺几个月后,又得见一个辽构,实是一个奢侈的幸福。

出大殿,绕到殿后,只见一片空场,几间破屋,洪肇懋《县志》里所说的殿后宝祥阁,现在连地基的痕迹都没有了,问当地土人,白胡子老头儿也不曾赶上看到这座巍峨的高阁。我原先预定可以得到的两座建筑物之较大一座,已经全部羽化,只剩一座留待我们查记了。

正殿的内外因稻草的堆积,平面的测量颇不容易。由东到西,由南到北,都没有一线直量的地方;乃至一段一段的分量,也有许多量不着或量不开之处。我们费了许多时间,许多力量,爬到稻草上面或里面,才勉强把平

↑ 补间铺作后尾，"彻上露明造"

↓ 三大士殿前堆积草料情况

面尺寸拼凑起来，仍不能十分准确。

这些堆积的稻草，虽然阻碍我们工作，但是有一害必有一利，到高处的研究，这草堆却给了我们不少的方便。大殿的后部，稻草堆的同檐一样高，我们毫不费力的爬上去，对于斗栱梁枋都得尽量的仔细测量观摩，利害也算相抵了。

三大士殿上的瓦饰，尤其是正吻，形制颇特殊；四角上的"走兽"也与清式大大不同。但是屋檐离地面六米，不是普通梯子所上得去的；打听到城里有棚铺，我们于是出了重价，用搭架的方法，扎了一道临时梯子，上登殿顶。走到正脊旁边，看不见脊那一面；正吻整整有两个半人高，在下面真看不出来。

这时候轰动了不少好事的闲人，却藉此机会上到殿顶，看看四周的风光，顷刻之间，殿顶变成了一座瞭望台。

大殿除建筑而外，殿内的塑像和碑碣也很值得我们注意。塑像共计四十五尊，主要的都经测量，并摄影；碑共计九座，除测量外，并拓得全份，但是拓工奇劣，深以为憾。

我们加紧工作三天，大致已经就绪，最后一天又到东大寺。按县志的记载，那东大寺——大觉寺——千真万确是辽代的结构；但是现在，除去一座碑外，原物一无所存，这种不幸本不是意外，所以我们也不太失望。此外城东的东岳庙，《县志》所记的刘銮塑像，已变成比东安市场的泥花脸还不如。城北的洪福寺，更不见甚"高阁峻嶒，虬松远荫，渠水经其前"的美景，只有破漏的正殿，和丛生的荆棘。

我们绕城外走了一周，并没有新的发现。便到了城墙上，才看见立在旧城楼基上，一座丑陋不堪的小"洋房"。门上一片小木板，刻着民国十四年县知事某（?）的《重修城楼记》，据说是"以壮观瞻"等等；我们自然不能不佩服这么一位审美的县知事。最近几年间，广济寺的各部已逐渐归了外面各种势力之支配。现在大殿是军草库；天王门是阅报处；东配殿的南二楹是长途电话局，北一楹是和尚的禅房；西配殿封闭未用。堂堂大刹，末路如此。千年古物，日就倾圮。三大士殿的命运，若社会和政府不速起保护，怕可指日而计了。

工作完了，想回北平，但因北平方面大雨，长途汽车没有开出，只得等了一天。第二天因车仍不来，想绕道天津走，那天又值开往天津汽车的全部让县政府包去。因为我们已没有再留住宝坻一天的忍耐，我们决由宝坻坐骡车到河西坞，北平天津间汽车必停之点，然后换汽车回去。

十七日清晨三点，我们在黑暗中由宝坻出南门，向河西坞出发。一只老骡，拉着笨重的轿车，和车里充满了希望的我们，向"光明"的路上走。出城不久，天渐放明，到香河县时太阳已经很高了。十点到河西坞；听说北上车已经过去。于是等南下车，满拟到天津或杨村换北宁车北返，但是来了两辆，都已挤得人满为患，我们当天到平的计划，好像是已被那老骡破坏无遗了。

当时我们只有两个办法：一个是在河西坞过夜，等候第二天的汽车，一个是到最近的北宁路站等火车，打听到最近的车站是落垡，相距四十八里，我们下了决心，换一辆轿车，加一匹驴向落垡前进。

下午一点半，到武清县城，沿城外墙根过去。一阵大风，一片乌云，过了武清不远，我们便走进蒙蒙的小雨里。越走雨越大，终了是倾盆而下。在一片大平原里，隔几里才见一个村落，我们既是赶车，走过也不能暂避。三时半，居然赶到落垡车站。那时骑驴的仆人已经湿透，雨却也停了。在车站上我们冷得发抖，等到四时二十分，时刻表定作三时四十分的慢车才到。上车之后，竟像已经回到家里一样的舒服。七点过车到北平前门，那更是超过希望的幸运。

旅行的详记因时代情况之变迁，在现代科学性的实地调查报告中，是个必要部分，因此我将此简单的旅程经过，放在前面也算作序。

梁思成在转轮藏殿檐下 ↑

摩尼殿主面 ↓

五。。。正定古建调查报告纪略——重要的发现

正定县城古建众多，甚至可称群落。1933年4月16日，梁思成第一次考察正定，借住隆兴寺中。这次考察的成果，最后被整理为《正定古建筑调查纪略》。梁思成欣喜地写道："今春四月正定之游，虽在兵荒马乱之中，时间匆匆，但收获却意外的圆满。"

考察中，他推断了隆兴寺摩尼殿的年代"至少也是北宋原构"。1978年摩尼殿大修时，人们发现内槽栏额及斗拱构件上留有许多处墨书题记。它们清晰地记载着摩尼殿的建造年代——北宋皇祐四年（1052），历史的实物再次证明了梁思成最初的判断。此时，他已离开我们六个年头。

当看到我国现存最早、最大可转动的藏经书架——作为北宋遗物的转轮藏殿时，梁思成欣喜若狂。转轮藏殿上部结构的精巧构架、与《营造法式》完全相同的斗拱，给他的研究提供了直接的参考实据。他还发现了阳和楼及县文庙两处重要古建。对正定城内四座唐塔做了"形制"上的分析。

1933年11月，梁思成偕林徽因再次来到正定进行第二次考察。

1952年，时任清华大学土木建筑系主任的他，利用暑假，带着学生来再次到正定考察测绘古建。

1963年，梁思成第四次来到正定。

1966年"文化大革命"肇始，5月16日上午，梁思成急电正定文物保管所，建议立即拆下开元寺钟楼的唐代板门，以求其劫后余生。

这里节选的是他第一次调查正定古建的报告《正定古建筑调查纪略》。

绪 言

今春四月正定之游，虽在兵荒马乱之中，时间匆匆，但收获却意外的圆满。除隆兴寺及四塔之外，更有阳和楼及县文庙两处重要的发现，计摄影或测量的建筑物十八处，详细测量者六处，略测者五处，其余则只摄影而已。归来整理，觉得材料太多，非时半载不办，而且篇幅过大，非汇刊所能容，所以先作《纪略》，作为初步报告，所以称《纪略》者，因记而

不考故曰"纪",纪而不详故曰"略"。至于详细报告,则将俟诸日后,作《中国营造学社专刊》第五、六两集出版。

思成 志

二十二年八月

纪　游

"榆关变后还不见有什么动静,滦东形势还不算紧张,要走还是趁这时候走。"朋友们总这样说,所以我带着绘图生莫宗江和一个仆人,于四月十六日由前门西站出发,向正定去。平汉车本来就糟,七时十五分的平石通车更糟,加之以"战时"情形之下,其糟更不可言。沿途接触的都是些武装同志,全车上买票的只有我们,其余都是用免票"因公"乘车的健儿们。

车快到涿州,已经缓行,在铁路的西边五六十米,忽见一堆惹人注目的小建筑物。围墙之内在主要中线上;前面有耸起的塔,后面有高起的台基,上有出檐深远歇山的正殿;两山没有清式通用的山花板,而有悬鱼;塔之前有发券的三座门。我正在看得高兴,车已开过了这一堆可爱的小建筑,而在远处突然显出涿州的城墙,不到一分钟,车已进站停住,窗前只是停在那里的货车和车上的军需品。回程未得在此停留,回来后在《畿辅通志》卷一七九翻得"普寿寺在州东三里,浮图高十丈,石台高二丈。……"又曰:"一名清凉寺,在城东北三里,地名北台,浮图石台俱存,……中有万历时碑记,传为宋太祖毓灵之所云。"

车过保定,下去了许多军人,同时又上来了不少,其中有一位八十八师的下级军官,我们自然免不了谈些去年一·二八的战事。

下午五时到正定,我和那位同座的军官告别下车。为工作便利计,我们雇了车直接向东门内的大佛寺去。离开了车站两三里,穿过站前的村落,又走过田野,我们已来到小北门外,洋车拉下了干枯的护城河,又复拉上,然后入门。进城之后,依然是一样的田野,并没有丝毫都市模样。车在不平的路上,穿过青绿的菜田,渐渐的走近人烟比较稠密的部分。过些时左边已渐繁华,右边仍是菜圃。在东(左)边我们能看见远处高大的绿色琉璃庑殿顶;东南极远处有似瞭望台的高建筑物。顺着地平由左向右看(由东而南而西，）更有教堂的塔尖；八角形的塔（那是在照片里已瞻仰过的天宁寺木塔）；绿色琉璃屋顶；和四方形的开元寺砖塔，由其他较低的屋顶上耸出。这是我所要研究的正定，及其主要建筑物的全景。我因在进城后几分钟内所得到的印象，才恍然大悟正定城之大出乎意料。但是当时我却不知在我眼前这一大片连接栉比屋舍之中，还蕴藏着许多宝贝。

在正定的街市上穿过时最惹我注目的有三样东西：一，每个大门内照壁上的小神龛，白灰的照壁，青砖的小龛，左右还有不到一尺长的红纸对联；壁前一株夹竹桃或杨柳，将清凉的疏影斜晒到壁上，家家如此，好似在表明家家照壁后都有无限清幽的境界。二，鼓镜特高的柱础；沿街两旁都有走廊，廊柱下石础上有八九寸高的鼓镜，高略如柱径；沿街铺廊的柱础都是如此，显然是当地的特征。三，在铺廊或住宅大门檐下，檐檩与檐枋之间，都不用北平所常见的垫板，而用三朵荷叶或荷花垫托，非常可爱。此外在东西大街两旁的屋顶上，用砖砌成小墩，上面有遮过全街宽的凉棚架，令我想到他们夏天街上的清凉。

在一架又一架凉棚架下穿行了许久，我左右顾看高起的鼓镜和檩枋间的小垫块，忽然已到了敕建隆兴寺山门之前。车未停留，匆匆过去，一瞥间，我只看见山门檐下斗栱结构非常不顺眼。车绕过了山门，向北顺着一道很长的墙根走，墙上免不了是"党权高于一切"，"三民主义……"一类的标语。我们终于被拉到一个门前放下，把门的兵用山西口音问我来做什么。门上有陆军某师某旅某团机关枪连的标识。我对他们说明我们的任务，候了片刻，得了连长允许，被引到方丈去。

一位六十岁左右的老和尚出来招待我们，我告诉他我们是来研究隆兴寺建筑的，并且表示愿在此借住，他因方丈不在家，不能做主，请我们在客堂等候。到方丈纯三回来，安排停当之后，我们就以方丈的东厢房做工作的根据地。但因正定府城之大，使我们住在城东的，要到西门发封电信都感到极不方便。

在黄昏中，莫君与我开始我们初步的游览。由方丈穿过关帝庙，来到慈氏阁的北面，我们已在正院的边上；在这里我才知道刚才进小北门时所见类似瞭望台式的高建筑物，原来是纯三方丈所重修的大悲阁。在须弥座上，砌起十丈多高的半圆拱龛，类似罗马教堂宫苑中的大松球龛(Nich of the Pine Cone)，龛上更有三楹小殿，这时木匠正忙着在钉殿顶上的望板。在大悲阁前，有转轮藏与慈氏阁两座显然相同的建筑相对而立。我们先进慈氏阁看看内部的构架，下层向南的下檐已经全部毁坏，放入惨淡的暮色。殿内有弥勒（?）立像，两旁有罗汉。我们上楼，楼梯的最下几级已没有了，但好在还爬得上去。上层大部没有地板，我们战兢的看了一会儿，在几不可见的苍茫中，看出慈氏阁上檐斗栱没有挑起的后尾，于是大失所望的下楼。我们越过院子，看了转轮藏殿的下部，与显然由别处搬来寄居的坦腹阿弥陀佛，不禁相对失笑，此后又凭吊了他背后破烂的转轮藏，却没有上楼。

慈氏阁转轮藏殿之间，略南有戒坛，显是盛清的形制。戒坛前面有一道小小的牌楼，形制甚为古劲。穿过牌楼门，庞大的摩尼殿整个横在前面。天已墨黑，殿里阴深，对面几不见人，只听到上面蝙蝠唧唧叫唤。在殿前我们向南望了六师殿的遗址，和山门的背面，然后回到方丈去晚斋。豆芽、菠菜、粉丝、豆腐、面、大饼、馒头、窝窝头，我们竟然为研究古建筑而茹素，虽然一星期的斋戒，曾被荤浊的罐头宣威火腿破了几次。

晚上纯三方丈来谈，说起前几天燕京大学许地山、容希伯、顾颉刚诸先生的来游。我将由故宫摹得乾隆年间重修正定隆兴寺图与和尚看，感叹了行宫之变成天主教堂，并且得悉可贵的《隆兴寺志》已于民国十八年寺产被没收为国民党党部时失却，现在已无法寻找[1]。

第二天早六时，被寺里钟声唤醒，昨日的疲乏顿然消失。这一天主要工作仍是将全寺详游一遍，以定工作的方针。大悲阁的宋构已毁去什九，正由纯三重修拱形龛，龛顶上工作纷纭，在下面测画颇不便，所以我们盘桓一会儿，向转轮藏殿去。大悲阁与藏殿之间，及大悲阁与慈氏阁之间，都有一座碑亭，完全是清式。转轮藏前的阿弥陀佛依然是笑脸相迎，于是绕到轮藏之后，初次登楼。越过没有地板的梯台，再上大半没有地板的楼上，发现藏殿上部的结构，有精巧的构架，与《营造法式》完全相同的斗栱，和许多许多精美奇特的构造，使我们高兴到发狂。

摩尼殿是隆兴寺现存诸建筑中最大最重要者。十字形的平面，每面有歇山向前，略似北平紫禁城角楼，这式样是我们在宋画里所常见，而在遗建中尚未曾得到者。斗栱奇特：柱头铺作小而简单；补间铺作大而复杂，而且在正角内有四十五度

[1]
《隆兴寺县志》为清乾隆十三年手抄本，解放后已经找到。现存隆兴寺保管所。

阳和楼

的如意栱，都是后世所少见。殿内供释迦及二菩萨，有阿难迦叶二尊者，并天王侍立。

摩尼殿前有甬道，达大觉六师殿遗址，殿已坍塌，只剩一堆土丘，约高丈许。据说燕大诸先生将土丘发掘，曾得了些琉璃，惜未得见。土丘东偏有高约七尺武装石坐像，雕刻粗劣，无美术价值，且时代也很晚，大概是清代遗物。这像本来已半身埋在土中，亦经他们掘出。

由土丘南望，正见山门之背。山门已很破，一部分屋顶已见天。东西间内供有四天王，并不高明。山门宋式斗栱之间，还夹有清式平身科（补间铺作），想为清代匠人重修时蛇足的增加，可谓极端愚蠢的表现。山门之北，左右有钟楼鼓楼遗址，钟楼的四根角柱石还矗立在土堆中，铁钟卧倒在地上。但在乾隆重修图上，原来的钟鼓楼并不在此。也许是后来移此，也许是乾隆时并没有依图修理，都有可疑。

寺的主要部分，如此看了一遍。次步工作便须将全城各处先游一周，依遗物之多少，分配工作的时间。稍息之后，我们带了摄影机和速写本出去"巡城"。我所知道的古建只有"四塔"，和名胜一处——数百年来修葺多次的阳和楼。天宁寺木塔离大佛寺最近，所以我们就将它作第一个目标，然后再去看临济寺的青塔，广惠寺的花塔，开元寺的砖塔。

初夏天气，炎热已经迫人，我们顺着东大街西走，约有两里来到寺前空地。空地比街低洼许多。塔的周围便是这空地和水塘，天宁寺全部仅存塔前小屋一院。塔前有明碑，一立一卧，字迹已不甚可辨。我勉强认读碑文，但此文于塔的已往并未有所记述。我们只将塔基平面测绘而已。

回到大街，过街南行，不到几步，又看见田野。正定城大人稀，城市部分只沿着主要的十字街。临济寺的青塔，就在城东南部田野与住宅区相接处。青塔是四塔中之最小者，不似其他三塔之耸起，由形制上看来，也是其中之最新者。我们对青塔上的工作只是平面图的测量，和几张照片，不幸照片大部分走了光，只剩一张全影。

我们走了许多路，天气又热，不禁觉渴，看路旁农人工作正忙，由井中提起一桶一桶的甘泉，决计过去就饮，但是因水里满是浮沉的微体，只得忍渴前行。

青塔南约里许，也在田野住宅边上，立着奇特的花塔。原来的广惠寺也是只余小殿三楹，且塔基部分破坏已甚。塔门已经堵塞，致我们不能入内参看。

我们看完这三座塔后，便向南大街走。沿南大街北行，不久便被一座高大的建筑物拦住去路。很高的砖台，上有七楹殿，额曰阳和楼，下有两门洞，将街分左右，由台下穿过。全部的结构就像一座缩小的天安门。这就是《县志》里有多篇重修记的名胜阳和楼；砖台之前有小小的关帝庙，庙前有台基和牌楼。阳和楼的斗栱，自下仰视，虽不如隆兴寺的伟大，却比明清式样雄壮的多，虽然多次重修，但仍得幸存原构，这是何等侥幸。我私下里自语："它是金元间的作品，殆无可疑。"但是这样重要的作品，东西学者到过正定的却未提到，我又觉得奇怪。门是锁着的，不得而入，看楼人也寻不到，徘徊瞻仰了些时，已近日中时分，我们只得向北回大佛寺去。在南大街上有好几道石牌楼，都是纪念明太子太保梁梦龙的。中途在一个石牌楼下的茶馆里，竟打听到看楼人的住处。

开元寺俗称砖塔寺。下午再到阳和楼时，顺路先到此寺，才知现在是警察教练所。砖塔的平面是四方形，各层的高度也较平均，其形制显然是四塔中最古者，但是砖石新整，为后世重修，实际上又是四塔中最新的一个。

开元寺除塔而外，尚存一殿一钟楼，而后者却是我们意外的收获。钟楼的上层外檐已非原形，但是下檐的斗栱和内部的构架，赫然是宋初（或更古！）遗物。楼上的大钟和地板上许多无头造像，都是有趣的东西。这栋楼现在显然是警察的食堂。开元寺正殿却是毫无趣味的清代作品。里面站在大船上的佛像，更是俗不可耐。

离开开元寺，我们还向阳和楼去。在楼下路东一个民家里，寻到管理人。沿砖台东边拾级而登，台上可以瞭望全城。台上有殿七楹，东西碑亭各一。殿身的梁枋斗栱，使我们心花怒放，知道这木构是宋式与明清式间紧要的过渡作品。这一下午的工作，就完全在平面和斗栱之测绘。

回到寺里，得到滦东紧急的新闻，似乎有第二天即刻回平之必要。虽然后来又得到缓和的消息，但是工作已不能十分的镇定。原定两星期工作的日程，赶紧缩短，同时等候更坏的消息，预备随时回平。

第三天游城北部，北门里的崇因寺和北门外的真武庙。崇因寺是万历年间创建，我们对它并没有多大的奢望。真武庙《县志》称始于宋元，但是现存者乃是当地的现代建筑。正脊垂脊和博风头上却有点有趣的雕饰。

回途到府文庙，现在的第七中学。在号房久候之后，蒙教务主任吴冶民先生领导参观。我们初次由小北门内远见的绿琉璃庑殿顶，原来就是大成殿，现在的"中山堂"；正脊虽短促，但柱高，斗栱小，出檐短，显然是明末作品。前殿——图书馆——的斗栱却惹人注意，可惜殿内斗栱的后尾，被白灰顶棚所遮藏，不得见其底细；记得进门时，在墙上仿佛见有"教育要艺术化"的标语，不知是否就如此解法。殿前泮水池上的石桥，雕工虽不精细而古雅，大概也是明以前物。

由府文庙出来，我们来到县政府，从前的正定府衙门。府衙门的大堂是一座庞大而无斗栱的古构，由规模上看来，或许也是明构。府衙门和文庙前的牌楼，都用一种类似"偷心"华栱的板块代替斗栱，这个结构还是初次见到。府衙门之外，还有一座楼，现在改为民众图书馆，形式颇为丑怪。在回寺途中，路过镇台衙门，现在的七师附小，在门内得见一对精美绝伦的铁狮，座上有元至正二十八年年号，和铸铁匠人的名姓。

第三天的工作如此完结，我觉得我对正定的主要建筑物已大略看过一次，预备翌晨从隆兴寺起，做详测工作。

第四天棚匠已将转轮藏殿所需用的架子搭妥。以后两天半——由早七时到晚八时——完全在转轮藏殿、慈氏阁、摩尼殿三建筑物上细测和摄影。其中虽有一天的大雷雨雹，晚上骤冷，用报纸辅助薄被之不足，工作却还顺利。这几天之中，一面拼命赶着测量，在转轮藏平梁叉手之间，或摩尼殿替木襻间之下，手按着两三寸厚几十年的积尘，量着材梁栱斗，一面心里惦记着滦东危局，揣想北平被残暴的邻军炸成焦土，结果是详细之中仍多遗漏，不禁感叹"东亚和平之保护者"的厚赐。

第六天的下午在隆兴寺测量总平面，便匆匆将大佛寺做完。最后一天，重到阳和楼将梁架细量，以补前两次所遗漏。余半日，我忽想到还有县文庙不曾参看，不妨去碰碰运气。

县文庙前牌楼上高悬着正定女子乡村师范学校的匾额。我因记起前次在省立七中的久候，不敢再惹动号房，所以一直向里走，以防时间上不必需的耗失，预备如果建筑上没有可注意的，便立刻回头。走进大门，迎面的前殿便大令人失望；我差不多回头不再前进了，忽想"既来之则看完之"

比较是好态度，于是信步绕越前殿东边进去。果然！好一座大成殿；雄壮古劲的五间，赫然现在眼前。正在雀跃高兴的时候，觉得后面有人在我背上一拍，不禁失惊回首。一位须发斑白的老者，严重的向着我问我来意，并且说这是女子学校，其意若曰："你们青年男子，不宜越礼擅入。"经过解释之后，他自通姓名，说是乃校校长，半信半疑的引导着我们"参观"；我又解释我们只要看大成殿，并不愿参观其他；因为时间短促，我们匆匆便开始测绘大成殿——现在的食堂——平面。校长起始耐性陪着，不久或许是感着枯燥，或许是看我们并无不轨行动，竟放心的回校长室去。可惜时间过短，断面及梁架均不暇细测。完了之后，校长又引导我们看了几座古碑，除一座元碑外，多是明物。我告诉他，这大成殿也许是正定全城最古的一座建筑，请他保护不要擅改，以存原形。他当初的怀疑至是仿佛完全消失，还殷勤的送别我们。

下午八时由大佛寺向车站出发，等夜半的平汉特别快。因为九点闭城的缘故，我们不得不早出城。到站等候。站上有整列的敞车，上面满载着没有炮的炮车，据说军队已开始向南撤退。全站的黑暗忽被惨白的水月电灯突破，几分钟后，我们便与正定告别北返。翌晨醒来，车已过长辛店了。

附 识

正定《调查纪略》因其关系建筑物多处，制图记载费时竟在意外，所以直至今秋始迟迟脱稿。又因当时被滦东战事所影响，缩短在正定实测期间，以致工作过于草率。归社绘图时，又常常发生疑难，疏漏过甚，令人怅惘。

近我又得重访正定的机会；匆匆出发，计留定旬日，得详细检正旧时图稿，并从新测绘当日所割爱而未细量的诸建筑物。虽然成图盈箧，但已不及对这份《初步纪略》有所增助了。如果这初稿中有特别疏漏或竟错误之处，我希望能在最近的将来里，由详纪图说中来纠正增补它。

思成 补记
二十二年十一月

梁思成在大殿佛像上

六... **大同古建筑**——大同人民的骄傲

大同是南北朝时的佛教艺术中心之一,是辽金两代的陪都,遍处古刹。1933年9月,梁思成与刘敦桢、林徽因等人来到大同。当时大同城条件极差,他们一行人受到李景熙、王沛然二位先生的盛情接待,分住在二位的宅中,又承李景熙多方联系,由市府出面与大同最大的酒店商妥,每日为他们准备最简单的三餐每人一大碗汤面。

在二十余天内对大同的古建筑进行了调查。这批调查成果,也为他们编著《中国建筑史》提供了丰富的材料。

梁思成首先对华严寺、善化寺的九座建筑调查测绘,进行了认真的分析、考证、测量、绘图与记录。辽金两代文献残缺,梁思成即借用李诫《营造法式》所记载的内容,也就是同时期北宋的官式术语代之。如《营造法式》中无所查考,他就尝试用清式术语替代。通过这样的研究,逐步形成大同辽金古建筑完整的营造法式记载,填补了历史的空白。

纪 行

大同古雁门地,北魏时号平城,自道武帝宅都于此,迄孝文帝南迁洛阳,凡九十余载,为南北朝佛教艺术中心之一。隋唐间稍中落。石晋天福初,地入契丹,遂为辽金二代陪都,称西京者前后二百余年,梵刹名蓝,遗留至今,有华严善化二寺,驶名遐迩。社中久拟调查,以事冗未果。本岁秋九月四日,决计西行,余二人外,同行有社员林徽音,与绘图生莫宗江,及仆役一人。是日下午四时,自西直门车站,乘平绥通车离平。傍晚过南口,地势渐高,车沿旧驿道,驶重山叠嶂中,经居庸关,青龙桥,午夜抵张家口。翌晨,天微雨,所经皆平冈连属,旷寂荒寥,宛然高原气象。少顷过玉河桥,睹浊流漯漯,知日前降雨,颇以测绘不便为虑。八时至大同车站,雨渐密。下车访车务处李景熙王沛然二先生,求代觅旅舍,荷厚意留居宅中。卸装后,为预备工作计,急雇车入城,赴华严善化二寺,作初度之考察。

大同内城方形,明洪武五年,徐达所筑,景泰天顺间,复增南北二城,

梁思成在善化寺普贤阁檐下

为明代北边之重镇。余辈自车站入外北门，左右皆营房操地，极目所及，民居绝少。入内北门，始有商廛。街两侧旧式商店前，有雨搭，下承以柱，略如短廊。屋上烟囱，覆铁制之顶，若小亭，方圆不一，颇别致。时雨益剧，道泞泥不便于行，至四牌楼，为城内交通中点。折西为清远街，经钟楼，再西南，至华严寺。

华严寺在内城西南隅，东向，自辽金来号为巨刹，至明始析为上下二寺。一行初至上寺，经山门前殿，登高台，至大雄宝殿。殿面阔九间，巍然压台上，自来外籍所载像片，仅收一部，未传真象，余辈遽窥全豹，不期同声惊讶，叹为巨构。殿之结构，依斗栱观之，尚保存金源旧状，仅内部彩画天花，与中央佛像五躯，为后代所制。巡视一周，即赴下寺。

寺在上寺东南，其前部自天王殿以东，现充实验小学。自殿后经内院，登石级，为薄伽教藏殿。殿系辽华严寺之经藏，面阔五间，单檐歇山极稳健洗练之至。其内外檐斗栱梁柱之比例，权衡甚美，犹存唐建筑遗风。殿内又有庋藏经典之壁藏，与天宫楼阁，系海内孤品，为治营造法式小木作最重要之证物。殿东北有海会殿五间，亦系辽构。外观无繁缛装饰，简洁异常，令人如对高僧逸士，超然尘表。惜寺僧外出，不能入观，约次日再往。

出下寺东行，赴善化寺，时已亭午，余等自晨至此未进食，饥肠辘辘不可耐，延颈四顾，觅餐馆不得，久之，获小店，入购饼饵数事，相与踞车上大嚼，事后思之，良堪发噱。善化寺在内城南门内，稍西，俗称南寺。山门北，有东西配殿及三圣殿，其后大雄宝殿七间，雄峙台上。殿内诸像，雕塑甚精美，姿态神情，各尽其妙，惜柱架北倾，非急与修治，恐颓毁期不远矣。左右朵殿各三间，与大殿俱南向。其东侧稍前，旧有楼，数载前不戒于火，惟西楼普贤阁尚存。纵观此寺建筑，除配殿朵殿外，其大殿，普贤阁，三圣殿，山门四处，均为辽金二代遗构，不意一寺之内，获若许珍贵古物，非始料所及。惟寺自民国来，曾一度充女校，嗣虽迁出，荒败不堪寓目。现唯顽童奔逐诸殿中，援柱攀梁，探鸽巢，获卵为乐；及附近驻军，假为操地，叱咤喑哑其间耳。住持妙道，川人，居此廿余载，已垂垂老矣。絮絮话寺兴废，为之怆然者久之。

此行原拟先赴云冈石窟，调查北魏石刻中所表现之建筑式样，然后返大同，正式测绘诸寺，讵天雨道泞云冈之行，只能暂缓。乃变更工作顺序，下午调查华严寺大殿，思成摄影，徽音与敦桢莫宗江三人，共量殿之平面尺寸，并抄录碑文，记载结构上特异诸点。翌晨雨霁，仍赴华严寺摄影，并量薄伽教藏殿与海会殿平面。午后赴云冈，往返尽三日，至九日午，返抵大同。下午至善化寺工作。是夜送徽音归北平。

次日雇匠赴善化寺搭架，自山门起，依次量各殿架构斗栱，次及华严寺诸殿，最后以经纬仪测寺之全体平面，及各殿之高度，自晨至暮，凡七日，大体告竣。又以城内钟楼与东门南门西门三城楼，均明代所建，由思成前往摄影。十七日赴应县，调查辽佛宫寺塔。敦桢自应先期回平。廿四日思成与莫宗江由应返大同，加摄诸寺像片，及量壁藏尺寸者一日。其后复派莫宗江陈明达二人，赴大同补量善化寺普贤阁，及华严寺壁藏，并摄影多幅。计前后二次，详测之建筑，有华严寺薄伽教藏殿，海会殿，及善化寺大雄宝殿，普贤阁，三圣殿，山门六处。略测者，华严寺大雄宝殿，善化寺东西朵殿，东西配殿，及东门南门西门城楼，钟楼九处。依时代分之，辽四，金三，明四，时代不明者四。

辽建筑

华严寺——薄伽教藏殿，海会殿

善化寺——大雄宝殿，普贤阁

金建筑

华严寺——大雄宝殿

善化寺——三圣殿，山门

明建筑

东门南门西门城楼，钟楼

时代不明之建筑

善化寺——东西朵殿，东西配殿

我国建筑之结构原则，就今日已知者，自史后迄于最近，皆以大木架构为主体。大木手法之变迁，即为构成各时代特征之主要成分。故建筑物之时代判断，应以大木为标准，次辅以文献记录，及装修，雕刻，彩画，瓦饰等项，互相参证，然后结论庶不易失其正鹄。本文以阐明各建筑之结构为唯一目的，于梁架斗栱之叙述，不厌其繁复详尽，职是故也。惟执笔时最感困难者，即辽金二代文献残缺，向无专纪建筑之书，其分件名称，无由探悉。兹以辽金同期之北宋官式术语，即李明仲营造法式所载者代之。间有李书所无，则以清式术语，承乏其间；如下文说明殿堂平面配置，混用宋式"当心间"，及清式"次间，梢间，尽间"等称是已。其明初遗物，如东门南门西门三城楼与钟楼等，在式样及结构上，均与辽金建筑接近，故亦以宋式术语说明之。

此行承李景熙、王沛然二先生多方照拂，隆谊可感，谨此鸣谢。

山西大同华严寺大雄宝殿

山西大同下华严寺薄伽教藏殿内辽代佛像

善化寺鸟瞰

七... 云冈石窟——隋唐以前的实物

开凿于北魏盛期的云冈石窟系六朝佛教艺术之杰作。最初，云冈石窟在偏重碑拓文字的中国金石学界没有引起重视，以致湮没千年。进入二十世纪，中外学者对它开始了调研。但第一次对石窟雕刻中所表现的建筑法则进行系统介绍的是梁思成、林徽因、刘敦桢等人。

1933年9月，他们来到云冈。石窟的艺术使这些年轻人着了魔。他们从洞窟本身的布置、构造及年代，与敦煌等处洞窟的比较以及石刻上所表现的建筑物及建筑部分（塔、柱、阑额、斗拱、屋顶、门、栏杆、踏步、藻井等）两个大的方面进行了细致、系统的研究。梁思成曾感慨："在云冈石窟中可以清晰地看到，在中国艺术固有的血脉中忽然渗入旺盛而有力的外来影响：它们的渊源可以追溯到古代的希腊、波斯、印度，它们通过南北两路，经西域各族和中国西藏到达内地。这种不同民族文化的大交流，赋予我国文化以旺盛的生命力。这是历史上最有趣的现象，也是近代史学者最重视研究的问题。"

二十二年九月间，营造学社同人，趁着到大同测绘辽金遗建华严寺，善化寺等之便，决定附带到云冈去游览，考察数日。

云冈灵严石窟寺，为中国早期佛教史迹壮观。因天然的形势，在绵亘峭立的岩壁上，凿造龛像，建立寺宇，动伟大的工程，如《水经注》"漯水"条所述："……凿石开山，因岩结构，真容巨壮，世法所希，山堂水殿，烟寺相望，……"；又如《续高僧传》中所描写的"……面别镌像，穷诸巧丽，龛别异状，骇动人神……"；则这灵岩石窟更是后魏艺术之精华——中国美术史上一个极重要时期中难得的大宗实物遗证。

但是或因两个极简单的原因，这云冈石窟的雕刻，除掉其在宗教意义上，频受人民香火，偶遭帝王巡幸礼拜外，十数世纪来直到近三十余年前，在这讲究金石考古学术的中国里，却并未有人注意及之。

我们所疑心的几个简单的原因，第一个浅而易见的，自是地处边僻，

云冈大佛

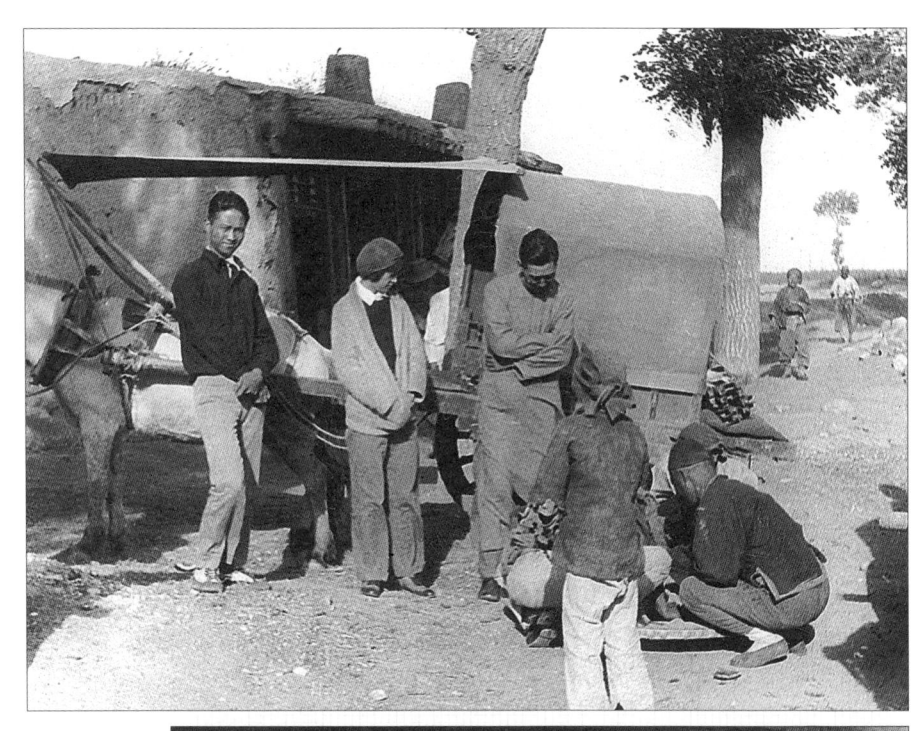

↑ 梁思成、林徽因等人在赴云冈途中

↓ 梁思成等人在考察窟前建筑

交通不便。第二个原因，或是因为云冈石窟诸刻中，没有文字。窟外或崖壁上即使有，如《续高僧传》中所称之碑碣，却早已漫没不存痕迹，所以在这偏重碑拓文字的中国金石学界里，便引不起什么注意。第三个原因，是士大夫阶级好排斥异端，如朱彝尊的《云冈石佛记》，即其一例，宜其湮没千余年，不为通儒硕学所称道。

近人中，最早得见石窟，并且认识其在艺术史方面的价值和地位；发表文章；记载其雕饰形状；考据其兴造年代的；当推日人伊东和新会陈援庵先生，此后专家作有统系的调查和详细摄影的，有法人沙畹，(Chavannes)，日人关野贞，小野诸人，各人的论著均以这时期因佛教的传布，中国艺术固有的血脉中，忽然渗杂旺而有力的外来影响，为可重视。且西域所传入的影响，其根苗可远推至希腊古典的渊源，中间经过复杂的途径，迤逦波斯，蔓延印度，更推迁至西域诸族，又由南北两路犍陀罗及西藏以达中国。这种不同文化的交流濡染，为历史上最有趣的现象，而云冈石刻便是这种现象极明晰的实证之一种，自然也就是近代治史者所最珍视的材料了。

根据云冈诸窟的雕饰花纹的母题(motif)及刻法，佛像的衣褶容貌及姿势，断定中国艺术约莫由这时期起，走入一个新的转变，是毫无问题的。以汉代遗刻中所表现的一切戆直古劲的人物车马花纹．与六朝以还的佛像饰纹，和浮雕的草叶，璎珞，飞仙等等相比较，则前后判然不同的倾向，一望而知。仅以刻法而论，前者单简冥顽，后者在质朴中，忽而柔和生动，更是相去悬殊。

但云冈雕刻中，"非中国"的表现甚多；或显明承袭希腊古典宗脉；或繁复的掺杂印度佛教艺术影响；其主要各派元素多是囫囵包并，不难历历辨认出来的。因此又与后魏迁洛以后所建伊阙石窟——即龙门——诸刻，稍不相同。以地点论，洛阳伊阙已是中原文化中心所在；以时间论，魏帝迁洛时，距武州凿窟已经半世纪之久；此期中国本有艺术的风格，得到西域袭入的增益后，更是根深蒂固，一日千里，反将外来势力积渐融化，与本有的精神冶于一炉。

云冈雕刻既然上与汉刻迥异，下与龙门较，又有很大差别，其在中国艺术史中，固自成一特种时期。近来中西人士对于云冈石刻更感兴趣，专诚到那里谒拜鉴赏的，便成为常事，摄影翻印，到处可以看到。同人等初

↑ 云冈石窟浮雕五层塔

↓ 云冈石窟第八洞西壁浮雕

意不过是来大同机会不易，顺便去灵岩开开眼界，瞻仰后魏艺术的重要表现；如果获得一些新的材料，则不妨图录笔记下来，作一种云冈研究补遗。

以前从搜集建筑实物史料方面，我们早就注意到云冈，龙门及天龙山等处石刻上"建筑的"（architectural）价值，所以造像之外，影片中所呈示的各种浮雕花纹及建筑部分（若门楣、栏杆、柱塔等等），均早已列入我们建筑实物史料的档库。这次来到云冈，我们得以亲自抚摩这些珍罕的建筑实物遗证，同行诸人，不约而同的第一转念，便是作一种关于云冈石窟"建筑的"方面比较详尽的分类报告。

这"建筑的"方面有两种：一是洞本身的布置，构造及年代，与敦煌印度之差别等等，这个倒是比较简单的；一是洞中石刻上所表现的北魏建筑物及建筑部分，这后者却是个大大有意思的研究，也就是本篇所最注重处，亦所以命题者。然后我们当更讨论到云冈飞仙的雕刻，及石刻中所有的雕饰花纹的题材，式样等等，最后当在可能范围内，研究到窟前当时，历来及现在的附属木构部分，以结束本篇。

在云冈石刻中我们见到的建筑形式有：塔、殿宇、洞口柱廊。

而在散落的石窟中所见到建筑部分有：柱、阑额、斗栱、屋顶、门与栱、栏杆及踏步、藻井。云冈石窟所表现的建筑式样，大部为中国固有的方式，并未受外来多少影响，不但如此，且使外来物同化于中国，塔即其例。印度窣堵波方式，本大异于中国本来所有的建筑，及来到中国，当时仅在楼阁顶上，占一象征及装饰的部分，成为塔刹。至于希腊古典柱头如 gonid order 等虽然偶见，其实只成装饰上偶然变化的点缀，并无影响可说。惟有印度的圆拱（外周作宝珠形的），还比较的重要，但亦只是建筑部分的形式而已。如中部第八洞门廊大柱底下的高 pedestal，本亦是西欧古典建筑的特征之一，既已传入中土，本可发达传布，影响及于中国柱础。孰知事实并不如是，隋唐以及后代柱础，均保守石质覆盆等扁圆形式，虽然偶有稍高的筒形如插图四十七，亦未见多用于后世。后来中国的种种基座，则恐全是由台基及须弥座演化出来的，与此种 pedestal 并无多少关系。

在结构原则上，云冈石刻中的中国建筑，确是明显表示其应用构架原则的。构架上主要部分，如支柱，阑额，斗栱，椽，瓦，檐，脊等，一一均应用如后代；其形式且均为后代同样部分的初型无疑。所以可以证明，在结构根本原则及形式上，中国建筑二千年来保持其独立性，不曾被外来影响所动摇。所谓受印度希腊影响者，实仅限于装饰雕刻两方面的。

云冈石窟乃西域印度佛教艺术大规模侵入中国的实证。但观其结果，在建筑上并未动摇中国基本结构。在雕刻上只强烈的触动了中国雕刻艺术的新创造，——其精神，气魄，格调，根本保持着中国固有的。而最后却在装饰花纹上，输给中国以大量的新题材，新变化，新刻法，散布流传直至今日，的确是个值得注意的现象。

八。。。龙门石窟——石刻艺术的宝库

在北魏前期的都城大同将云冈石窟调查完毕之后,梁思成、刘敦桢迫切地感到,应当立即前往九朝古都——洛阳,亲眼看看龙门石窟。由于种种原因,龙门之行一拖再拖。直到1936年5月,方才实现心愿。梁思成一行五人,在龙门踏勘了四天。当时的龙门石窟缺乏保护,萧索破败。而几位学者没有被野草丛生、蝙蝠乱飞的环境吓倒,面对北魏至北宋,尤其是盛唐时代留下的伟大艺术杰作,他们唏嘘不已,犹似进入天国。古阳洞中,梁思成将眼睛凑近佛像观看,林徽因则几乎跪地临摹。奉先寺卢舍那大佛前,所有人都惊叹倾倒。这座雕塑同西方古代任何伟大的雕塑媲美都毫不逊色。后来,梁思成写下了他的感受。

龙门诸像中之最伟大者为奉先寺卢舍那像。主尊面对伊水巍然而坐。唐代宗教美术之情绪,赖此绝伟大之形象,得以包含表显,而留存至无极,亦云盛矣!佛坐姿绝为沉静,唯衣褶之曲线中稍藏动作之意。今下部已埋没土中,且膝臂均毁,像头部稍失之过大。然其头像之所以伟大者,不在其尺度之长短,而在其雕刻之精妙,光影之分配,足以表示一种内神均平无倚之境界也。

总之,此像实为宗教信仰之结晶品,不独为龙门数万造像之最伟大最优秀者,亦唐代宗教艺术之极作也。

↑ 梁思成、林徽因在考察龙门石窟

↓ 龙门石窟唐代雕像

053

奉先寺卢舍那佛龛远景

卢舍那大佛

梁思成、林徽因等人在龙门石窟考察

九... 应县木塔——世界上最高的木构建筑

完成大同的工作之后,梁思成与莫宗江结伴去应县寻找木塔。

苍州狮子,应州塔。

正定菩萨,赵州桥。

这是华北老少皆知的谚语,作为最大最高的木塔式建筑,应县木塔与沧州狮子、正定菩萨、赵州桥一起被列为华北四大名胜。

上世纪三十年代初去应县的交通很不方便,加之他不确知应县木塔当时的情况。因此,梁公写了一封信,内附两元钱,信封上标注"山西应县最大的照像馆收",要求店主代拍摄一张塔的照片寄来。信发出后梁公"着了魔似地,天天等着回信",林徽因曾这样形容他。当收到照片之后,他惊喜不已,毫不犹豫地踏上了行程。

木塔建于公元1056年(宋至和三年),由地面到塔尖高六十六米,塔高五层,加上上面四层平座暗层,实为一座九层重叠式的木构架建筑。建国后,经过调查得出结论,应县木塔是现今世界存留的最古老、最高大的木塔。

在应县,梁思成与同事们工作了一周时间。在克服重重困难之后,他们完成了对应县木塔建筑学意义上的科学考察,为后人留下了一份详实的历史记录。

在这整个民族和他的文化,均在挣扎着他们重危的运命的时候,凭你有多少关于古代艺术的消息,你只感到说不出的难受。艺术是未曾脱离过一个活泼的民族而存在的;一个民族衰败湮没,他们的艺术也就跟着消沉僵死。知道一个民族在过去的时代里,曾有过丰富的成绩,并不保证他们现在仍然在活跃繁荣的。

但是反过来说,如果我们到了连祖宗传留下来的家产都没有能力清理,或保护;乃至于让家里的至宝毁坏散失,或竟拿到旧货摊上变卖;这现象却又恰恰证明我们这做子孙的没有出息,智力德行已经都到了不能堕落的田地。睁着眼睛向旧有的文艺喝一声:"去你的,咱们维新了,革命了,用不着再留丝毫旧有的任何知识或技艺了。"这话不但不通,简直是近乎无赖!

话是不能说到太远,题目里已明显的提过有关于古建筑的消息在这里,不幸我们的国家多故,天天都是迫切的危难临头,骤听到艺术方面的消息似乎觉到有点不识时宜,但是,相信我——上边已说了许多——这也是我们当然会关心的一点事,如果我们这民族还没有堕落到不认得祖传宝贝的田地。

这消息简单的说来,就是新近有几个死心眼的建筑师,放弃了他们盖洋房的好机会,卷了铺盖到各处测绘几百年前他们同行中的先进,用他们当时的一切聪明技艺,所盖惊人的伟大建筑物,在我投稿时候正在山西应县辽代的八角五层木塔前边。

山西应县的辽代木塔,说来容易,听来似乎也平淡无奇,值不得心多跳一下,眼睛睁大一分。但是西历一〇五六到现在,算起来是整整的八百七十七年。古代完全木构的建筑物高到二百八十五尺,在中国也就剩这一座,独一无二的应县佛宫寺塔了。比这塔更早的木构已经专家看到,加以认识和研究的,在国内的只不过五处而已。

中国建筑的演变史在今日还是个灯谜,将来如果有一天,我们有相当的把握写部建筑史时,那部建筑史也就可以像一部最有趣味的侦探小说,其中主要人物给侦探以相当方便和线索的,左不是那几座现存的最古遗物。现在唐代木构在国内还没找到一个,而宋代所刊《营造法式》又还有困难不能完全解释的地方,这距唐不久,离宋全盛时代还早的辽代,居然遗留给我们一些顶呱呱的木塔,高阁,佛殿,经藏,帮我们抓住前后许多重要的关键,这在几个研究建筑的死心眼人看来,已是了不起的事了。

我最初对于这应县木塔似乎并没有太多的热心,原因是思成自从知道了有这塔起,对于这塔的关心,几乎超过他自己的日常生活。早晨洗脸的时候,他会说"上应县去不应该是太难吧",吃饭的时候,他会说"山西都修有顶好的汽车路了"。走路的时候,他会忽然间笑着说,"如果我能够去测绘那应州塔,我想,我一定……"他话常常没有说完,也许因为太严重的事怕语言亵渎了。最难受的一点是他根本还没有看见过这塔的样子,

应县木塔全景

连一张模糊的像片，或翻印都没有见到！

有一天早上，在我们少数信件之中，我发现有一个纸包，寄件人的住址却是山西应县××斋照相馆——这才是侦探小说有趣的一页——原来他想了这么一个方法，写封信"探投山西应县最高等照相馆"，弄到一张应州木塔的像片。我只得笑着说阿弥陀佛，他所倾心的幸而不是电影明星！这照相馆的索价也很新鲜，他们要一点北平的信纸和信笺作酬金，据说因为应县没有南纸店。

时间过去了三年让我们来夸他一句"有志者事竟成"吧，这位思成先生居然在应县木塔前边——何止，竟是上边，下边，里边，外边——绕着测绘他素仰的木塔了。[1]

通讯（一）

……大同工作已完，除了华严寺处都颇详尽。今天是到大同以来最疲倦的一天，然而也就是最近于道途应县的一天了，十分高兴。明晨七时由此塔公共汽车赴岱，由彼换轮车"起早"，到即电告。你走后我们大感工作不灵，大家都用愉快的意思回忆和你各处同作的畅顺，悔惜你走得太早。我也因为想到我们和应塔特殊的关系，悔不把你硬留下同去瞻仰。家里放下许久实在不放心，事情是绝对没有办法，可恨。应县工作约四五日可完，然后再赴×县……

通讯（二）

昨晨七时由同乘汽车出发，车还新，路也平坦，有时竟走到每小时五十里的速度，十时许到岱岳。岱岳是山阴县一个重镇，可是雇车费了两个钟头才找到，到应县时已八点。

离县二十里已见塔，由夕阳返照中见其闪烁，一直看到它成了剪影，那算是我对于这塔的拜见礼。在路上因车摆动太甚，稍稍觉晕，到后即愈。县长养有好马，回程当借匹骑走，可免受晕车苦罪。

……

今天正式的去拜见佛宫寺塔，绝对的 drewbelming，好到令人叫绝，喘不出一口气来半天！

[1] 本文原载1933年10月7日天津《大公报·文艺副刊》第5期，署名：林徽音。原标题尾有"此文内通讯1—4系梁思成致林徽因书信的摘录"。

塔共有五层，但是下层有副塔（注：重檐建筑之次要一层，宋式谓之副塔），上四层，每层有平座，(实算共十层）因梁架斗栱之间，每层须量俯视，仰视，平面各一；共二十个平面图要画，塔平面是八角，每层须做一个正中线和一个斜中线的断面。斗栱不同者三四十种，工作是意外的繁多，意外的有趣，未来前的"五天"工作预示恐怕不够太多。

塔身之大，实在惊人。每面三开间，八面完全同样。我的第一个感触，便是可惜你不在此同我享此眼福，不然我真不知你要几体投地的倾倒！回想在大同善化寺暮色里面向着塑像瞪目咋舌的情形，使我愉快得不愿忘记那一刹那人生稀有的，由审美本能所触发的锐感。尤其是同几个兴趣同样的人，在同一个时候浸在那锐感里边。士能忘情时那句"如果元明以后有此精品，我的刘字倒挂起来了"，我时常还听得见。这塔比起大同诸殿更加雄伟，单是那高度已可观。士能很高兴他竟听我们的劝说没有放弃这一处同来看看，虽然他要不待测量先走了。

应县是个小小的城，是一个产盐区。在地下掘下不深就有咸水，可以煮盐，所以是个没有树的地方，在塔上看全城，只数到十四棵不很高的树！

工作繁重，归期怕要延长得多，但一切吃住都还舒适，住处离塔亦不远，请你放心……

通讯（三）

士能[1]已回，我同莫君[2]留此详细工作，离家已将一月却似更久。想北平正是秋高气爽的时候。非常想家！

像片已照完，十层平面全量了，并且非常精细，将来誊画正图时可以省事许多。明天起，量斗栱和断面，又该飞檐走壁了。我的腿已有过厄运，所以可以不怕。现在做熟了，希望一天可以做两层，最后用仪器测各檐高度和塔刹，三四天或可竣工。

这塔真是个独一无二的伟人作品。不见此塔，不知木构的可能性到了什么程度。我佩服极了，佩服建造这塔的时代，和那时代里不知名的大建筑师，不知名的匠人。

这塔的现状尚不坏，虽略有朽裂处。八百七十余年的风雨它不动声色的承受了，并且它还领教过现代文明：民国十六、七年间冯玉祥攻山西时，

[1] 指刘敦桢先生。
[2] 指莫宗江先生。

莫宗江在木塔檐下

这塔曾吃了不少的炮弹，痕迹依然存在，这实在叫我脸红。第二层有一根泥道栱竟被打去一节，第四层内部阑额内尚嵌着一弹未经取出，而最下层西面两檐柱都有碗口大小的孔，正穿通柱身，可谓无独有偶。此外枪孔无数，幸而尚未打倒，也算是这塔的福气。现在应县人士有捐钱重修之议，将来回平后将不免为他们奔走一番，不用说动工时还须再来应县一次。×县至今无音信，虽然前天已发电去询问，若两三天内回信来，与大同诸寺略同则不去，若有唐代特征如人字栱（!）鸱尾等等，则一步一磕头也要去的！……

通讯（四）

……这两天工作颇顺利，塔第五层（即顶层）的横断面已做了一半，明天可以做完。断面做完之后将有顶上之行，实测塔顶相轮之高；然后楼梯，栏杆，格扇的详样；然后用仪器测全高及方向；然后抄碑；然后检查损坏处以备将来修理。我对这座伟大建筑物目前的任务，便暂时告一段落了。

今天工作将完时，忽然来了一阵'不测的风云'。在天晴日美的下午五时前后狂风暴雨，雷电交作。我们正在最上层梁架上，不由得感到自身的危险，不单是在二百八十多尺高将近千年的木架上，而且紧在塔顶铁质相轮之下，电母风伯不见得会讲特别交情。我们急着爬下，则见实测记录册子已被吹开，有一页已飞到栏杆上了。若再迟半秒钟，则十天的工作有全部损失的危险。我们追回那一页后，急步下楼——约五分钟——到了楼下，却已有一线骄阳、由蓝天云隙里射出，风雨雷电已全签了停战协定了。我抬头看塔仍然存在，庆祝它又避过了一次雷打的危险，在急流成渠的街道（？）上回到住处去。

我在此每天除爬塔外，还到××斋看了托我买信笺的那位先生。他因生意萧条，现在只修理钟表而不照相了……

这一段小小的新闻，抄用原来的通讯，似乎比较可以增加读者的兴趣，又可以保存朝拜这古塔的人的工作时印象和经过，又可以省却写这段消息的人说出旁枝的话。虽然在通讯里没讨论到结构上的专门方面，但是在那一部侦探小说里也自成一章，至少那××斋照相馆的事例颇有始有终，思成和这塔的姻缘也可称圆满。

关于这塔，我只有一桩事要加附注。在佛宫寺的全部平面布置上，这塔恰恰在全寺的中心，前有山门，钟楼，鼓楼，东西两配殿，后面有桥道平台，台上还有东西两配殿和大殿。这是个极有趣的布置，至少我们疑心古代的伽蓝有许多皆如此把高塔放在当中的。

十... 赵州桥——世界上最古的敞肩桥

梁思成从"沧州狮子应州塔,正定菩萨赵州桥"这首歌谣中找到了应县木塔,也找到了赵州桥。1933年月,他与莫宗江赴河北赵县对赵州桥进行了考察。赵州桥系隋朝工匠李春主持建造,距今已有一千三百多年的历史。它是世界上最古老的、保存最完好的石拱桥。赵州桥的建造年代是梁思成最早发现并确定的。调研结束,临别之际,他还恋恋不舍,"惟恐同这座已经度过了一千三百多个寒暑的古桥,一别即成永诀"。

新中国成立后,政府将维修赵州桥作为国家文物局的直管工程,国务院拨款三十万元专项维修金。同时,国家文物局于1953年邀请了梁思成等古建、桥梁、工程方面的专家来制定实施维修的方案。经过长达六年大修之后,1958年赵州桥终于焕然一新。1961年3月4日国务院将赵州桥列入首批全国重点文物保护单位。

1963年3月,梁思成在文化部、国家文物局领导的陪同下,再次来到了久违的赵州桥身边。看到赵州桥的那一刻,他激动不已。桥身得以整修,桥下的河道得到了彻底清理,更让他欣喜的是,河道中还发掘出了历代跌落入水的桥栏杆石栏板,其中不但有元、明之物,而且有始建隋代时期的栏板,他还见到了当年自己没有找到的那块有重要历史价值的桥铭石。视察工作结束后,梁思成与修桥的工程师、技术员在桥头合影留念。

这里摘录的是梁思成1933年考察赵州桥的调查报告。

北方有四大胜迹著名得非常普遍,提起来,乡间的男女老少大半都晓得的"沧州狮子应州塔,正定菩萨赵州桥。"为着给记忆力的方便,这两句歌谣便将那四大胜迹串在一起,成了许多常识之一种。

四处中之赵州桥,在一般平民心目中,更是个熟识的古迹!《小放牛》里的:

赵州桥,鲁班爷修,

玉石栏杆圣人留,

赵州桥全景

张果老骑驴桥上走，

柴王爷推车轧了一道沟……

谁没有听过或哼过它几遍？

这平民心目中的四件宝贝，我前已调查考证过两处。第一处正定，不止是那七十三尺铜铸观音可观，隆兴寺全寺中各个建筑，且是宋代遗建中极重要的实物。第二处应县佛宫寺木塔，全塔木构，高六十余公尺，建于辽清宁二年（公元1056年），为我国木塔中之最古者；巍峨雄壮，经八百余年风雨，依然屹立，宜尊为国宝之一。

这一次考察赵州，不意不单是得见伟丽惊人的隋朝建筑原物，并且得认识研究这千数百年前的结构所取的方式，对于工程力学方面，竟有非常的了解，及极经济极聪明的控制。所以除却沧州铁狮子我尚未得瞻仰不能置辞外，我对于北方歌谣中所称扬的三个宝贝，实在赞叹景仰不能自已，且相信今日的知识阶级中人，对这几件古传瑰宝，确有认识爱护的必要，敢以介绍人的资格，将我所考察所测绘的作成报告，附以关于这桥建筑及工程方面的分析，献与国内同好。

在赵州调查期间，蒙县立中学校长耿平允先生及诸教员多方帮忙，并许假住校中；县政府，建设局，保卫团亦处处保护，给予便利，都是我们所极感谢的。

安济桥——俗呼大石桥——在赵县南门外五里洨水上，一道雄伟的单孔弧券，横跨在河之两岸，在券之两端，各发两小券。桥之北端，有很长的甬道，由较低的北岸村中渐达桥上。南岸的高度比桥背低不多，不用甬道，而在桥头建立关帝阁一座；是砖砌的高台，下通门洞，凡是由桥上经过的行旅，都得由这门洞通行。桥面分为三股道路，正中走车，两旁行人。关帝阁前树立一对旗杆，如像是区划出大石桥最南头的标识。

这一带的乡下人都相信赵州桥是"鲁班爷修"的，他们并且相信现在所看见的大石券，是直通入水底，成一个整圆券洞！但是这大石券由南北两墩壁量起，跨长三七.四七公尺（约十二丈）且为弧券。

按【光绪】《赵州志》卷一：

"安济桥在州南五里洨水上，一名大石桥，乃隋匠李春所造，奇巧固护，甲于天下。上有兽迹，相传是张果老倒骑驴处……"

关于安济桥的诗铭记赞，志载甚多，其中最重要的为唐中书令张嘉贞的《安济桥铭》：

"赵州洨河石桥，隋匠李春之迹也；制造奇特，人不知其所以为。试观乎用石之妙，楞平碪斫，方版促郁，缄穹隆崇，豁然无楹，吁可怪也！又详乎义插骈坒，磨砻致密，氂百像一，仍糊灰墼，腰铁袷蹙。两涯嵌四穴，盖以杀怒水之荡突，虽怀山而固护焉。非夫深智远虑，莫能创是。其栏槛翠柱，锤斫龙兽之状，蟠绕犀踞，眭盱赑歘，若飞若动……"

可惜这铭的原石，今已不存。张嘉贞，《新唐书》中有传，武后时，拜监察御史，玄宗开元八年（公元 720 年），为中书令，当时距隋亡仅百年，既说隋匠李春，当属可靠。其他描写的句子，如"缄穹隆崇，豁然无楹，""腰铁袷蹙"，和"两涯嵌四穴"，还都与我们现在所见的一样。只是"其栏槛翠柱，锤斫龙兽之状，蟠绕犀踞，眭盱赑歘，若飞若动"，则已改变。现在桥的西面，有石栏板，正中几片刻有"龙兽之状"，刀法布局，都不见得出奇，当为清代补葺，东面南端，尚存有旧栏两板，或者就是小放牛里的"玉石栏杆"，但这旧栏也无非是明代重修时遗物而已。至于文中"制造奇特，人不知其所以为"，正可表明这桥的造法及式样，乃是一个天才的独创，并不是普通匠人沿袭一个时代固有的规矩的作品；这真正作者问题，自当格外严重些。

志中所录唐代桥铭，尚有李翱、刘涣、张彧三篇，对于桥的构造和历史虽没有记载，但可证明这桥在唐代已是"天下之雄胜"。这些勒铭的原石，也都不存在了。

在小券的壁上，刻有历代的诗铭题字，其中有大观宣和及金元明的年号。这千三百余年的国宝名迹，将每个时代的景仰，为我们留存到今日。

这坚壮的石桥，在明代以前，大概情形还很好。州志录有明张居敬《重修大石桥记》算是修葺的第一次记录。

现在桥之东面已毁坏西面石极新。据乡人说，桥之西面于明末坏崩，按当在万历重修之后若干年，而于乾隆年间重修，但并无碑记。桥之东面，亦于乾隆年间崩落，至今尚未修葺。落下的石块，还成列的卧在河床下。现在若想拾起重修，还不是一件很难的事。

↑ 梁思成考察赵州桥

↓ 梁思成与莫宗江测绘赵州桥

解放后，梁思成再次来到赵州桥，视察修复工程

河底挖掘出的隋代栏板

石桥所跨的洨水，现在只剩下干涸的河床，掘下二公尺余，方才有水，令人疑惑哪里来的"怒水之荡突"。按《州志》引《旧志》说水有四泉；张孝时《洨河考》谓其"发源于封龙山……瀑布悬崖，水皆从石罅中流出……"《汉书·地理志》则谓"井陉山洨水所出"。这许多不同的说法，正足以证明洨水的干涸不是今日始有的现象。但是此桥建造之必要，定因如《水经注》里所说"洨水不出山，而假力于近山之泉……受西山诸水，每大雨时行，伏水迅发，建瓴而下，势不可遏……当时颇称巨川，今仅存涓涓细流，唯夏秋霖潦，挟众山泉来注，然不久复为细流矣。"

现在洨水的河床，无疑的比石桥初建的时候高得多。大券的两端，都已被千余年的淤泥掩埋，券的长度是无由得知。我们实测的数目，南北较大的小券的墩壁（金刚墙）间之距离为三七.四七公尺，由四十三块大小不同的楔石砌成；但自墩壁以外大券还继续的向下去，其净跨长度，当然在这数目以上。这样大的单孔券，在以楣式为主要建筑方法的中国，尤其是在一千三百余年以前，实在是一桩值得惊异的事情。诚然，在欧洲古建筑中，三十七公尺乃至四十公尺以上的大券或圆顶，并不算十分稀奇。罗马的班题瓮(Pantheon)（公元 123 年）大圆顶径约四二.五公尺，半径约二十一公尺；与安济桥约略同时的君士坦丁堡的圣·索非亚教堂（今为礼拜寺），大圆顶径约三二.六公尺，半径一七.二公尺。安济桥的净跨固然比这些都小，但是一个不可忽视的要点，乃在安济桥的券乃是一个"弧券"，其半径约合二七.七公尺；假使它完成整券，则跨当合五五.四公尺，应当是古代有数的大券了。

再讲这长扁的大券上面，每端所负的两个小券，张嘉贞《铭》所说的"两涯嵌四穴，"真是可惊异的表现出一种极近代的进步的工程精神。罗马时代的水沟诚然也是券上加券，但那上券乃立在下券的券墩上，而且那种引水法，并不一定是智慧的表现，虽然为着它气魄雄厚，古意纵横，博得许多的荣誉。这种将小券伏在大券上，以减少材料，减轻荷载的空撞券法，在欧洲直至近代工程中，才是一种极通用的做法。欧洲古代的桥，如法国 Moncauban 十四世纪建造的 Pont des Consuls，虽然在墩之上部发小券，但小券并不伏在主券上。真正的空撞券桥，至十九世纪中叶以后，才盛行于欧洲。Brawngyn & Sparrow 合著的《说桥》(A Book of Bridges)，则认为 1912 年落成的 Algeria，Constantine 的 Point Sidi Rached，一道主券长七十公尺，两端各伏有四小券的桥，是半受罗马水沟影响，半受法国 Ceret 两古桥（公元 1321 年）影响的产品。但这些桥计算起来，较安济桥竟是晚七百年，乃至千二百余年。

十一 晋汾古建筑——民间匠师的智慧

上世纪三十年代，梁思成曾两次对晋汾古建筑进行调查研究。第一次是1934年8月，第二次是1936年10月。以下是第一次晋汾古建调查归来后所写的调查报告的节选。

去夏乘暑假之便，作晋汾之游。汾阳城外峪道河，为山右绝好消夏的去处；地据白彪山麓，因神头有"马跑神泉"，自从宋太宗的骏骑蹄下踢出甘泉，救了干渴的三军，这泉水便没有停流过，千年来为沿溪数十家磨坊供给原动力，直至电气磨机在平遥创立了山西面粉业的中心，这源源清流始闲散的单剩曲折的画意。辘辘轮声既然消寂下来，而空静的磨坊，便也成了许多洋人避暑的别墅。

说起来中国人避暑的地方，哪一处不是洋人开的天地，北戴河，牯岭，莫干山……，所以峪道河也不是例外。其实去年在峪道河避暑的，除去一位娶英籍太太的教授和我们外，全体都是山西内地传教的洋人，还不能说是中国人避暑的地方呢。在那短短的十几天，令人大有"人何寥落"之感。

以汾阳峪道河为根据，我们曾向邻近诸县作了多次的旅行，计停留过八县地方，为太原，文水，汾阳，孝义，介休，灵石，霍县，赵城，其中介休至赵城间三百余里，因同蒲铁路正在炸山兴筑，公路多段被毁，故大半竟至徒步，滋味尤为浓厚。餐风宿雨，两周艰苦简陋的生活，与寻常都市相较，至少有两世纪的分别。我们所参诣的古构，不下三四十处，元明遗物，随地遇见，现在仅择要纪述。

汾阳县　峪道河　龙天庙

在我们住处，峪道河的两壁山崖上，有几处小小庙宇。东崖上的实际寺，以风景幽胜著名。神头的龙王庙，因马跑泉享受了千年的烟火，正殿前有拓黑了的宋碑，为这年代的保证，这碑也就是这庙里唯一的"古物"。西岩上南头有一座关帝庙，几经修建，式样混杂，别有趣味。北头一座龙

梁思成、林徽因一行在赴晋汾途中

天庙，虽然在年代或结构上并无可以惊人之处，但秀整不俗，我们却可以当它作山西南部小庙宇的代表作品。

龙天庙在西岩上，庙南向，其东边立面，厢庑后背，钟楼及围墙，成一长线剪影，隔溪居高临下，隐约白杨间。在斜阳掩映之中，最能引起沿溪行人的兴趣。山西庙宇的远景，无论大小都有两个特征：一是立体的组织，权衡俊美，各部参差高下，大小相依附，从任何视点望去均恰到好处；一是在山西，砖筑或石砌物，斑彩淳和，多带红黄色，在日光里与山冈原野同醉，浓艳夺人，尤其是在夕阳西下时，砖石如染，远近殷红映照，绮丽特甚。在这两点上，龙天庙亦非例外。谷中外人三十年来不识其名，但据这种印象，称这庙做"落日庙"并非无因的。

庙周围土坡上下有盘旋小路，坡孤立如岛，远距村落人家。庙前本有一片松柏，现时只剩一老松，孤傲耸立，缄默如同守卫将士。庙门镇日闭锁，少有开时，苟遇一老人耕作门外，则可暂借锁钥，随意出入；本来这一带地方多是道不拾遗，夜不闭户的，所谓锁钥亦只余一条铁钉及一种形式上的保管手续而已。这现象竟亦可代表山西内地其他许多大小庙宇的保管情形。

庙中空无一人，蔓草晚照，伴着殿庑石级，静穆神秘，如在画中。两厢为"窑"，上平顶，有砖级可登，天晴日美时，周围风景全可入览。此带山势和缓，平趋连接汾河东西区域；远望绵山峰峦，竟似天外烟霞，但傍晚时，默立高处，实不禁古原夕阳之感。近山各处全是赤土山级，层层平削，像是出自人工；农民多辟洞"穴居"耕种其上。麦黍赤土，红绿相间成横层，每级土崖上所辟各穴，远望似平列桥洞，景物自成一种特殊风趣。沿溪白杨丛中，点缀土筑平屋小院及磨坊，更显错落可爱。龙天庙的平面布置南北中线甚长，南面围墙上辟山门。门内无照壁，却为戏楼背面。山西中部南部我们所见的庙宇多附属戏楼，在平面布置上没有向外伸出的舞台。楼下部实心基坛，上部三面墙壁，一面开敞，向着正殿，即为戏台。台正中有山柱一列，预备挂上帏幕可分成前后台。楼左阙门，有石级十余可上下。在龙天庙里，这座戏楼正堵截山门入口处成一大照壁。

转过戏楼，院落甚深，楼之北，左右为钟鼓楼，中间有小小牌楼，庭院在此也高起两三级划入正院。院北为正殿，左右厢房为砖砌窑屋各三间，前有廊檐，旁有砖级，可登屋顶。山西乡间穴居仍盛行，民居喜砌砖为窑（即券洞），庙宇两厢亦多砌窑以供僧侣居住。窑顶平台均可从窑外梯级上下。此点酷似墨西哥红印人之叠层土屋，有立体堆垒组织之美。钟鼓楼也以发券的窑为下层台基，上立木造方亭，台基外亦设砖级，依附基墙，可登方亭。全建筑物以砖造部分为主，与他省木架钟鼓楼异其风趣。

正殿前廊外尚有一座开敞的过厅，紧接廊前称"献食棚"。这个结构实是一座卷棚式过廊，两山有墙而前后檐柱间开敞，没有装修及墙壁。它的功用则在名义上已很明了，不用赘释了。在别省称祭堂或前殿的，与正殿都有相当的距离，而且不是开敞的，这献食棚实是祭堂的另一种有趣的做法。

龙天庙里的主要建筑物为正殿。殿三间，前出廊，内供龙天及夫人像。按廊下清乾隆十二年碑说：

龙天者，介休令贾侯也。公讳浑，晋惠帝永兴元年，刘元海……攻陷介休，公……死而守节，不愧青天。后人……故建庙崇祀，……像神立祠，盖自此始矣。……

这座小小正殿，"前廊后无廊"，本为山西常见的做法，前廊檐下用硕大的斗栱，后檐却用极小，乃至不用斗栱，将前后不均齐的配置完全表现在外面，是河北省所不经见的，尤其是在旁面看其所呈现象，颇为奇特。

至于这殿，按乾隆十二年"重增修龙天庙碑记"说：

按正殿上梁所志系元季丁亥元顺帝至正七年（公元1347年）重建。

正殿三小间，献食棚一间，东西厦窑二眼，殿旁两小房二间，乐楼三间。……鸠工改修，计正殿三大间，献食棚三间，东西窑六眼，殿旁东西房六间，大门洞一座……零余银备异日牌楼钟鼓楼之费。……

所以我们知道龙天庙的建筑，虽然曾经重建于元季，但是现在所见，竟全是乾、嘉增修的新构。

汾阳县　小相村　灵岩寺

小相村与大相村一样在汾阳文水之间的公路旁，但大相村在路东，而小相村却在路西，且离汾阳亦较远。灵岩寺在山坡上，远在村后，一塔秀挺，楼阁巍然，殿瓦琉璃，辉映闪烁夕阳中，望去易知为明清物，但景物婉丽

↑ 小相村灵岩寺殿址及佛像

↓ 梁思成在太谷资福寺大殿檐下

可人，不容过路人弃置不睬。

离开公路，沿土路行可四五里达村前门楼。楼跨土城上，下圆券洞门，一如其他山西所见村落。村内一路贯全村前后，雨后泥泞崎岖，难同入蜀，愈行愈疲，愈觉灵岩寺之远，始悟汾阳一带，平原楼阁远望转近，不易用印象来计算距离的。及到寺前，残破中虽仅存在山门券洞，但寺址之大，一望而知。

进门只见瓦砾土丘，满目荒凉，中间天王殿遗址，隆起如冢，气象皇堂。道中所见砖塔及重楼，尚落后甚远，更进又一土丘，当为原来前殿——中间露天趺坐两铁佛，中挟一无像大莲座；斜阳一瞥，奇趣动人，行人倦旅，至此几顿生妙悟，进入新境。再后当为正殿址，背景里楼塔愈迫近，更有铁佛三尊，趺坐慈静如前，东首一尊且低头前伛，现悯恻垂注之情。此时远山晚晴，天空如宇，两址反不殿而殿，严肃丽都，不藉梁栋丹青，朝拜者亦更沉默虔敬，不由自主了。

铁像有明正德年号，铸工极精，前殿正中一尊已倾欹坐地下，半埋入土，塑工清秀，在明代佛像中可称上品。

灵岩寺各殿本皆发券窑洞建筑，砖砌券洞繁复相接，如古罗马遗建，由断墙土丘上边下望，正殿偏西，残窑多眼尚存。更像隧道密室相关连，有阴森之气，微觉可怕，中间多停棺柩，外砌砖椁，印象亦略如罗马石棺，在木造建筑的中国里探访遗迹，极少有此经验的。券洞中一处，尚存券底画壁，颜色鲜好，画工精美，当为明代遗物。

砖塔在正殿之后，建于明嘉靖二十八年。这塔可作晋冀两省一种晚明砖塔的代表。砖塔之后，有砖砌小城，由旁面小门入方城内，别有天地，楼阁廊舍，尚极完整，但阒无人声，院内荒芜，野草丛生，幽静如梦；与"城"以外的堂皇残址，露坐铁佛，风味迥殊。

这院内左右配殿各窑五眼，窑筑巩固，背面向外，即为所见小城墙。殿中各余明刻木像一尊。北面有基窑七眼，上建楼殿七大间，即远望巍然有琉璃瓦者。两旁更有簃楼，石级露台曲折，可从窑外登小阁，转入正楼。夕阳落漠，淡影随人转移，处处是诗情画趣，一时记忆几不及于建筑结构形状。

下楼徘徊在东西配殿廊下看读碑文，在荆棘拥护之中，得朱之俊崇祯年间碑，碑文叙述水陆楼的建造原始甚详。

朱之俊自述："夜宿寺中，俄梦散步院落，仰视左右，有楼翼然，赫辉壮观，若新成形……觉而异焉，质明举似普门师，师为余言水陆阁像，颇与梦合。余因征水陆缘起，慨然首事……"

各处尚存碑碣多座，叙述寺已往的盛史。唯有现在破烂的情形，及其原因，在碑上是找不出来的。

正在留恋中，老村人好事进来，打断我们的沉思，开始问答，告诉我们这寺最后的一页惨史。据说是光绪二十六年替换村长时，新旧两长各竖一帜，怂恿村人械斗，将寺拆毁。数日间竟成一片瓦砾之场，触目伤心；现在全寺余此一院楼厢，及院外一塔而已。

孝义县　吴屯村　东岳庙

由汾阳出发南行，本来可雇教会汽车到介休，由介休改乘公共汽车到霍州赵城等县。但大雨之后，道路泥泞，且同蒲路正在炸山筑路，公共汽车道多段已拆毁不能通行，沿途跋涉露宿，大部竟以徒步得达。

我们曾因道阻留于孝义城外吴屯村，夜宿村东门东岳庙正殿廊下；庙本甚小，仅余一院一殿，正殿结构奇特，屋顶的繁复做法，是我们在山西所见的庙宇中最已甚的。小殿向着东门，在田野中间镇座，好像乡间新娘，满头花钿，正要回门的神气。

庙院平铺砖块，填筑甚高，围墙矮短如栏杆，因墙外地洼，用不着高墙围护；三面风景，一面城楼，地方亦极别致。庙厢已作乡间学校，但仅在日中授课，顽童日出即到，落暮始散。夜里仅一老人看守，闻说日间亦是教员，薪金每年得二十金而已。

赵城县　广胜寺下寺

一年多以前，赵城宋版藏经之发现，轰动了学术界，广胜寺之名，已传遍全国了。国人只知藏经之可贵，而不知广胜寺建筑之珍奇。

广胜寺距赵城县城东南约四十里，据霍山南端。寺分上下两院，俗称"上寺""下寺"。上寺在山上，下寺在山麓，相距里许（但是照当地乡人的说法，却是上山五里，下山一里）。

林徽因在佛像前留影

由赵城县出发，约经二十里平原，地势始渐高，此二十里虽说是平原，但多黏土平头小岗，路陷赤土谷中，蜿蜒出入，左右只见土崖及其上麦黍，头上一线蓝天，炎日当顶，极乏趣味。后二十里积渐坡斜，直上高冈，盘绕上下，既可前望山峦屏嶂，俯瞰田垄农舍，乃又穿行几处山庄村落，中间小庙城楼，街巷里井，均极幽雅有画意，树亦渐多渐茂，古千有合抱的，底下必供着树神，留着香火的痕迹。山中甘泉至此已成溪，所经地域，妇人童子多在濯菜浣衣，利用天然。泉清如琉璃，常可见底，见之使人顿觉清凉，风景是越前进越妩媚可爱。

但快到广胜寺时，却又走到一片平原上，这平原浩荡辽阔乃是最高一座山脚的干河床，满地石片，几乎不毛，不过霍山如屏，晚照斜阳早已在望，气象仅开朗宏壮，现出北方风景的性格来。

因为我们向着正东，恰好对着广胜寺前行，可看其上下两院殿宇，及宝塔，附依着山侧，在夕阳渲染中闪烁辉映，直至日落。寺由山下望着虽近，我们却在暮霭中兼程一时许，至人困骡乏，始赶到下寺门前。

下寺据在山坡上，前低后高，规模并不甚大。前为山门三间，由兜峻的甬道可上。山门之内为前院，又上而达前殿。前殿五间，左右有钟鼓楼，紧贴在山墙上，楼下券洞可通行，即为前殿之左右掖门。前殿之后为后院，正殿七间居后面正中，左右有东西配殿。

赵城县　广胜寺上寺

上寺在霍山最南的低峦上。寺前的"琉璃宝塔"，冗立山头，由四五十里外望之，已极清晰。

由下寺到上寺的路颇陡峻，盘石奇大，但石皮极平润，坡上点缀着山松，风景如中国画里山水近景常见的布局，峦顶却是一个小小的高原，由此望下，可看下寺，鸟瞰全景；高原的南头就是上寺山门所在。山门之内是空院，空院之北，与山门相对者为垂花门。垂花门内在正中线上，立着"琉璃宝塔"。塔后为前殿，著名的宋版藏经，就藏在这殿里。前殿之后是个空敞的前院，左右为厢房，北面为正殿。正殿之后为后殿，左右亦有两厢。此外在山坡上尚有两三处附属的小屋子。

琉璃宝塔亦称飞虹塔。就平面的位置上说，塔立在垂花门之内，前殿之前的正中线上，本是唐制。塔平面作八角形，高十三级，塔身砖砌，饰以琉璃瓦的角柱，斗栱檐瓦佛像等等。最下层有木围廊。这种做法，与热河永佑寺舍利塔及北平香山静宜园琉璃塔是一样的。但这塔围廊之上，南面尚出小抱厦一间，上交十字脊。

全部的权衡上看，这塔的收分特别的急速，最上层檐与最下层砖檐相较，其大小只及下者三分之一强。而且上下各层的塔檐轮廓成一直线，没有卷杀圜和之味。各层檐角也小翘起，全部呆板的直线，绝无寻常中国建筑柔和的线路。

塔之最下层供极大的释迦坐像一尊，如应县佛宫寺木塔之制。下层顶棚作穹隆式，饰以极繁细的琉璃斗栱。塔内有级可登，其结构法之奇特，在我们尚属初见。普通的砖塔内部，大半不可入，尤少可以攀登的。这塔却是个较罕的例外。塔内阶级每步高约六十至七十公分，宽约十余公分，成一个约合六十度的陡峻的坡度。这极高极狭的踏步每段到了终点，平常用休息板的地方，却不用了，竟忽然停止，由这一段的最上一级，反身却可迈过空的休息板，攀住背面墙上又一段踏步的最下一级；在梯的两旁墙上，留下小砖孔，可以容两手攀扶及放烛火的地方。走上这没有半丝光线的峻梯的人，在战栗之余，不由得不赞叹设计者心思之巧妙。

赵城县　广胜寺　明应王殿

广胜寺在赵城一带，以其泉水出名。在山麓下下寺之前，有无数的甘泉，由石缝及地下涌出，供给赵城洪洞两县饮料及灌溉之用。凡是有水的地方都得有一位龙王，所以就有龙王庙。

这一处龙王庙规模之大，远在普通龙王庙之上，其正殿——明应王殿——竟是个五间正方重檐的大建筑物。若是论到殿的年代，也是龙王庙中之极古者。

明应王殿四壁皆有壁画，为元代匠师笔迹。据说正门之上有画师的姓名及年月，须登梯拂尘燃灯始得读，惜匆匆未能如愿。至于壁画，其题材纯为非宗教的，现有古代壁画，大多为佛像，这种题材，至为罕贵。

至于殿的年代，大概是元大德地震以后所建，与嵩山少林寺大德年间所建鼓楼，有许多相似之点。

明应王殿的壁画，和上下寺的梁架，都是极罕贵的遗物，都是我们所未见过的独例。由美术史上看来，都是绝端重要的史料。我们预备再到赵城作较长时间的逗留，俾得对此数物，作一个较精密的研究。目前只能作此简略的记述而已。

赵城县　霍山　中镇庙

照《县志》的说法，广胜寺在县城东南四十里霍山顶，兴唐寺唐建，在城东三十里霍山中，所以我们认为他们在同一相近的去处，同在霍山上，相去不过二十余里，因而预定先到广胜寺，再由山上绕至兴唐寺去。却是事实乃有大谬不然者。到了广胜寺始知到兴唐寺远须下山绕到去城八里的侯村，再折回向东行再行入山，始能到达。我心想既称唐建，又在山中，如果原构仍然完好，我们岂可惮烦，轻轻放过。

我们晨九时离开广胜寺下山，等到折回又到了霍山时已走了十二小时！沿途风景较广胜寺更佳，但近山时实已入夜，山路崎岖峰峦迫近如巨屏，谷中渐黑，凉风四起，只听脚下泉声奔湍，看山后一两颗星点透出夜色，骡役俱疲，摸索难进，竟落后里许。我们本是一直徒步先行的，至此更得奋勇前进，不敢稍怠（怕夫役强主回头，在小村落里住下），入山深处，出手已不见掌，加以脚下危石错落，松柏横斜，行颇不易。喘息攀登，约一小时，始见远处一灯高悬，掩映松间，知已近庙，更急进敲门。

等到老道出来应对，始知原来我们仍远离着兴唐寺三里多，这处为霍岳山神之庙亦称中镇庙。乃将错就错，在此住下。

我们到时已数小时未食，故第一事便到"香厨"里去烹煮，厨在山坡上窑穴中，高踞庙后左角，庙址既大，高下不齐，废园荒圃，在黑夜中更是神秘，当夜我们就在正殿塑像下秉烛洗脸铺床，同时细察梁架，知其非近代物。这殿奇高，烛影之中，印象森然。

第二天起来忙到兴唐寺去，一夜的希望顿成泡影。兴唐寺虽在山中，却不知如何竟已全部拆建，除却几座清式的小殿外，还加洋式门面等等；新塑像极小，或罩以玻璃框，鄙俗无比，全庙无一样值得纪录的。

中镇庙虽非我们初时所属意，来后倒觉得可以略略研究一下。据《山西古物古迹调查表》，谓庙之创建在隋开皇十四年，其实就形制上看来，

梁思成在晋祠圣母殿前廊

恐最早不过元代。

殿身五间，周围廊，重檐歇山顶。上檐施单抄单下昂五铺作斗栱，下檐则仅单下昂。斗栱颇大，上下檐俱用补间铺作一朵。昂嘴细长而直；耍头前面微龇，而上部圆头突起，至为奇特。

太原县　晋祠

晋祠离太原仅五十里，汽车一点多钟可达，历来为出名的"名胜"，闻人名士由太原去游览的风气自古盛行。我们在探访古建的习惯中，多对"名胜"怀疑：因为最是"名胜"容易遭"重修"的大毁坏，原有建筑故最难得保存！所以我们虽然知道晋词离太原近在咫尺，且在太原至汾阳的公路上，我们亦未尝预备去访"胜"的。

直至赴汾的公共汽车上了一个小小山坡，绕着晋祠的背后过去时，忽然间我们才惊异的抓住车窗，望着那一角正殿的侧影，爱不忍释。相信晋祠虽成"名胜"却仍为"古迹"无疑。那样魁伟的殿顶，雄大的斗栱，深远的出檐，到汽车过了对面山坡时，尚巍巍在望，非常醒目。晋祠全部的布置，则因有树木看不清楚，但范围不小，却也是一望可知。

我们惭愧不应因其列为名胜而即定其不古，故相约一月后归途至此下车，虽不能详察或测量，至少亦得浏览摄影，略考其年代结构。

由汾回太原时我们在山西已过了月余的旅行生活，心力俱疲，还带着种种行李什物，诸多不便，但因那一角殿宇常在心目中，无论如何不肯失之交臂，所以到底停下来预备作半日的勾留，如果错过那末后一趟公共汽车回太原的话，也只好听天由命，晚上再设法露宿或住店！

在那种不便的情形下，带着一不做，二不休的拼命心里，我们下了那挤到水泄不通的公共汽车，在大堆行李中捡出我们的"粗重细软"——由杏花村的酒坛子到峪道河边的兰芝种子——累累赘赘的，背着捎着，到车站里安顿时，我们几乎埋怨到晋祠的建筑太像样——如果花花簇簇的来个乾隆重建，我们这些麻烦不全省了么？

但是一进了晋祠大门，那一种说不出的美丽辉映的大花园，使我们惊喜愉悦，过于初时的期望。无以名之，只得叫它做花园。其实晋祠布置又像庙观的院落，又像华丽的宫苑，全部兼有开敞堂皇的局面和曲折深邃的

孝义武屯东岳庙殿顶繁芜的做法好像头上插满花束的新娘

雅趣，大殿楼阁在古树婆娑池流映带之间，实像个放大的私家园亭。

所谓唐槐周柏，虽不能断其为原物，但枝干奇伟，虬曲横卧，煞是可观。池水清碧，游鱼闲逸，还有后山石级小径楼观石亭各种衬托。各殿雄壮，巍然其间，使初进园时的印象，感到俯仰堂皇，左右秀媚，无所不适。虽然再进去即发现近代名流所增建的中西合璧的丑怪小亭子等等，夹杂其间。

圣母庙为晋祠中间最大的一组建筑；除正殿外，尚有前面"飞梁"（即十字木桥），献殿及金人台，牌楼等等。

结 尾

这次晋汾一带暑假的旅行，正巧遇着同蒲铁路兴工期间，公路被毁，给我们机会将三百余里的路程，慢慢的细看，假使坐汽车或火车，则有许多地方都没有停留的机会，我们所错过的古建，是如何的可惜。

山西因历代争战较少，故古建筑保存得特多。我们以前在河北及晋北调查古建筑所得的若干见识，到太原以南的区域，若观察不慎，时常有以今乱古的危险。在山西中部以南，大个儿斗栱并不希罕，古制犹存。但是明清期间山西的大斗栱，栱斗昂嘴的卷杀，极其弯矫，斜栱用得毫无节制，而斗栱上加入纤细的三福云一类的无谓雕饰，允其暴露后期的弱点，所以在时代的鉴别上，仔细观察，还不十分扰乱。

殿宇的制度，有许多极大的寺观，主要的殿宇都用悬山顶，如赵城广胜下寺的正殿前殿，上寺的正殿等，与清代对于殿顶的观念略有不同。同时又有多种复杂的屋顶结构，如霍县火星圣母庙，文水县开栅镇圣母庙等等，为明清以后官式建筑中所少见。有许多重要的殿宇，檐椽之上不用飞椽，有时用而极短。明清以后的作品，雕饰偏于繁缛，尤其屋顶上的琉璃瓦，制瓦者往往为对于一件一题雕塑的兴趣所驱，而忘却了全部的布局，甚悖建筑图案简洁的美德。

发券的建筑，为山西一个重要的特征，其来源大概是由于穴居而起，所以民居庙宇莫不用之，而自成一种特征，如太原的永柞寺大雄宝殿，是中国发券建筑中的主要作品，我们虽然怀疑它是受了耶稣会士东来的影响，但若没有山西原有通用的方法，也不会形成那样一种特殊的建筑的。在券上筑楼，也是山西的一种特征，所以在古剧里，凡以山西为背景的，多有上楼下楼的情形，可见其为一种极普遍的建筑法。

赵城县广胜寺在结构上最特殊，所以我们在最近的将来，即将前往详究。晋祠圣母庙的正殿，飞梁，献殿，为宋天圣间重要的遗构，我们也必须去作进一步的研究的。

十二。。。山西五台山佛光寺

1937年，日本逐步加快了侵华的步伐。梁思成愈发感到时间的紧迫，他担心这批全人类的无价文化遗产在战争中消失于无形，他要尽自己最大的努力，在战争爆发前完成对华北、中原地区古建的调查工作。

梁思成、林徽因曾在敦煌壁画中《五台山图》的指引下，与中国营造学社同仁前往山西寻访唐代木构古建。功夫不负有心人，最终，他们在豆县深山之中发现了佛光寺和那里的唐代雕塑与壁画。

佛光寺是当时为世人所知的最早的唐代木构建筑。他们的发现打破了日本学者对中国大地上没有唐朝及其以前的木结构建筑的断言，具有划时代的意义。

山西五台山是由五座山峰环抱起来的，当中是盆地，有一个镇叫台怀。五峰以内称为"台内"，以外称"台外"。台怀是五台山的中心，附近寺刹林立，香火极盛。殿塔佛像都勤经修建。其中许多金碧辉煌，用来炫耀香客的寺院，都是近代的贵官富贾所布施重修的。千余年来所谓："文殊菩萨道场的地方"，竟然很少明清以前的殿宇存在。

台外的情形，就与台内很不相同。因为地占外围，寺刹散远，交通不便，所以祈福进香的人，足迹很少到台外。因为香火冷落，寺僧贫苦，所以修装困难，就比较有利于古建筑之保存。

1937年6月，我同中国营造学社调查队莫宗江、林徽因、纪玉堂四人，到山西这座名山，探索古刹。到五台县城后，我们不入台怀，折而北行，径趋南台外围。我们骑驮骡入山，在陡峻的路上，迂回着走，沿倚着岸边，崎岖危险，下面可以俯瞰田垄。田垄随山势弯转，林木错绮；近山婉婉在眼前，远处则山峦环护，形式甚是壮伟，旅途十分僻静，风景很幽丽。到了黄昏时分，我们到达豆村附近的佛光真容禅寺，瞻仰大殿；咨嗟惊喜，我们一向所抱着的国内殿宇必有唐构的信念，一旦在此得到一个实证了。

佛光寺的正殿魁伟整饬，还是唐大中年间的原物。除了建筑形制的特

梁思成、林徽因一行前往佛光寺途中

点历历可征外，梁间还有唐代墨迹题名，可资考证。佛殿的施主是一妇人，她的姓名写在梁下，又见于阶前的石幢上，幢是大中十一年（公元857年）建立的。殿内尚存唐代塑像三十余尊，唐壁画一小横幅，宋壁画几幅。这不但是我们多年来实地踏查所得的唯一唐代木构殿宇，不但是国内古建筑之第一瑰宝，也是我国封建文化遗产中最可珍贵的一件东西。寺内还有唐石刻经幢二座，唐砖墓塔二座，魏或齐的砖塔一座，宋中叶的大殿一座。

正殿的结构既然是珍贵异常，我们开始测绘就惟恐有遗漏或错失处。我们工作开始的时候，因为木料上有新涂的土朱，没有看见梁底下有字，所以焦灼地想知道它的确实建造年代。通常殿宇的建造年月，多写在脊檩上。这座殿因为有"平闇"顶板，梁架上部结构都被顶板隐藏，斜坡殿顶的下面，有如空阁，黑暗无光，只靠经由檐下空隙，攀爬进去。上面积存的尘土有几寸厚，踩上去像棉花一样。我们用手电探视，看见檩条已被蝙蝠盘据，千百成群地聚挤在上面，无法驱除。脊檩上有无题字，还是无法知道，令人失望。我们又继续探视，忽然看见梁架上都有古法的"叉手"的做法，是国内木构中的孤例。这样的意外，又使我们惊喜，如获至宝，鼓舞了我们。

照相的时候，蝙蝠见光惊飞，秽气难耐，而木材中又有千千万万的臭虫（大概是吃蝙蝠血的），工作至苦。我们早晚攀登工作，或爬入顶内，与蝙蝠臭虫为伍，或爬到殿中构架上，俯仰细量，探索惟恐不周到，因为那时我们深怕机缘难得，重游不是容易的，这次图录若不详尽，恐怕会辜负古人的匠心的。

我们工作了几天，才看见殿内梁底隐约有墨迹，且有字的左右共四梁。但字迹被土朱所掩盖。梁底离地两丈多高，光线又不足，各梁的文字，颇难确辨。审视了许久，各人凭自己的目力，揣拟再三，才认出官职一二，而不能辨别人名。徽因素来远视，独见"女弟子宁公遇"之名，深怕有误，又详细检查阶前经幢上的姓名。幢上除有官职者外，果然也有"女弟子宁公遇"者，称为"佛殿主"，名列在诸尼之前。"佛殿主"之名既然写在梁上，又刻在幢上，则幢之建造应当是与殿同时的。即使不是同年兴工，幢之建立要亦在殿完工的时候。殿的年代因此就可以推出了。

为求得题字的全文，我们当时就请寺僧入村去募工搭架，想将梁下的土朱洗脱，以穷究竟。不料村僻人稀，和尚去了一整天，仅得老农二人，对这种工作完全没有经验，筹划了一天，才支起一架。我们已急不能待地把布单撕开浸水互相传递，但是也做了半天才洗出两道梁。土朱一着了水，墨迹就骤然显出，但是水干之后，墨色又淡下去，又隐约不可见了。费了三天时间，才得读完题字原文。可喜的是字体宛然唐风，无可置疑。"功德主故右军中尉王"当然是唐朝的宦官。

佛殿梁下唐人题字，列举建殿时当地官长和施主的姓名，也是关于这座殿的重要史料。其中最令人注意的莫如"佛殿主上都送供女弟子宁公遇"，这姓名也见于殿前大中十一年的经幢，称为"佛殿主"，想就是出资建殿的施主。按理立幢应在殿成之后，因以推定殿之完成应当就在这年，而其兴工当较此早几年，但亦当在大中二年，"复法"，愿诚"重寻佛光寺"以后。佛坛南端天王的旁边有一座等身信女像；敦煌壁画或画卷里也常有供养者侍坐画隅的例子，因此我们推定这就是供养者"女弟子宁公遇"的塑像。

"功德主故右军中尉王"是最为煊赫的一个角色。唐自中叶以后，宦官专权。鱼朝恩以观军容使进而专统神策军，吐蕃两次进犯长安，鱼朝恩都以神策军平定了大局，从此以后神策军就常以宦官为统帅。贞元中，特置神策军护军中尉，由宦官充任，时号为"两军中尉"。此后中尉就掌握了天下大权，皇帝的废立，也都由他决定。这个"功德主"大概就是元和长庆间的宦官王守澄。王守澄在元和年间监徐州军。宪宗李纯暴卒，事实上是王守澄与陈弘志所杀，他们又杀了澧王恽而立穆宗李恒。等到刘克明杀了敬宗李湛，王守澄又杀了刘克明，另立文宗李昂；不久王守澄就被任命为骠骑大将军，充右军中尉，李昂因为元和的逆罪未讨，所以用郑注、李训的计谋，提升仇士良为左军中尉，以分王守澄之权。到了太和元年（公元827年）就派了一个太监到他家里，赐以鸩酒杀了他，但仍赐扬州大都督的头衔。郑注、李训本来计划将宦官一网打尽，原拟借送王守澄殡葬为名，选壮士为亲兵，趁着宦官集送而尽杀之。后来李训又恐事成之后，郑注专有其功，所以中途变计，另出甘露之谋，酿成巨变，此后宦官的势力反而更嚣张了。殿之建立，上距王守澄之死刚刚三十年，故称"故"右军中尉。我们推定这个"功德主"就是王守澄，大概不致错误。

"功德主敕河东监军使元"无可考，想来是以宦官而任郑涓的监军的。

↑ 佛光寺大殿外景

↓ 梁思成在佛光寺大殿中

"佛殿主"宁公遇出资兴建此殿,而受她的好处的"功德主"则是王、元两太监,可知宁公遇与当时宦官的关系必然颇深,而且宁与王的姓名同列在一梁上,或者与王的关系尤密。考唐代的阉官多有取"妻"的,如高力士取吕玄晤女,李辅国取元擢女,见于史籍。然则宁公遇或者就是王守澄的"妻"或"养女",至少也是深受王在世的时候的恩宠的。所谓"上都送供"则宁公遇本人身在上都(长安),而将财资兴建此殿,并将像送此供养,宁公遇曾否亲至佛光寺,就无从考证了。

寺史:佛光寺相传是北魏孝文帝(公元471—499年)所创建的。佛光寺之名,见于传记者,在隋唐之际有:五台县昭果寺解脱禅师"隐五台南佛光寺四十余年。……永徽中(公元650—655年)卒"。(《续高僧传》卷二十六)。贞观中(公元627—649年),有明隐禅师者,"住佛光寺七年",永徽二年(公元651年)代州都督把他找回来,纲领昭果寺的责任。(《续高僧传》卷二十五)大历五年(公元770年),法照禅师自衡山到五台,兴建大圣竹林寺,"到五台县,见佛光寺南白光数道",曾经在这里住过(《宋高僧传》卷二十一)。

敦煌石室壁画宋绘五台山图中有"大佛光之寺"(敦煌第六一号窟)。寺当时即得描影于数千里沙漠之外,其为唐宋时代五台的名刹,因此也可以推想了。

关于佛光寺建筑事业之努力者,见于传记的有中唐以后的法兴和愿诚二位禅师。

后来复兴这寺的功劳,应该归于愿诚。愿诚:

少慕空门,虽为官学生,已有息尘之志。……礼行严为师。……严称其神情朗秀,宜于山中精勤效节。……太和三年(公元809年)落发,五年具戒。无何,会昌中随例停留,惟诚,

志不动摇。及大中再崇释氏,……遂乃重寻佛光寺,已从荒顿,发心次第新成。美声洋洋,闻于帝听,飚驰圣旨,云降紫衣。……光启三年,……寂然长往,建塔于寺之西北一里也。(《宋高僧传》卷二十七)

所谓"已从荒顿,发心次第新成",则今灭的单层七间佛殿,必然是他就弥勒大阁的旧址上建立的。就全寺的地势说来,唯有现在佛殿所在的地位适宜于建阁,且阁数都是七间,其利用旧基,更属可能。今天佛殿门

内的南侧,面对着佛坛趺坐的等身像,想就是愿诚的写真塑像。假定它受戒的时候（太和三年,公元829年）,年约十五六岁,以七十许之高龄（光启三年,公元887年）入寂,则建殿的时候（大中十一年,公元857年）,他年当在四十左右。这像所表现的年龄与此相符,想当是他中年的像。

殿的内部广阔修饬,结构简洁,内柱一周,分殿身为内外槽。内柱的斗栱出华栱四层,全部不用横栱,上面托着月梁如虹,飞架于前后内柱之间,秀健整丽,是北方宋辽遗物中所未曾见过的。内柱与外檐柱之间,即外槽之上,也用短月梁联系。殿内上部做小方格的平闇,支条方格极小,与日本天平时代（约当我唐中叶）的遗构相同。国内则如河北蓟县独乐寺,辽代观音阁,也是用这种做法。

沿着后内柱的中线上是一堵"扇面墙",尽五间之长,墙前有大佛坛,深一间半。坛上每间供主像一尊,高约5米,颇为高大,胁侍供养菩萨等六尊,并引兽的"獠蛮"、"拂箖"、"童子"等,及坛两端甲胄天王共三十余躯。坛的一角有供养信女像一躯,殿门南侧有沙门像一躯,都是等身写实像。这两尊像人性充沛,与诸佛菩萨是迥然不同趣味的。这一点最初并不太令人注意,只觉得他们神情惟妙,但我们也不知道像与寺史有什么样深的关系。主要诸像的姿势很劲雄,胁侍像的塑法,生动简丽,本来都是精美的作品,可惜经过后世重装,轮廓已稍模棱,而且色彩过于鲜熳,辉映刺目,失去醇和古厚之美。所幸原型纹褶改动的很少,像貌线条,还没有完全失掉原塑的趣味特征。重装是以薄纸裱褙的,上面敷上色彩,我们试剥少许,应手而脱,内部还可见旧日的色泽,将来复原的工作还是可能的。

佛殿两端的山墙,后檐墙和佛坛后面的扇面墙,通常施绘壁画的地方,现在都涂了白灰,大概因为原有壁画已渐剥落,后世修葺,竟就涂刷无遗了。现在唯有内柱额上少数的栱眼壁上还有小幅壁画存在,适足以证明殿中原来是有壁画的,而得幸存到今天的,仅此而已。其中最足珍视的是右次间前内额上的横幅。它的构图分为三组：中央以佛为中心,左右以菩萨为中心,各有菩萨天王等胁侍,像是西方阿弥陀佛及观音,势至二菩萨。画像色泽黝古,除石绿外,所有着色都昧暗成了铁青色。衣纹姿态,都极流畅,笔意的确富有唐风,与敦煌唐代壁画尤为相似。

坛上的三尊佛像,连像座通高约5.3米。观音普贤连坐兽高约4.8米。

佛光寺大殿内愿诚像 ↑

佛光寺大殿内宁公遇像 ↓

胁侍诸菩萨高约3.7米。跪在莲花上的供养菩萨连同像座高约1.95米，约略为等身像，它们位置在诸像的前面，处于附属点缀的地位。两尊天王像高约4.1米，全部气象森伟。唯有宁公遇和愿诚两尊像，等身侍坐，呈现渺小谦恭之状。沿着佛殿两山和后檐墙的大部分（在扇面墙之后）排列着"五百罗汉"像，但是实际数目仅二百九十尊。它们的塑工庸俗，显然是明清添塑的。

侍坐供养者像（一）宁公遇像是一座年约四十余之中年妇人像，面貌丰满，袖手趺坐，一望而知是实写的肖像，穿的是大领衣，内衣的领子从外领上翻出，衣外又罩着如意云头形的披肩。腰部所束位置亦与信女像在画之下左隅相称。后者是塑像，塑工沉厚，隆杀适宜，所以宁公遇状貌神全，生气栩栩，丰韵亦觉高华。唐代艺术洗炼的优点，从这两尊像上都可得见一斑。（二）沙门愿诚像（图版贰拾陆）在南梢间窗下，面向佛坛趺坐，是诸像中受重妆之厄最浅的一尊。像的表情冷寂清苦，前额隆起，颧骨高突，而体质从容静恬，实为写实人像中之优秀作品。

1930年前后，寺僧曾一度重装佛像，唐塑的色泽，一旦就"修毁"了，虽然塑体形状大致得存，然而所给予人的印象和艺术价值已减损了很多，是极可惋惜的。

佛光寺一寺之中，寥寥几座殿塔，几乎全是国内建筑的孤例：佛殿建筑物，本身已经是一座唐构，乃更在殿内蕴藏着唐代原有的塑像、绘画和墨迹，四种艺术萃聚在一处，在实物遗迹中诚然是件奇珍；至如文殊殿构架之特殊，略如近代之桁架，祖师塔之莲瓣形券面，束莲柱，朱画的人字形"影作"；殿后圆基塔的覆钵，酷似印度窣堵坡原型，都是他处所未见的，都是正殿摄影测绘完了后，我们继续探视文殊殿的结构，测量经幢及祖师塔等。祖师塔朴拙劲重，显然是魏齐遗物。文殊殿是纯粹的北宋手法，不过构架独特，是我们前所未见；前内柱之间的内额净跨14米余，其长度惊人，寺僧称这木材为"薄油树"，但是方言土音难辨究竟。

工作完毕，我们写信寄太原教育厅，详细陈述寺之珍罕，敦促计划永久保护办法。我们游览台怀诸寺后，越过北台到沙河镇，沿滹沱河经繁峙至代县，工作了两天，才听到芦沟桥抗战的消息。战事爆发，已经五天了。当时访求名胜所经的，都是来日敌寇铁蹄所践踏的地方。我们从报上仅知北平形势危殆，津浦，平汉两路已不通车。归路唯有北出雁门，趋大同，试沿平绥，回返北平。我们又恐怕平绥或不得达，而平汉恢复有望，所以又嘱纪玉堂携图录稿件，暂返太原候讯。翌晨从代县出发，徒步到同蒲路中途的阳明堡，就匆匆分手，各趋南北。

图稿回到北平，是经过许多挫折的。然而这仅仅是它发生安全问题的开始。此后与其他图稿由平而津，由津而平，又由社长朱桂莘先生嘱旧社员重抄，托带至上海，再由上海，邮寄内地，辗转再三，无非都在困难中挣扎着。

山西沦陷之后七年，我正在写这个报告的时候，豆村正是敌寇进攻台怀的据点。当时我们对这名刹之存亡，对这唐代木建孤例的命运之惴惧忧惶，曾经十分沉重。解放以后，我们知道佛光寺不唯仍旧存在，中央文化部已拨款修缮这罕贵的文物建筑，同时还做了一座精美的模型。现在我以最愉快的心情，将原稿做了些修正，并改为语体文，作为一件"文物参考资料"。

十三... 西南地区的古建调查

1939年，梁思成与营造学社同仁刘敦桢、莫宗江、陈明达一行开始了对云南、四川西康地区的古建考察。

云南地区因历年民族纠纷、宗教纠纷，特别是咸丰六年杜秀文回民之役，佛教寺院几乎全遭毁灭，因此著名的巨刹很少保存完好。古建筑的保存状况较差。但由于云南地处边远，很多明清的建筑在构造做法上依旧保存着唐宋时代的手法，可供研究参考，这是很有趣的现象。日本古建筑专家伊东忠太千里迢迢从贵州入滇，竟把昆明常乐寺塔（东寺塔）误认为是唐代建筑。其实东寺塔毁于清道光十六年（1836）。现存之塔乃是清光绪九年（1883）重建的。

自1939年9月至1940年2月行期近半年，梁思成一行往返于岷江沿岸、川陕公路沿线、嘉陵江沿岸，跑了大半个四川。四川省的木构建筑几乎全毁于"张献忠之乱"，现存的木构建筑多建于1646年以后，早于此的可谓凤毛麟角。成都的清真寺有多处，以鼓楼南街清真寺为最巨，寺内虽有明洪武八年（1375）的匾额，但从结构形制及各细部做法判断该寺系清初重建。

蓬溪县内的鹫峰寺大雄宝殿建于明正统八年（1443），殿的整体比例相当精美，可称川省稀有的佳作。它的屋顶前后坡于垂脊下端处有阶级一层，有如汉阙所示，这是此殿的一大特点。再有梓潼的七曲山文昌宫天尊殿，也是四川较古的木建筑，建于明中叶。至于砖石建筑，在砖塔中还存有保留了唐代形制的宋代砖塔，其特点是平面多为方形，如宜宾旧州坝白塔等。

四川境内还存有大量汉阙，其总数约占全国汉阙总数的四分之三。崖墓的数量也很可观。在他们所到的岷江两岸、嘉陵江两岸，崖墓时而散布，时而集中，随处可见。最多的要属摩崖石刻，几乎没有一个县是没有石刻的。因此，他们这次调查的重点是汉阙、崖墓、摩崖石刻。

从1939年9月出发到1940年2月返回昆明，历半年之久的川康两省考察，梁思成等人足迹涉及三十五个县，调查古建、崖墓、摩崖石刻、汉阙等约七百三十余处。

1940年，学社又随中央研究院迁往四川李庄。到李庄后，梁思成集中精力撰写《中国建筑史》及英文版《图像中国建筑史》。这两本书于1944年完成。而西南各处古建调查的报告则由刘敦桢先生主持撰写。

　　西南地区的调研经费主要来自于学社向当时国民政府教育部的申请。负责此项工作的官员正巧是梁思成在清华学习时的同学顾毓秀。当时梁思成借助这层关系，向顾呈报了他们的调研简况，并附上了相关照片。1949年，顾举家迁往美国，不知何故，他赴美时竟把思成这份报告带在身边。上世纪八十年代，梁从诫访美时见到了这位长辈。顾毓秀将思成这份报告交给从诫，并说："我算是'完璧归赵'了。"从诫回京后，又把这份报告交给我保存。因此，在《梁思成全集》中才出现了《西南建筑图说》的章节。

↑ 抗日战争时期的梁思成

↓ 梁思成在四川考察途中

昆明大悲寺石幢

营造学社在昆明的工作室

↑ 大理崇圣寺三塔

↓ 四川蓬溪宝梵寺

103

梁思成在李庄工作室

四川阆中观音寺

梁思成在四川巴县晋云寺

四川雅安高颐阙

梁思成在四川南充西桥下

四川雅安高颐阙

↑ 四川渠县赵家坪无名阙

↓ 四川绵阳平阳府君阙

四川彭山王家坨崖墓

四川大足北崖弥陀净土变摩崖大龛

↑ 四川广元千佛崖

↓ 四川乐山白崖崖墓

1946年，梁思成赴美考察建筑教育

↑ 梁思成在耶鲁讲学

↓ 梁思成等建筑学家在讨论联合国大厦设计方案

1947年，梁思成一人漫步在纽约街头

十四 ○○○ 广西容县真武阁——不落地的柱子

广西容县真武阁建于1573年，这座明代古建素以其内部特有的"杠杆结构"闻名于世。许多年来，它内在的价值并未得到相应的重视。直到1961年12月，梁思成专程前往真武阁考察，它的夺目的光辉才得以向世人展现。

真武阁通高13.2米，共三层，底层面宽13.8米，进深11.2米，黄瓦宽檐。全阁用近三千条格木构件串联勾连、互相制约组成为稳固的整体，其间未用一件铁器。真武阁结构独特，梁思成经过调查研究发现其四柱悬空的结构本是巧妙利用杠杆原理造成，并对此原理的具体应用作了深入细致的分析。这也是真武阁建筑最大的特色所在。

在建筑艺术上，梁思成对真武阁出色的斗拱处理手法、柱头柱脚的"卷杀"、梁架的构造都给予了非常高的评价。

1962年5月，梁思成在清华大学专门作了《广西容县真武阁的"杠杆结构"》的专题报告。

1961年12月末，我和黄报青同志到广西侗族自治区参观访问，承蒙自治区党委调查研究室贺亦然同志的指点，知道容县有一座在二层楼上内部有四柱悬空不落地，柱脚离楼板面约一寸的奇特结构。我们在广西建筑科学研究室杨毓年工程师陪同下，于新春1月4日到达玉林；翌晨在玉林地委严敬义同志陪同下转容县，并在浦觉民副县长引导下，来到东门外人民公园，登经略台，攀真武阁，亲眼看到了这一带遐迩称颂的悬空柱的罕见的结构。的确名不虚传，百闻不如一见。我从1931年从事中国古建筑的调查研究以来，这样的结构还是初次见到。我们上下巡视一周，决定这次调查以研究这座建筑的结构为主题，艺术处理的细节手法则在时间条件下给予必要的注意，在一天的时限内，做一次尽可能详尽的测绘。测绘工作主要由黄报青同志操劳，我不过做了些摄影和细部的描画、零星测绘等杂活而已。由于在经略台和真武阁工作的时间实际仅仅七个小时，文献资料也仅凭一部"县志"，而且结构和力学又不是我的专业，差错遗漏，势所必然，恳求读者指正。

……

经略台和真武阁的历史

"经略台"是由唐代诗人元结而得名的。元结于乾元、大历间（760年前后）曾任容管经略史。明清以来的《梧州府志》、《容县志》以及台上一些碑文，都把他和台扯在一起，并且把台叫做"经略台"。想来只因他是唐代著名诗人，政绩比较昭著，好事之徒便牵强附会，把他和台联系起来。这样的事情实在太多：山西就有数不完的"豫让桥"！广西还有更多的"刘三姐歌台"！

就台的现状推测，显然是利用江岸防洪堤修筑的。可能远在唐代以前，为了保护容州城免于绣江洪水的威胁，就已沿江筑堤。台的位置，如前所述，正在一个弧形突出部分，无论从军事上、防洪上乃至游观风景上，都很自然地成为一个最有利的地点。在这里筑这样一个台是很恰当的。即使它和元结确曾有些关系，我们也无须深入考证了。按我国古代传统，从曹操的铜雀台到今天还存在的北京北海团城等等推测，台之上大多有楼阁，所以从一开始，台上就很可能已有楼阁殿堂。从"县志"的各种记载可以推论，明代以前，这台可能平时仅供游乐，有事亦可作军事上瞭望指挥之用。但按清康熙间知县徐发的碑记，"明洪武十年（1377年）……经略一台遂改为真武阁矣"。其原因是："容俗民居缉篱编茅，往往不戒于火，渭南山（想指都峤山——梁）耸峙，实为火宿，祀北帝（按即"四神"中的玄武，亦即龟蛇——梁），所以镇离火也。"从那时起，经略台上的殿阁便成了奉祀真武大帝的真武阁。我认为有必要明确分清台和阁是两回事。像徐发以及后来许多人那样把台和阁混为一谈是不对的。

台上原有的建筑已难考。

现在台上仅有的建筑就是那座三层的真武阁。阁内神像已全部无存；阁的本身也没有任何墙壁隔扇，事实上是一座四面通风，高达三层的庞大"亭子"；台上更没有廊舍、垣墙、庖厨等等阻碍视线，的确是一个登高远眺的好去处。台上也平坦修洁，唯一的附属建筑是解放后所建的对着登台

梁思成和学生们在一起

石阶迎面伫立的一座六柱重檐、形似牌楼的"门亭"。"门亭"的大小、权衡、风格和阁本身很和谐，为台阁增置一个恰如其分的小"序曲"。

真武阁的"杠杆结构"建筑

真武阁建于 1573 年，到今年 1962 年，已将近四百年了。但在中国建筑史中，它却默默无闻。这次偶然的机会，得一瞻"风采"，我认为它应该引起我们极大的重视。它的价值不在于经略台和元结的关系，也不在于它的三百八十九岁的高龄，而在于它的罕有的结构方法。

阁高三层，高出台面约十三．二米。底层平面总面阔（柱中至柱中）十三．八米，进深十一．二米。就其底层檐柱来说，面阔是三间，进深也是三间。但底层内部前后各有四根金柱，形成底层的内槽。这八根金柱直通到上层檐下，到了中层和上层就成了檐柱。因此底层的檐柱事实上等于一周回廊柱。这样的用柱方法就在很大程度上决定了阁的特殊的外形轮廓。

但是进一步分析，就可以发现这座阁的柱网布置特殊之处。先从侧面看，当心间宽五．六米，次间各宽二．八米；次间刚刚是当心间的一半。但在正面，当心间虽然也宽五．六米，而次间则宽四．一米，呈现比较宽阔的气概。但再看内部金柱，当中的四根与正面和侧面的檐柱纵向取中并列，形成五．六×五．六米的正方形，但在其左右两侧，在距离侧面檐柱二．八米（实测仅东侧一个尺寸，为二．七七米，恐有测误，否则施工有微差）的位置上，又加金柱一根，成为上两层的角柱，而在底层正面没有和它相应的檐柱。这样的柱网，是由于上面特殊结构的需要而布置的。同时也可以看到，二．八米是平面柱网的模数，它是四面廊檐的宽度，而当心间则恰恰是它的一倍。由于内槽增加了一缝金柱，就在外立面上取得了传统的当心间比次间仅略宽少许的比例。

我们也可以想象一下这座阁的施工方法，其中可能有这样几个关键性的步骤。在四根檐柱和四根角檐柱立起来之后，再将那道"长槔梁"穿插入金柱，成为一个"卄"字形；金柱脚下用临时柱或架子撑起，到比现在悬空位置略高一点的高度；再将梁榫两头插入檐柱；然后在檐柱上、中二层檐斗栱的预定位置上，将各栱从外面穿过檐柱，栱尾插入金柱，组成一组组的斗栱。到金柱上面的梁架安装完毕并钉好椽子之后，才逐垄（可能从前后左右的中轴上开始）窊瓦。窊瓦必须每垄由檐口窊到脊下，由中轴向两侧同时以相等的进步推进，而且前后左右四坡也必须配合保持同样的进度，务使各部分的荷载均匀地逐渐增加，不能使其某一部分相对地太重或太轻。等到窊瓦及脊饰工程完毕，再拆除金柱下的支撑架，如同我们今天拆除钢筋混凝土的模板一样。

还可以想象，在施工过程中，这位匠师必须十分注意四根金柱的升降，很可能拉了若干根水平线来仔细观察，并且随时控制内外两部分的重量，使其平衡。否则支撑拆除之后，整个构架变形走动，屋面一部分鼓起或凹下，事情就不好办了。

当然，我们还可以设想，当时这位匠师除了用这"杠杆结构"方案之外，至少还可以有另外的方案。

但是这位匠师偏偏摒弃了其他方案而采用了这"杠杆结构"。原因何在？如果妄加推测，则可能是他早已有了这样一个大胆的设想，他的创作的欲望恰巧遇到这样一个"任务"，所以他就乘机进行了一次创造性的试验。我们甚至可以说，这位富有想象力的天才匠师很成功地耍了一通非常漂亮利索的"结构花招"，将近四百年后，还博得了我们这样的初见者的热烈喝彩和掌声。

在我们进一步深入调查，掌握更多的资料，如瓦面和脊饰的重量、木材的强度、木材的比重及实际重量等等以前，我们是无从对这座结构作具体计算的。

这座结构给人以一种极不稳定的感觉。当我们观察到上、中两檐的斗栱的重要作用的时候，再看斗栱本身，栱的断面事实上一律是5.5厘米×19厘米的薄板条，而且还被一些曲线花纹所削弱；中层西南角的一组，其中最下层起杠杆作用的一根还为了便于让人上楼梯而挖去了一半。再看看外檐各挑的栱头上，所挑的斗的斗底都比栱身宽得多，两旁悬着，好像轻轻一碰就会掉下来；而斗上的斗口更是浅得惊人，好像根本"咬"不住上一层的栱。更令人吃惊的是，上层檐的栱头都钉上一条像尾巴下垂的假昂，而它所挑着的斗并不是放在比较牢固的栱头上，而是放在这钉上去的假昂上。挑檐枋（亦即斗栱一组中起杠杆作用最主要的一道枋子）头上的挑檐桁，就是一根圆木浮放在上面，既没有"桁椀"，也没有垫托使之固定的辅助

梁思成和学生们在一起

构件。许多瓜柱上的檩条也是这样没有扶持地顶着的。就连把金柱架在檐柱上的梁的长榫也那样单薄。整座建筑，从主要梁架到这些极为重要的斗栱细部，都像杂技演员顶大缸或踩钢丝那样，令人为之捏一把汗。

尽管如此，这座真武阁却是真正受过漫长岁月的折磨考验的。到今年（1962年）它已经三百八十九岁了。在这将近四百年的期间，它曾经受过多次地震和大风的考验。仅就"县志"舆地志"祆祥"篇所载，就有地震记录五次，大风记录三次。其中清咸丰七年（1857年）"地震有声，屋宇皆摇"；康熙四十五年（1706年），"武庙前旗杆三丈，大风拔起，……所过垣墙皆塌，同时经略台东偏一柱为雷震击，状如斧折"；光绪二十年（1894年）"大风雨雹，拔树坏民舍"，而这座以微妙的杠杆作用，像一把天秤那样维持平衡的真武阁却没有被吹垮震塌，就不能不令人惊叹了。

我们还可以假设，在这杠杆化的斗栱两头，应力必须平衡。假使内部（即"E"部分面积）太重，则外部一周的檐子会被挑翘起来，相应地内部就下沉。如果太轻；则外面一周檐瓦的重量，除了使檐部下沉、内部上升外，还会由于杠杆作用产生另一应力，使檐柱向外倾侧，将这个整体"扯"开拆散，虽有下层回廊一周的扶持，也难稳定全局。即使在今天看来，这样一座结构的力学分析（当然，我对力学是个特大外行）并不是很简单的，其中许多因素互为因果地相互制约着以取得平衡稳定。其中任何一个因素的增减改动，如果超过了一定的限度，就可能使整座建筑土崩瓦解。这样一个结构方案是一个极为大胆的创作。四百年前的这位无名匠师是怎样把它计算出来的，更是不可思议。我们除了对他表示无限敬佩外，还可推想在他以前，当地可能已有这样传统，由他加以发扬提高。据说附近某县还有一座类似的但较小的建筑。

真武阁的历史和艺术价值

容县真武阁的杠杆结构在建筑史中是一个罕见的例子，对我的孤陋的见闻来说，是从来没有见过的结构类型。在木构建筑中，乃至在任何现代的金属结构中，主要依靠这种杠杆作用来维持一座建筑物的平衡，是从来没有看见过的。

在许多其他建筑中，虽然也利用两种方向相反的推力相互对抗以取得平衡，但一般都是固定不动的。在真武阁中两个相反的推力却都来自构件本身的内部，像一把天秤那样，是"活"的而不是"死"的，是动的而不是静的。从这一意义来说，我们可以说它是建筑结构中的一个"绝招"。当时这位无名匠师必然具有极其丰富的力学知识，而且在整个施工过程中，对如何经常保持这平衡也必须做了妥善的安排。将近四百年来大自然年复一年的各种考验证明他是一位卓越的工程师。这是我们后代所不得不深为敬佩的。

但是他的这个"绝招"是不是我们的榜样呢？我们是不是也可以设计一些类似的"杠杆结构"呢？不言而喻，"依样画葫芦"是不应该的。但是利用这种杠杆原理，利用建筑物本身的一些相反应力的"内部矛盾"，以减轻某些构件上的应力，这一原则对我们是一个启发。

在建筑的艺术手法方面，有许多极"不规矩"甚至"荒唐"的处理手法。在这方面这位无名匠师真可以算是"打破框框"，"敢想敢做"（当然，在结构上这一点更加突出），但一切又是传统手法的发展。在艺术加工以至装饰雕刻方面，每一个构件的卷杀，每一花饰的图案都那样优美，面和线的刀法又都那样工整，丝毫不苟。这都是值得我们师法的。

最后，让我在这里向帮助我做这次调查研究的同志们表示衷心的感谢。没有他们的帮助，就是这样一篇肤浅的调查报告也是难以完成的。

正编三

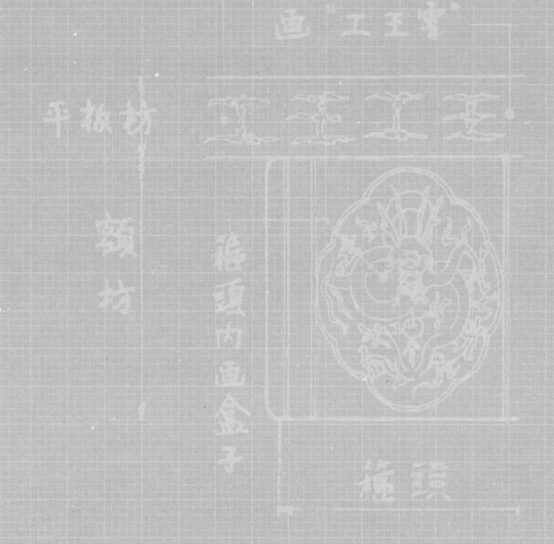

十五... 清华大学营建学系学制及学程计划草案——创立建筑系
十六... 国徽与人民英雄纪念碑
十七... 关于中央人民政府行政中心区位置的建议——梁陈方案
十八... 曲阜孔庙之建筑及其修葺计划——梁思成与古建保护
十九... 检查——永远一步也不再离开我们的党

十五... 清华大学营建学系学制及学程计划草案——创立建筑系

1945年抗日战争胜利，梁思成也正完成了《中国建筑史》的写作。在建筑史这个领域也还有民居、园林、地方建筑等诸多问题尚须继续深入发掘、研究。他考虑到国家正在工业化之程序中，所需建设人材当以万计，我国各大学宜早日添设建筑系。由此，他上书梅贻琦建议母校增设建筑系。梅贻琦很快就接受了他的建议，并任命梁思成为系主任。

1946年，梁思成赴美讲学，并考察美国战后的建筑教育。1947年，他受聘于联合国大厦设计顾问团的中国代表。在此期间，他出席了诸多高水平的国际学术会议，并接触了无数国际知名的专家学者，参观考察了近二十年来的建筑及建筑院校。经过这一年多在国外的考察，他更深入了解到国际学术界在建筑理论方面的发展，建筑的范畴已从过去单栋的房子扩大到了人类整个的"体形环境"。建筑师的任务就是为人类建立政治、文化、生活、工商业等各方面的"舞台"。

梁思成总结了在美国考察一年多的收获，博采众长，并以自己的建筑观为核心，提出了"体形环境设计"的教学体系。回顾我国建筑教育的状况，他决心要对过去的教学计划进行大幅度的修改，办一个达到国际尖端水平的建筑系。

这里选录的是梁思成所做的《清华大学营建学系学制及学程计划草案》。

本系的教育方针与将来课程之展望

本系是清华比较新成立的学系，成立仅三年。课程尚在每年更改，受国民党教育部大学规划的束缚也比较少。三十八年度学年是解放后第一个新学年的开始，本系全体师生对于学制及课程经过数度商讨之后，谨将综合意见申述如下：

(一) 本系课程及训练之目标

近余年来从事于所谓"建筑"的人，感觉到已往百年间，对于"建筑"观念之根本错误。由于建筑界若干前进之思想家的努力和倡导，引起来现代建筑之新思潮，这思潮的基本目的就在为人类建立居住或工作时适宜于身心双方面的体形环境。在这大原则大目标之下"建筑"的观念完全改变了。

以往的"建筑师"大多以一座建筑物作为一件雕刻品，只注意外表，忽略了房屋与人生密切的关系；大多只顾及一座建筑物本身，忘记了它与四周的联系；大多只为达官、富贾的高楼大厦和只对资产阶级有利的厂房、机关设计，而忘记了人民大众日常生活的许多方面；大多只顾及建筑物的本身，而忘记了房屋内部一切家具，设计和日常用具与生活和工作的关系。换一句话说，就是所谓"建筑"的范围，现在扩大了，它的含义不只是一座房屋，而包括人类一切的体形环境。

所谓"体形环境"，就是有体有形的环境，细自一灯一砚，一杯一碟，大至整个的城市，以至一个地区内的若干城市间的联系，为人类的生活和工作建立文化，政治，工商业，……等各方面合理适当的"舞台"都是体形环境计划的对象。

清华大学"建筑"课程就以造就这种广义的体形环境设计人为目标。这种广义的体形环境有三个方面：第一适用，第二坚固，第三美观。适用是一个社会性的问题；从一间房屋，一座房屋，一所工厂或学校，以至一组多座建筑物间相关的联合，乃至一整个城市工商业区，住宅区，行政区，文化区……等等的部署，每个大小不同，功用不同的单位的内部与各单位间的分隔与联系，都须使其适合生活和工作方式，适合于社会的需求，其适用与否对于工作或生活的效率是有密切关系的。以体形环境之计划是整个社会问题中的一个极重要的方面，其第一要点在求其适宜于工作或居住的活动方式。适用的建筑可以增加居住及工作者身心的健康，健康是每一个人应享的权利，健康的人才能成为一个有用的人。

坚固是工程问题；在解决了适用问题之后，要选择经济而能负载起活动所需要的材料与方法以实现之。

美观是艺术问题，好美是人类的天性。在第一与第二两个限制之下，建造出来的体形环境，必须使其尽量引起居住或工作者的愉快感，提高精神方面的健康。在情感方面愉快的人，神经平静，性情温和，工作效率提高，充沛活泼的创造力，且能同他们建立良好的关系。

本系的教育方针是以训练学生能将这三个方面问题综合解决为目标。

1960年代，摄于清华大学礼堂前。（左起汪坦、梁思成、杨廷宝、吴景祥。）

（二）本系名称之改正

清华的建筑系，自成立以来，即以上列三方面之综合解决为目标，可以说是用砖石，瓦，木，水泥，钢铁等为材料（工程），解决一个社会问题（适用），而其结果必求其美观（艺术），那是一个综合性的工作。

因此我们感到国民党教育部所定"建筑工程学系"，这个名称之不当，"建筑工程"，所解决的只是上列三个方面中坚固的一个方面问题。国外大学对于"建筑系"与"建筑工程系"素来明白分划。清华的课程不只是"建筑工程"的课程，而是三方面综合的课程，所以我们正式提出请求改称"营建学系"。"营"是适用与美观两方面的设计，"建"是用工程去解决坚固的问题使其实现，是与课程内容和训练目标相符的名称。

（三）营建人才与今后之建设工作

全中国的解放即在目前，我们整个国家即将遵照新民主主义政策踏上建设的大路。建设的目的在增加生产，增加生产的目的在为大众求福利，普遍的提高以农工为主的人民生活水准，生活问题之中，除去衣食之外，尚有住的问题，是社会中一个极大的问题。人民大众的生活与工作环境之提高，是我们建设目标之一。为增加生产，必须使工作的人能安居乐业。居住的房屋适用而合卫生，则工作的人可以安居，身心得以健康；身心健康，而工作的地方又适用与卫生，则可以乐业。即安居又乐业，生产效率就会提高，这是一串循环的因果。

为建设生产的工作，这种适合于工作，足以提高工作效率的体形环境之建立，是营建人才的责任，良好的体形环境之建立，其本身就是建设工作的一部分，所以营建在建设工作中有双重意义。

我们若分析工业，尤其是轻工业的种类，其中有极大部分是供给居住所用的。砖瓦，水泥，玻璃，五金，卫生设备，油漆，电料，木材，家具，地毯，锅瓢碗盏，有一切饮食用具，都是供给居住所需之用的。营建与这一切工业有连环性的关系，可以互相刺激推进。这些工业所需的原料，又可以刺激重工业之发展。

政府若要鼓励这些工业之进展，就须使其有销路，若是建筑工作进展，就可以刺激这种工业之进展。建设工作活跃，营建工作就要展开，预作合理的计划或改善现状，因此营建人才之养成，间接的与工业发展有关；而且他们可以使一切工业产品得到适当而经济的使用，建设工业如无营建人才，必有大量的耗费，或不适用的设计，使人民无形中受到损失，因工厂部署之不适用，或工农住区环境之恶劣，而减低工作效率，是无形中增加了人民的负担，所以营建人才在建设事业中是极其需要的。

（四）本系学制及课程

本系是清华复员后新成立的学系，现在只有三个年级，一切课程尚未大定，在今后数年间，也许尚有按进展情形及社会需要，将课程斟酌改订之必要，现在所提出的只是暂拟的计划。

因为我们目前因体制经费的限制，只能顾及体形环境，营建中之最主要部分，所以本系暂分为建筑与市镇计划两组。两组的基本原则虽同，但是着重点各异。建筑组着重建筑物本身之设计与建造，所以在房屋之设计和构造方面的课程较多。市镇计划组着重在整个城市乃至多组城市间相互的关系，在文化，政治，经济，交通等等各方面地区之部署，分配，求其便利，适用，美观，是一个与文化，政治，经济，交通，整个社会关系极密切的工作，所以工程方面着重市镇工程，还有若干社会政治科学。

本系的课程，既然须兼顾适用（社会）坚固（工程）美观（艺术）三个方面，所以学科分为下列五个类别：

A——文化及社会背景

B——科学及工程

C——表现技术

D——设计课程

E——综合研究

每学年之内，按学程进展将五类配合讲授，本系课程因为上述综合性的原故，颇为繁重，因为一个学期内同时都有数项费时费脑筋的数理，工程和繁重的建筑设计图案功课。在四年制中，许多课程挤在一起，学生负担之重，冠于全校，因此学生多有若干门不及格者，不及格的若是连贯性课程中的先修科目，立刻就使学生不能在四年中毕业，国外大多数大学营建学院的课程，都是五年制的，也是因此，为矫正这个弊病，我们拟定了一个五年制课程，以计划较，要特别提醒的是五年制有一整年极其实用的工场实习，使学生得到对于房屋建造的实地经验和认识。

十六　国徽与人民英雄纪念碑

设计人民英雄纪念碑

1949年9月30日下午，中国人民政治协商会议结束。会议一致通过了建造人民英雄纪念碑的提案，并通过了纪念碑的碑文。傍晚时分，毛主席和全体代表来到天安门广场，举行了纪念碑破土奠基典礼。

接着北京市都市计划委员会，开始向全国征求纪念碑设计方案。不久，收到方案约一百八十份，大致可分为几个主要类型：

(1) 认为人民英雄来自广大工农群众，碑应有亲切感，方案采用平铺在地面的方式。

(2) 以巨型雕像体现英雄形象。

(3) 用高耸矗立的碑形塔形，体现革命先烈高耸云霄的英雄气概和崇高品质。至于艺术形式，有用中国传统形式的，有用欧洲古典形式的，也有"现代"式的。

都委会邀请各方面单位、团体的代表以及在京的一些建筑师、艺术家会同评选。平铺地面的方案很快就被否定了，于是用雕像形式或用碑的形式就成为争论的中心问题。在争论过程中，大多数意见同意以下几个根本观点：

(1) 政协会议同意建碑，通过了碑文。碑的设计应以碑文为中心主题，碑文中所述三个大阶段的英雄史迹，可用浮雕表达。

(2) 考虑到古今中外都有"碑"，有些方案采用埃及"方尖碑"或"纪念柱"的形式，但这些形式都难以突出作为主题的碑文。以镌刻文字为主题的碑，在我国有悠久传统，所以采用我国传统的碑的形式较为恰当。

(3) 中国古碑都矮小郁沉，缺乏英雄气概，必须予以革新。

(4) 考虑到碑文只刻在碑的一面，另一面拟请毛主席题"人民英雄永垂不朽"八个大字。后来彭真市长又说周总理写得极好的颜体，建议碑文请总理手书。

此后，即由都委会参照已经收到的各种方案拟"碑形"的设计方案，

建国初期，梁思成陪同周恩来总理一起接待外宾

但雕刻家仍保留意见，认为还是应该以雕像为主题。

梁思成虽然主张采用碑的形式，但考虑到雕刻家的意见，所以他又请清华的青年教师收集了很多欧美、苏联诸国的雕像以供参考。

梁思成在1951年8月致彭真市长关于人民英雄纪念碑设计问题的信中，详细阐述了他对碑的设计意见，这封信是一篇极精湛的设计理论短文。

彭市长：

都市计划委员会设计组最近所绘人民英雄纪念碑草图三种，因我在病中，未能先作慎重讨论，就已匆匆送呈，至以为歉。现在发现那几份图缺点甚多，谨将管见补陈。

这次三份图样，除用几种不同的方法处理碑的上端外，最显著的部分就是将大平台加高，下面开三个门洞。如此高大矗立的、石造的、有极大重量的大碑，底下不是脚踏实地的基座，而是空虚的三个大洞，大大违反了结构常理。虽然在技术上并不是不能做，但在视觉上太缺乏安定感，缺乏"永垂不朽"的品质，太不妥当了。我认为这是万万做不得的。这是这份图样最严重、最基本的缺点。

在这种问题上，我们古代的匠师是考虑得无微不至的。北京的鼓楼和钟楼就是两个卓越的例子。它们两个相距不远，在南北中轴线上一前一后鱼贯排列着。鼓楼是一个横放的形体，上部是木构楼屋，下部是雄厚的砖筑。因为上部呈现轻巧，所以下面开圆券门洞。但在券洞之上，却有足够的高度的"额头"压住，以保持安定感。钟楼的上部是发券砖筑，比较呈现沉重，所以下面用更高厚的台，高高耸起，下面只开一个比例上更小的券洞。它们一横一直，互相衬托出对方的优点，配合得恰到好处。但是我们最近送上的图样，无论在整个形体上、台的高度和开洞的做法上、与天安门及中华门的配合上，都有许多缺点。

(1) 天安门是广场上最主要的建筑物，但是人民英雄纪念碑却是一座新的、同等重要的建筑：它们两个都是中华人民共和国第一重要的象征性建筑物。因此，两者绝不宜用任何类似的形体，又像是重复，而又没有相互衬托的作用。现在的碑台像是天安门的小模型，天安门是在雄厚的横亘的台上横列着的，本身是玲珑的木构殿楼。所以英雄碑是石造的就必须用另一种完全不同的形体：矗立屼峛、雄朴坚实、根基稳固地立在地上。

若把它浮放在有门洞的基台上，实在显得不稳定、不自然。也可说是很古怪的筑法。

由上面两图中可以看出，与天安门对比之下，上图的英雄碑显得十分渺小、纤弱，它的高台仅是天安门台座的具体而微，很不庄严。同时两个相似的高台，相对地削减了天安门台座的庄严印象。而下图的英雄碑，碑座高而不太大，碑身平地突出，挺拔而不纤弱，可以更好地与庞大、龙盘虎踞、横列着的天安门互相辉映，衬托出对方和自身的伟大。

(2) 天安门广场现在仅宽一百米，即使将来东西墙拆除，马路加宽，在马路以外建造楼房，其间宽度至多亦难超过一百五六十米左右。在这宽度之中，塞入长宽约四十余米，高约六七米的大台子，就等于塞入了一座约略可容一千人的礼堂的体积，将使广场窒息，使人觉得这大台子是被硬塞进这个空间的，有更使广场透不出气的感觉。由天安门向南看去或由前门向北望来都会失掉现在辽阔雄宏之感。

(3) 这个台的高度和体积使碑显得瘦小了。碑是主题，台是衬托，衬托部分过大，主题就吃亏了。而且因透视的关系，在离台二三十米以内，只见大台上突出一个纤瘦的碑的上半段。所以在比例上，碑身之下，直接承托碑身的部分只能用一个高而不大的碑座，外围再加一个近于扁平的台子（为瞻仰敬礼而来的人们而设置的部分），使碑基向四周舒展出去，同广场上的石路面相衔接。

(4) 天安门台座下面开的门洞与一个普通的城门洞相似，是必要的交通孔道。比例上台大洞小，十分稳定。碑台四面空无阻碍，不唯可以绕行，而且我们所要的是人民大众在四周瞻仰。无端端开三个洞窟，在实用上既无必需，在结构上又不合理；比例上台小洞大，"额头"极单薄，在视觉上使碑身漂浮不稳定，实在没有存在的理由。

总之：人民英雄纪念碑是不宜放在高台上的，而高台之下尤不宜开洞。

至于碑身，改为一个没有顶的碑形，也有许多应考虑之点。传统的习惯，碑身总是一块整石。这个英雄碑因碑身之高大，必须用几百块石头砌成。它是一种类似塔形的纪念性建筑物，若做成碑形，它将成为一块拼凑而成的"百衲碑"，很不庄严，给人的印象很不舒服。关于此点，在一次讨论会中我曾申述过，张奚若、老舍、钟灵以及若干位先生，都表示赞同。所以我认为做成碑形不合适，而应该老老实实的多块砌成的一种纪念性建筑物的影体。因此，顶部很重要。我很赞成注意顶部的交代。可惜这三份草图的上部样式都不能令人满意。我愿在这上面努力一次，再草拟几种图样奉呈。薛子正秘书长曾谈到碑的四面各用一块整石，四块合成，这固然不是绝对办不到，但我们不妨先打一个算盘。前后两块，以长十八米，宽六米，厚一米计算，每块重约二百一十五吨；两侧的两块，宽四米，各重约一百三十七吨。我们没有适当的运输工具，就是铁路车皮也仅载重五十吨。到了城区，四块石头要用上万的人力兽力，每日移动数十米，将长时间堵塞交通，经过的地方，路面全部损坏。无论如何，这次图样实太欠成熟，缺点太多，必须多予考虑。英雄碑本身之重要和它所占地点之重要都非同小可。我以对国家和人民无限的忠心，对英雄们无限的崇敬，不能不汗流浃背、战战兢兢地要它千妥万帖才敢喘气放胆做去。

  此致

敬礼！

梁思成

1951 年 8 月 29 日

  1952 年 5 月，人民英雄纪念碑兴建委员会组成，其主要成员如下：

  主任彭真，副主任郑振铎、梁思成；

  秘书长薛子正；

  此外还设有：史料专门委员会，召集人范文澜；建筑设计专门委员会，召集人梁思成。

  7 月中旬，史料委员会初步提出浮雕主题方案共九幅。1953 年 1 月 19 日薛子正传达毛主席关于浮雕主题的指示："井冈山"改为"八一"，"义和团"改为"甲午"，"平型关"改为"延安出击"；"三元里"是否找一个更好的画面？"游击战"太抽象，"长征"哪一个场面可以代表？

  史料委员会又经过多次讨论，原先提出的浮雕主题又经过多次改变，才决定用现在雕成的八幅。

  大约于 1952 年夏，由郑振铎主持召开会议，最后决定采用梁思成建议的这一设计方案（即现在已建成的方案），但对碑顶暂作保留，碑身以下全部定下来，并立即开始基础设计并施工。这个方案碑高约40.5米，是按广场扩建为宽200米至250米，由北面任何一点望过去，在透视上碑都比正阳门城楼高的考虑设计的。结构方面考虑到土壤荷载力和地震等问题。

1954年11月6日北京市人民政府委员会开会，彭真市长指示碑顶采用现在的"建筑顶"，即梁思成最初的建议。原因是碑40米高，上面再放上群像，不管远近都看不清楚，而且主题混淆，不相配合。同时也把浮雕的主题定为"虎门销烟"、"金田起义"、"武昌起义"、"五四运动"、"五卅运动"、"南昌起义"、"抗日游击战争"、"胜利渡长江"八幅。1956年人民英雄纪念碑胜利完工。

设计国徽

全国政协成立后，立即公开向全国及海外侨胞征求新中国国旗、国徽的图案及国歌词谱。梁思成被聘为政协的国旗、国徽评选委员会顾问，他几乎每天都要进城工作。当时清华和城里交通很不方便，幸亏梁思成自己有一辆微型小轿车，而且他自己会开车。

清华营建系也在梁思成、林徽因二人的领导下成立了国旗、国徽设计小组参加竞赛。我记得主要人员有莫宗江、汪国瑜、朱畅中、胡允敬、张昌龄、李宗津等。

一天，梁思成从城里回来告诉朱畅中他们说："国旗、国歌已经定下来了，国徽图案决定邀请专家另行设计。"后来全国政协邀请中央美术学院和清华大学营建系分别组织人力重新设计。梁思成还带回来一本《国徽图案参考资料》，那是评委们从应征的图案中选出来的。我们都围拢去看那本国徽图案。我站在林徽因后面俯视着，我没有看到很突出的图案，有一部分图案明显是模仿外国，特别是社会主义国家的国徽，更有一些画得花花绿绿很不庄严。林徽因一面翻阅着一面和大家评论着。忽然一张色彩夺目的图案吸引了大家的注意，它的右上角画了一个光芒四射的红太阳，下面是蓝色的海洋，两只海鸥在飞翔。海水是碧蓝的颜色，和鲜红的太阳对比非常刺眼。林徽因一看就说："天哪！这简直就是阴丹士林布（解放

1956年,与周恩来总理、马大猷(右一)、孟昭英一起探讨科学规划方案

前流行的一种平纹布）的商标。"不知谁说了一声"七折大拍卖！"大家都笑了。真的，林徽因的批评太贴切了，那海水的蓝色和当时流行的阴丹士林布一模一样，整个图案充满商品味儿。接着林徽因又和大家谈论商标和国徽的区别，她发表了很多精辟的见解。梁思成讲道，我国的国徽应具有中国的民族特色，并能表现中国人民的自豪感，后来林徽因又专门就这个问题和国徽设计小组的同志们开过讨论会。

在讨论时梁思成发表了这样的意见：

（1）国徽不是一张图画，更不能像风景画。长城也好，天安门也好，中国人能画，外国人也能画。

国徽主要是表示民族的传统精神，所以我们的任务是要以国旗为主体，国旗下方有天安门但不要成为天安门的风景画，若如此则失去了国徽的意义。用天安门图案必须把它程式化，而绝不是风景画。

（2）国徽不能像商标，国徽与国旗不同，国旗是什么地方都可以挂的，但国徽主要是驻国外的大使馆悬挂，绝不能让它成为商标，有轻率之感。

（3）欧洲十七八世纪的画家开始用花花带子，有飘飘然之感，但国徽必须是庄严的，最好避免用飘带，颜色也不宜太热闹庸俗，否则没有庄严感。

（4）要考虑到制作，太复杂的图案在雕塑上不容易处理，过多的颜色在大量制作时技术上也存在困难，十几种乃至几十种颜色无法保证它制作时每次都绝对的相同。

经过讨论他们决定放弃用多种色彩绘制图案，转而采用我国人民千百年来传统喜爱的金、红两色。这是我国自古以来象征吉祥喜庆的颜色，用于国徽，不仅富丽堂皇，庄严美丽，而且醒目大方，具有鲜明的民族特色。

那一年梁思成、林徽因两人的身体都不好，几乎轮流生病。尽管如此，他们还是和大家一起出方案、画图，通宵达旦地工作。我每次去梁家都看到屋子里铺天盖地的摆满图纸。林徽因半卧在床上，伏在一个特制的能在床上用的小桌上画图，累了就往后一躺。她见到我，总是对自己的狼狈状态说几句自嘲的笑话。这种情景我见到过三次，这是第一次，第二次她是为景泰蓝的存亡而奋斗，第三次也是她最后的一次拼搏，是为设计人民英雄纪念碑浮雕的花纹。

不知经过多少个日日夜夜的思考、试做、讨论，最后全组确定了国徽图案。图案的下方是金色浮雕天安门立面图，象征五四运动发源地和宣告新中国诞生之地。天安门上方是金色五星表示国旗和工人阶级领导的政权，图案外圈环以稻穗、麦穗，下端用绶带绾结在齿轮上，象征工农联盟。

1950年6月23日，召开全国政协一届二次大会。在毛主席提议下，全体代表以起立方式一致通过了梁思成所领导的、林徽因参加的设计小组的国徽图案。林徽因被特邀列席参加这次大会，当代表们全体起立时，她禁不住激动得热泪盈眶，那时她已经病弱到几乎不能从座椅上站起来了。这一对夫妇在国徽的设计中，倾注了他们的全部心血，表现了他们对祖国的挚爱之情。

十七　关于中央人民政府行政中心区位置的建议——梁陈方案

1949年5月，梁思成被任命为北京市都市计划委员会副主任。梁思成曾这样动情地描述北京：

人民中国的首都北京，是一个极年老的旧城，却又是一个极年轻的新城。北京曾经是封建帝王威风的中心，军阀和反动势力的堡垒，今天它却是初落成的，照耀全世界的民主灯塔。它曾经是没落到只能引起无限"思古幽情"的旧京，也曾经是忍受侵略者铁蹄践踏的沦陷城，现在它却是生气蓬勃地在迎接社会主义曙光中的新首都。它有丰富的政治历史意义，更要发展无限文化上的光辉。

构成整个北京的表面现象的是它的许多不同的建筑物，那显著而美丽的历史文物，艺术的表现；如北京雄劲的周围城墙，城门上巍峋高大的城楼，围绕紫禁城的黄瓦红墙，御河的栏杆石桥，宫城上窈窕的角楼，宫廷内宏丽的宫殿，或是园苑中妩媚的廊庑亭榭，热闹的市心里牌楼店面，和那许多坛庙，塔寺，第宅，民居。它们是个别的建筑类型，也是个别的艺术杰作。每一类，每一座，都是过去劳动人民血汗创造的优美果实，给人以深刻的印象；今天这些都回到人民自己手里，我们对它们宝贵万分是理之当然。但是，最重要的还是这各种类型，各个或各组的建筑物的全部配合；它们与北京的全盘计划整个布局的关系；它们的位置和街道系统如何相辅相成；如何集中与分布；引直与对称；前后左右，高下起落，所组织起来的北京的全部部署的庄严秩序，怎样成为宏壮而又美丽的环境。北京是在全盘的处理上才完整的表现出伟大的中华民族建筑的传统手法和在都市计划方面的智慧与气魄。这整个的体形环境增强了我们对于伟大的祖先的景仰，对于中华民族文化的骄傲，对于祖国的热爱。北京对我们证明了我们的民族在适应自然，控制自然，改变自然的实践中有着多么光辉的成就。这样一个城市是一个举世无匹的杰作。

我们承继了这份宝贵的遗产，的确要仔细的了解它——它的发展的历史、过去的任务，同今天的价值。不但对于北京个别的文物，我们要加深

↑ 在第一届全国政协宪法讨论会上与华罗庚、老舍、梅兰芳交谈

↓ 梁思成憧憬中的北京市区街道（梁思成手绘）

梁思成与参加科学讨论的外国代表交谈

认识，且要对这个部署的体系提高理解，在将来的建设发展中，我们才能保护固有的精华，才不至于使北京受到不可补偿的损失。并且也只有深入的认识和热爱北京独立的和谐的整体格调，才能掌握它原有的精神来作更辉煌的发展，为今天和明天服务。

梁思成充分认识到自己肩上责任的重大，他专门聘请陈占祥先生来京担任都市计划委员会企划处处长。但在1949年的9月，中央又聘请了苏联的城市规划专家十七人的代表团。苏联专家们到京后毛主席很快就接见了他们。在1949年的国庆节，梁与专家们在天安门城楼上见面。专家指着东西长安街对梁说：今后新中国的中央政府行政区就应当设在东西长安街道上。此后，梁陈与中国的一些专家和苏联专家开了多次座谈会，讨论中央政府行政区地点的问题。梁陈认为：在旧城已没有足够的土地来建设行政中心，行政中心最好设在月坛以西公主坟以东的位置。双方争论得十分激烈。最后，苏联专家亮出了毛主席的提议——行政中心应当设在东西长安街上，政府次要部门可以设在城外。但是，梁陈这两个书生气十足的学者心中追求的是如何使北京的规划最大限度地接近科学，怎样能更完美地保护北京这个世界上唯一的瑰宝。他们感到，这样争论下去不会有什么结果，不如写成书面材料上呈中央，这就是梁陈方案的初衷。

遗憾的是，他们的主意并没有得到最高领导的赏识，反而被批评为与苏联专家"分庭抗礼"。上世纪五十年代苏联专家的意见具有很大的权威性，是颠覆不得的。多年后，梁思成还是诚恳地对自己的学生表白："我至今仍然认为我们的建议是正确的，只是还有一些细节可以改进，但是我不希望你们去坚持我的意见，这样做对你们没有好处！"

这里，我们引了梁陈提案的主要部分，以供读者参阅。

建议：早日决定首都行政中心区所在地，并请考虑按实际的要求，和在发展上有利条件，展拓旧城与西郊新市区之间地区建立新中心，并配合目前财政状况逐步建造。[1]

[1] 本文由梁思成、陈占祥合写于1950年2月。当时印了百余份，分送中央人民政府、中共北京市委、北京市人民政府有关单位。

为解决目前一方面因土地面积被城墙所限制的城内极端缺乏可使用的空地情况，和另一方面西郊敌伪时代所辟的"新市区"又离城过远，脱离实际上所必需的衔接，不适用于建立行政中心的困难，建议展拓城外西面郊区公主坟以东，月坛以西的适中地点，有计划的为政府行政工作开辟政府行政机关所必需足用的地址，定为首都的行政中心区域。

西面接连现在已有基础的新市区，便利即刻建造各级行政人员住宅，及其附属建设，亦便于日后发展。

东面以四条主要东西干道，经西直门、阜成门、复兴门、广安门同旧城联络。入复兴门之干道则直通旧城内长安街干道上各重点：如市人民政府，新华门中央人民政府，天安门广场等。

新中心同城内文化风景区，博物馆区，庆典集会大广场，商业繁荣区，市行政区的供应设备，以及北城，西城原有住宅区，都密切联系着，有合理的短距离。新中心的中轴线距复兴门不到二公里。

这整个新行政区南面向着将来的铁路总站，南北展开，建立一新南北中轴线，以便发展的要求，解决旧城区内拥挤的问题。北端解决政府各部机关的工作地址，南端解决即将发生的全国性工商企业业务办公需要的地区面积。

目的在不费周折的平衡发展大北京市；合理地解决行政区所需要的地址面积和合适的位置；便利它的交通和立刻逐步建造的工程程序。这样可以解决政府办公，也逐渐疏散城中密度已过高的人口，并便利其他区域，因工业的推进，与行政区在合理的关系中同时或先后的发展。

以下分三节讨论：

第一节——必须早日决定行政中心区的理由。

第二节——需要发展西城郊，建立新中心的理由。

（一）建设首都行政机关，有什么客观条件。

（二）旧城区内建筑政府行政机关的困难和缺点。

（三）逃避解决区域面积的分配，片面的设法建造办公楼（在其他工作区域内设法应付求得地址），不是解决问题，而是加增全市性的严重问题。

（四）在西郊近城空址建立行政中心区域是全面解决问题，是切合实际的计划。

第三节——发展西郊行政区可用逐步实施程序，以配合目前财政状况，

1950年代，梁思成在布拉格街头凝望

1953年访问苏联时，与功勋演员别列捷斯卡娅在一起

1953年与科学家访苏代表团成员在乌兹别克。中为华罗庚

比较拆改旧区为经济合理。

第一节　必须早日决定行政中心区的理由

政府机构中心或行政区的位置，是北京全部都市计划关键所系的先决条件。

北京不止是一个普通的工商业城市，而是全国神经中枢的首都。我们不但计划它成为生产城市，合理依据北京地理条件，在东郊建设工业，同旧城的东北东南联络，我们同时是作建都的设计——我们要为繁重的政府行政工作计划一合理位置的区域，来建造政府行政各机关单位，成立一个有现代效率的政治中心。

政府行政的繁复的机构是这次发展中大项的建设之一。这整个行政机构所需要的地址面积，按工作人口平均所需地区面积计算，要大过于旧城内的皇城（所必需附属的住宅区，则要三倍于此）。故如何布置这个区域将决定北京市发展的方向和今后计划的原则，为计划时最主要的因素。

更具体的说，安排这庞大的，现代的，政府行政机构中的无数建筑在何地区，将影响全市区域分配原则和交通的系统。各部门分布的基础，如工作区域，服务区域，人口的密度，工作与住宿区域间的交通距离等，都将依据着行政区的位置，或得到合理的解决，或发生难于纠正的基本上错误，长期成为不得解决的问题。

行政中心地区的决定，同时也决定了对北京旧城改善的政策。北京的现况有两方面可注意的。一为人口密集于旧城区以内，这有限的土地已过度使用为房屋建造部分；所应留的公园，空场，树林区极端缺乏，少过于现代的应有比率太多。

二为北京为故都及历史名城，许多旧日的建筑已为今日有纪念性的文物，不但它们的形体美丽，不允许伤毁，它们的位置部署上的秩序和整个文物环境，正是这名城壮美特点之一，也必须在保护之列，不允许随意掺杂不调和的形体，加以破坏，所以目前的政策必须确定。即：是否决意展拓新区域，加增可用为建造的面积，逐步建造新工作所需要的房屋和工作人口所需要的住宅、公寓、宿舍之类；也就是说，以展拓建设为原则，逐渐全面改善，疏散，调整，分配北京市，对文物及其环境加以应有的保护。

或是决意在几年中完成大规模的迁移,改变旧城区的大部使用为原则——即将现时百三十万居民逐渐迁出九十万人,到了只余四十万人左右,以保留四十万的数额给迁入的政府工作人员及其服务人员,两数共达八十万人的标准额,使行政工作全部安置在旧城之内,大部居民迁往他处为原则。现时即开始在旧市区内一面加增密集的多层建筑为政府机关,先用文物风景区或大干道等较空地区为其地址,一面再不断地收买拆除已有高额人口的民房商店区域,利用其址建造政府机关房屋,以达到这目的(不考虑如何处理迁徙居民的复杂细节,或实际上迁出后居民所必需有的居住房屋的建造问题;也不考虑短期内骤增的政府工作人员的居住问题,和改变北京外貌的问题)。

这两个方面的决定,是原则上问题,政策上的决定问题,亦是在今后处理方法上是否合理及可能,有利或经济的问题,今日必须缜密周详的考虑到。

总之,如何安排这政府机关建筑的区域是会影响全城整个的计划原则,所有的区域道路系统和体形外观的。如果原则上发生错误,以后会发生一系列难以纠正的错误的。关系北京百万人民的工作、居住和交通。所以在计划开始的时候,政府中心地址问题必须最先决定,否则一切无由正确进行。

因此,我们建议按客观条件详细考虑发展西城郊址是否适当,早日决定,俾其他一切有所遵循,北京市都市计划可以迅速推进。

十八... 曲阜孔庙之建筑及其修葺计划——梁思成与古建保护

1932年梁思成在他的第一篇调查报告《蓟县独乐寺山门考》中，就有关独乐寺的保护提出了以下看法：

"观音阁及山门，既为我国现存建筑物中已发现之最古者，且保存较佳，实为无上国宝。如在他国，则政府及社会之珍维保护，唯恐不善。而在中国则无人知其价值，虽蓟人对之有一种宗教的及感情的爱护，然实际上，蓟人既无力，亦无专门智识，数十年来，不唯任风雨之侵蚀，且不能阻止军队之毁坏。今门窗已无，顶盖已漏，若不及早修葺，则数十年乃至数年后，阁、门皆将倾圮，此千年国宝，行将与建章、阿房同其运命，而成史上陈迹。故对于阁、门之积极保护，实目前所亟不容缓也。

"保护之法，首须引起社会注意，使知建筑在文化上之价值；使知阁、门在中国文化史上及中国建筑史上之价值，是为保护之治本办法。而此种之认识及觉悟，固非朝夕所能奏效，其根本乃在人民教育程度之提高，此是另一问题，非营造师一个所能为力。故目前最重要问题，乃在保持阁、门现状，不使再加毁坏，实一技术问题也。

"木架建筑法劲敌有二，水火是也。水使木朽，其破坏率缓；火则无情，一炬即成焦土。今阁及山门顶瓦已多处破裂，浸漏殊甚，椽檩已有多处呈开始腐朽状态。不数年间，则椽檩将折，大厦将颓。故目前第一急务，即在屋瓦之翻盖。他部可以缓修，而瓦则刻不容缓，此保持现状最要之第一步也。

"瓦漏问题既解决，始及其他问题；而此部问题，可分为二大类，即修及复原是也。破坏部分，须修补之，如瓦之翻盖及门窗之补制。有失原状者，须恢复之，如内檐斗栱间填塞之土取出，上檐清式外栏杆之恢复辽式，两际山花板之拆去等皆是。二者之中，复原问题较为复杂，必须主其事者对于原物形制有绝对根据，方可施行；否则仍非原形，不如保存现有部分，以志建筑所受每时代影响之为愈。古建筑复原问题，已成建筑考古学中一大争点，在意大利教育部中，至今尚为悬案；而愚见则以保存现状为保古建筑之最良方法,复原部分,非有绝对把握,不宜轻易施行。

"防火问题,亦极重要。水朽犹可补救,火焰不可响尔。日本奈良法隆寺由政府以三十万巨金,特构水道,偶尔失慎,则顷刻之间,全寺可罩于雨幕之内;其设备之周,管理之善,非我国今日所敢希冀。然犹可备太平桶水枪等,以备万一之需。同时脊上装置避雷针,以免落雷。在消极方面,则寺内吸烟及佛前香火,尤须永远禁绝。阁立寺中,周无毗连之建筑物,如是则庶几可免火灾矣。

"在社会方面,则政府法律之保护,为绝不可少者。军队大规模破坏,游人题壁窃砖,皆须同样禁止。而古建筑保护法,尤须从速制度,颁布,施行;每年由国库支出若干,以为古建筑修葺及保护之用,而所用主其事者,尤须有专门智识,在美术、历史、工程各方面皆精通博学,方可胜任。日本古建筑保护法颁布施行已三十余年,支出已五百万。回视我国之尚在大举破坏,能不赧然?唯望社会及学术团体对此速加注意,共同督促政府,从速对于建筑遗物,予以保护,以免数千年文化之结晶,沦亡于大地之外。

"1929年世界工程学会中,关野贞博士提出'日本古建筑物之保护'一文,实研究中国建筑保护问题之绝好参考资料。蒙北大教授吴鲁强先生盛暑中挥汗译就,赐载本期汇刊。藉资借鉴,实所至感。"

文中提出了三大原则:一、要政府重视,要立法。二、要由专门人材来进行具体工作。三、要教育人民提高古建保护意识。(请参阅后文)

1934年他在《曲阜孔庙的建筑及其修葺计划》中,又具体的阐述了对古建筑维修的方法及措施。其中最主要的原则有:一、保存或恢复各时代建筑之原状,特别是外形不能改变。二、要应用新的科学技术来加固建筑的结构部分。

到了1964年他又在《文物》上发表了《闲话文物建筑的重修与维护》,更全面而系统的提出了对古建保护的一系列原则:

一、整旧如旧与焕然一新

二、一切经过试验

三、古为今用与文物保护

四、涂脂抹粉与输血打针

五、红花还用绿叶托

如今"整旧如旧"已成为古建保护工作公认的重要原则。纵观他的一生，每当他调查完一处古建筑必定向当地有关政府部门提出书面的维修保护计划。直到文化大革命，他已重病在身，听到拆西直门时发现了西直门城墙中包着一个元代的城门，他非常关心并希望能保留下这个元代的古城门。

可以毫不夸张地说，他将毕生的精力献给了古建保护工作。但他并没有自满，他仍借杨大年的一首诗来自嘲：

鲍老当筵笑郭郎，笑他舞袖太郎当；

若教鲍老当筵舞，定比郎当舞袖长。

这里将反映梁思成古建保护思想的具有代表性的文章《曲阜孔庙的建筑及其修葺计划》收入，以飨读者。

民国二十四年二月，思成奉教育、内政两部命，到曲阜勘察圣庙修葺工程。十六日先到济南。十八日到曲阜，访奉祀官孔达生先生，趋诣大成殿，参谒圣容毕，当即视察全庙殿宇一周。自翌日起，开始实测并摄影，将每座殿宇廊庑，大致勘察一遍，在曲阜工作五日，先行回平。社友莫宗江先生，与山东省建设厅技士于皞民先生在曲阜又留半个月；除民国二十二年重修的寝殿、同文门及弘道门外，每座殿宇皆将平面详细测量，并在平面图上详细注明结构上损坏的部分情形及其地位。其中大成殿、奎文阁两座最重要的殿宇及曲阜建筑物中最古的金代碑亭，更详细地测绘其断面图及斗栱详图。至于全庙的平面总图，乃由建设厅测量队将方位测出，而各个建筑物墙柱的配置，乃按照我们较详细的图加上去的。

此次除测绘孔庙外，并将孔林、颜庙亦视察一遍。颜庙于民国十九年被晋军炮击，破坏极甚，景象凄然。孔林建筑物不多，其破毁情形亦不太甚，但其需要立即修葺，以期将来省工节料，则与孔庙及颜庙一样。孔林、庙及颜庙三处，除测绘外，并摄影三百二十余幅，其中孔庙二百五十余幅，颜庙三十余幅，余为孔林及奉祀官公署。

三月初旬测绘摄影完毕之后，将测绘摄影材料带回到北平工作，直至七月始将修葺计划拟就，并作工料价预估呈请政府审核。

在设计人的立脚点上看，我们今日所处的地位，与二千年以来每次重修时匠师所处地位，有一个根本不同之点。以往的重修，其唯一的目标，

1957年，梁思成在胜因院住宅前

在将已破敝的庙庭，恢复为富丽堂皇，工坚料实的殿宇，若能拆去旧屋，另建新殿，在当时更是颂为无上的功业或美德。但是今天我们的工作却不同了，我们须对于各个时代之古建筑，负保存或恢复原状的责任。在设计以前须知道这座建筑物的年代，须知这年代间建筑物的特征；对于这建筑物，如见其有损毁处，须知其原因及其补救方法；须尽我们的理智，应用到这座建筑物本身上去，以求现存构物寿命最大限度的延长，不能像古人拆旧建新，于是这问题也就复杂多了。所以在设计上，我以为根本的要点，在将今日我们所有对于力学及新材料的知识，尽量地用来，补救孔庙现存建筑在结构上的缺点，而同时在外表上，我们要极力的维持或恢复现存各殿宇建筑初时的形制。所以在结构上，徒然将前人的错误（例如太肥太扁的额枋，其原尺寸根本不足以承许多补间斗栱之重量者），照样地再袭做一次，是我这计划中所不做的；在露明的部分，改用极不同的材料（例如用小方块水泥砖以代大方砖铺地），以致使参诣孔庙的人，得着与原用材料所给予极不同的印象者，也是我所需极力避免的。但在不露明的地方，凡有需要之处，必尽量地用新方法、新材料，如钢梁、螺丝销子、防腐剂、隔潮油毡、水泥钢筋等等，以补救旧材料古方法之不足；但是我们非万万不得已，绝不让这些东西改换了各殿宇原来的外形。

我本来没有预备将孔庙建筑作历史的研究，但是在设计修葺计划的工作中，为要知道各殿宇的年代，以便恢复其原形，搜集了不少的材料；竟能差不多把每座殿宇的年代都考察了出来。我觉得这一处伟大的庙庭，除去其为伟大人格的圣地，值得我们景仰纪念外，单由历史演变的立场上看，以一座私人的住宅，二千余年间，从未间断的在政府的崇拜及保护之下；无论朝代如何替易，这庙庭的尊严神圣却永远未受过损害；即使偶有破坏，不久亦即修复。在建筑的方面看，由三间的居堂，至宋代已长到三百余间，世代修葺，从未懈弛；其规模制度，与帝王相埒。在这两点上，这曲阜孔庙恐怕是人类文化史中唯一的一处建筑物，所以我认为它有特别值得我们研究的价值。

本文中建筑物各个的研究法，是由结构及历史两方面着眼，以法式与文献相对照，以定其年代，这样考证的结果，在这一大群年代不同的建筑物中，竟找着金代碑亭两座，元代碑亭两座，元代门三座，明代遗构，更有多处可数；至于清代的殿宇，亦因各个时代而异其形制。由建筑结构的沿革上看，实在是一群有趣且难得的例子。

此外获得极有趣的一点，就是明弘治间所用尺度之推定。在《阙里志》中，弘治十七年重修后的纪录，很清楚的记出许多主要殿宇的主要尺寸；将那些尺寸与今日实测的尺寸相比较，得知当时一尺约合31.35厘米，这也是研究孔庙的一种意外的收获。

这次的勘察，在济南蒙张幼珊、何仙槎诸厅长招待，并予以种种协作的便利。教育部科长钟岳云先生及内政部科长汤叔颖先生由京到济会同勘察。山东省建设厅技士王次伯、于皞民二先生并测量队亦一同出发工作。上曲阜以前，竟劳动了教育厅秘书主任孔瀞庵先生先期回曲准备。在曲期间奉祀官孔达生先生及孔府诸公招待殷勤。兖州至曲阜间路途，蒙第二十师参谋长张测民先生派汽车接送。这都是我所极感谢的。若非各方的合作与方便，这项计划及研究将没有实现的可能。最后我对于社友刘敦桢先生在结构工程上许多的指示，尤觉感激不尽。

在这里我要附带声明一下：本文下篇计划书部分只是一部最初的初稿。修葺古建筑与创建新房子不同，拆卸之后，我们不免要发现意外的情形；所以不唯施工以前计划要有不可避免的变更，就是开工以后，工作一半之中，恐怕也不免有临时改变的。这部计划若幸而有实现的可能，则开工以前，当有较详细的图样与说明书，届时当再请求邦人君子及建筑专家的指正。

中华民国二十四年九月，梁思成谨志于北平中国营造学社

十九... **检查**——永远一步也不再离开我们的党

1956年2月8日，梁思成在全国政协以《永远一步也不再离开我们的党》为题，对自己过去的思想、观点做了检讨性发言。发言中，他违心地进行了自我批判，留下了时代局限的印记。

在过去几个月历史性转变的日子里，看着祖国在社会主义建设中所取得的伟大胜利，作为一个知识分子，一个技术人员，我已感到无比兴奋，感到我们任务之重大和光荣，也感到它的无比艰巨。在参加讨论了农业合作社章程草案后，我又参加讨论了农业发展纲要，并列席了1月25日的最高国务会议，我就更体会到我们知识分子在祖国一切建筑中所负的重大责任。在这次会议中，听了周恩来主席的政治报告，同时又读了他在中共中央会议上关于知识分子问题的报告，和听了四位副主席的报告后，除了完全同意和拥护外，更感到说不出的鼓舞、勇气、力量和信心。党对我们知识分子提出了巨大光荣的任务，同时对我们又关怀到无微不至。对于党，我惟有衷心的感激。

我是一个在工作中犯了严重错误的技术科学工作者，在这里，我愿意谈谈我对于党的"团结，教育，改造"政策的切身的体会，谈谈我在学术思想上和工作中怎样犯了严重错误，党怎样帮助我认识了自己的错误。这是我的检讨，也是对党的感谢词，也是我的决心书。

过去二十余年中我写了许多关于中国建筑的调查报告、整理古籍、中国建筑历史、都市规划和创作理论的文章和专书。这些文章和理论的一贯特征就是主观唯心主义、形而上学的；我所提出的创作理论是形式主义、复古主义的。北京一解放，党就给了我最大的信任，在1949年5月就让我参加了首都的规划工作。7年以来，我对于党的一切政治、经济、文化的政策莫不衷心拥护，对于祖国在社会主义改造和建设上的每一伟大成就莫不为之山呼万岁。但在都市规划和建筑设计上，我却一贯地与党对抗，积极传播我的错误理论，并把它贯彻到北京市的都市规划、建筑审查和教

1962年，梁思成在书房

学中去，由首都影响到全国，使得建筑界中刮起了一阵乌烟瘴气的形式主义、复古主义的歪风，浪费了大量工人农民以血汗积累起来的建设资金，阻碍了祖国的社会主义建设，同时还毒害了数以百计的青年——新中国的建筑师队伍的后备军。

我对自己的错误是长期没有认识的。这是由于我的思想感情中存留着浓厚的封建统治阶级的"雅趣"和"思古幽情"，想把人民的首都建设成一件崭新的"假古董"，想强迫广大工人农民群众接受这种"趣味"，让他们住在一个"保持着北京原有的'城市风格'"的城市里。我对于建筑的认识又极端缺乏经济观点、群众观点、革命观点。又由于解放以来，我兼职多，社会活动多，没有很系统地、好好地学习，所以我的马克思列宁主义水平不得提高，思想方法错误，片面地强调了建筑的艺术性。我以为自己是正确的，党是不懂建筑的，因而脱离了党，脱离了群众，走上错误的道路。

远在1951年，党就洞悉了我的偏向，五年来不断地启发我，教育我，开导我，反复为我阐述社会主义建设的基本原则，为我讲解"适用、经济、在可能条件下注意美观"的正确方针。但由于上述原因，我顽固地坚持错误，争辩不休，与党对抗。直至去年年初，建筑工程部召开了全国设计施工会议，在会议上严正地批判了建筑设计中形式主义、复古主义的偏向，并举出了惊人的浪费数字，这才使我从梦中惊醒。不幸，去年整年我都在医院和休养所中度过，未得参加那次会议和会后各设计单位和学校的建筑思想批判学习。但是党并没有忘记我。到去年年底，当我的健康——也是在党的关怀下——恢复了以后，又大力帮助我，为我组织了几次座谈讨论会。这样我才初步认识了我的建筑理论为什么是错误的，并挖出了它的根源。

我之所以走上错误的道路是因为我的错误的立场、观点、方法使我脱离了党的领导，脱离了群众，走了错误的道路，为人民带来了损失，造成了祖国建筑的障碍。这才使我体会到技术是绝对不能脱离党的领导的，脱离了党就必然要犯错误。因为我们的党是工人阶级的先锋队，它是掌握放之四海而皆准的马克思列宁主义——辩证唯物主义、历史唯物主义的思想方法，为全体劳动人民的利益，为祖国的社会主义建设而奋斗的党，所以党领导六亿人民解放了自己，又领导着我们在社会改造、经济和文化建设的战线上赢得了一个接着一个的胜利。没有党的领导，这一切光辉成就是不可思议的。"党领导政治、专家领导技术"的思想是完全错误的。党对技术的领导是丝毫无容置疑的。

脱离了党的领导，就必然犯错误，为人民带来损失，我自己就是一个活生生的证明；对于我自己，则是一次沉痛的教训。

在这次会议中，我又得到一次深刻的教育，一次莫大的鼓舞。

衷心地感谢党，在给我医治了身体的重病之后，又为我医治思想上的严重病症。党尽了一切可能来救我，治我。我相信我已得救，至少可以说"病情"是肯定地好转了。党是我们的带路人，把我从迷途中引回到光明的康庄大路上来了。我要像一个初进学校大门的学生一样，努力学习，学习马克思列宁主义，进行自我教育，提高自己的水平，重新认识建筑，重新认识遗产，重新开始我的工作，贡献自己的力量，并通过教学工作，扩大我们的队伍。我要团结所有的建筑师、工程师、艺术家和从事建筑工作的同志们。我要和那个资产阶级唯心主义的故我进行坚决无情的斗争。我一定要把自己改造成为一个红色专家，红色教师。

我的身体虽然不好，但我有信心，在党的关怀和鼓舞下，我至少还可以工作二十五年，争取至少工作到我八十岁的那天。在这不算很短的期间，我要把我的一切献给党的事业——伟大的共产主义事业。我永远一步也不再离开我们的党！

副编

part4

梁思成、林洙两地书

亲爱的朋友：

感谢你最近来给我做"清仓"工作。除了感谢你这种无私的援助外，还感谢你——不，应该说更感激你在我这孤寂的生活中，在我伏案"还债"的静恬中，给我带来了你那种一声不响的慰藉。这是你对一个"老人"的关怀。这样的关怀，为一个"老人"而牺牲了自己的休息，不仅是受到关怀的人，即使是旁观者，也会为之感动的。（你的"家"是否也多少有点同感？）

你已经看到我这个"家"，特别是在深夜，是多么清静。若干年来，我已经习惯于这种生活，并且自以为"自得其乐"。情况也确实是那样，在这种静寂中，我也从来不怎么闲着，总是"的的笃笃"地忙忙碌碌，乐在其中。但是这几个晚上，由于你在这里，尽管同样地一小时一小时地清清静静无声地过去，气氛却完全改变了。不瞒你说，多年来我心底是暗藏着一个"真空"地带的；这几天来，我意识到这"真空"有一点"漏气"，一缕温暖幸福的"新鲜空气"好像在丝丝漏进来。这种真空得到填补，一方面是极大的幸福，一方面也带来不少的烦恼。我第一次领会到在这样"万籁无声，孤灯独照"的寂寞中，得到你这样默默无声地同在一起工作的幸福感。过去，那种"真空"是在下意识中埋藏着的，假使不去动它，也许就那样永远"真空"下去。我认识到自己的年龄、健康情况，所以虽然早就意识到这"真空"，却也没有怎么理会它。

尽管我年纪已经算是"一大把"，身体也不算健康，但是我有着一颗和年龄不相称的心。我热爱为祖国社会主义建设的工作，热爱生活，喜欢和年轻人玩耍，喜欢放声歌唱，总记不住自己的年龄，因此也有着青年人的感情。

对自己年龄和健康情况的"客观事实"我是意识到的，若干年来，我都让它压制着那年轻的"主观心情"，从而形成了那么一个"真空"，深深地埋藏起来。但是这真空今天"漏了气"了。

我认识你已经十四五年了。自从你参加到系的工作以来，你的工作做得很好。反右斗争中你的立场鲜明坚定，你给了我越来越好的印象。也许因为我心里有那么一个"真空"，所以也常常注意着你。（记得过去一两年间我曾不止一次地请你"有空来我家玩玩"吗?)但是也不过是一种比较客观的"关怀"而已。从来没有任何幻想。

今天,既然我已经意识到"真空"已在"漏气",而且在你"工作"完了之后,求你坐下来,说是读林徽音的诗,其实是失去头脑的清醒,借着那首诗,已经一时"忘掉胭膘",[已经]转过脸来,把一串疯话,全说在你面前了!我非常抱歉,非常后悔,我真不该那样唐突荟撞,我真怕我已经把你吓跑了。但已"驷马难追",怎么办呢?真是悔之无及。

亲爱的沫,必须告诉你,我非常非常珍惜这几天在我们之间建立起来的这种友谊,我非常深切地感受到在夜深人静时你在这里工作而"陪伴"着我的温暖。即使我心里有"真空",但我更明确地意识到我用玩笑的方式所说的"三大矛盾"。即使对方完全是我所说我所"三不要"[1]的反面,而且她也不以我的"老、弱、丑怪残疾"而介意,我还是不愿意把自己这样一个"包袱"让别人背上的。我知道我绝不能给人(特别是一个年轻人)以幸福,更不可能把自己的幸福建筑在别人的痛苦的基础上。因此,即使我今晚虽然一时冲动说了"一串疯话",我却绝不会让自己更"疯"。

但是我觉得我有责任向你发出一个"天气形势预报"。我是一个心直口快的人,有时也可能说话"走火",我深深地害怕这样"走火"把你吓跑了。但另一方面,由于我心里有"真空",所以有时你说话可能无心,我就可能听着有意。例如你今晚所说:"一个人老不老不在他的实际年龄。"我这有心人就听着"有意"了;又如你说那位画家抱着作品来,你就联想到货郎与小姐的"我有钱,你嫁给我",这又好像是对我的一种"警告"。至于你说我要"用大车拉",那是否也拉到你处呢?从这方面说,我又不是"心直口快",而变成了"疑神疑鬼"了。

另一点也许是年轻人所不太意识到的。我想一个年轻人绝不可能对一个老人"发生兴趣"。也许我猜错了,但年轻人知不知道一个老头是完全可能对一个年轻姑娘发生极大的"兴趣"呢?我觉得我有必要向你说明这是客观存在的一种自然倾向,我完全承认我也不在例外。你如认为必要,就应"提高警惕"。

我非常非常珍惜这几天你给我带来的愉快和温暖,这就不可避免地加深了我对你的感情。这种感情并不是什么"一见倾

---

[1] 三不要。先生曾和我谈到找对象的标准有三不要:一、老的不要。二、长得丑的不要。三、身体不好的不要。即三不要。

心"的冲动，而是多年来积累下来的从"量变"到"质变"。这样的"质变"虽然使我（单纯从我一方面想）殷切地愿意你就这样永远不再离开我。但我也知道这是一种最荒唐的不切实际的幻想。我的理智告诉我，我不但不应该存在任何这种幻想，而且应该完全"保密"。但不幸我今晚一时不慎，已经"泄密"了。我就是害怕这就把你吓跑了。你说我是否过虑了？

你可以看出，我心里是多么多么矛盾。我觉得我既然"泄密"了，这就可能引起你许多疑虑和顾虑，导致你害怕，永远不再来了。我所希望的是你今后经常这样来看我，帮助我做些工作，或者聊聊天，给我这样——也仅仅是这样的温暖。但我也要你明确知道，正如你所说，我还有一颗很年轻的心，但是这"内容"被与之完全不适应的"形式"和"物质"条件所束缚住了，因此，即使有时有一串两串"疯话"，也只是一两阵"微风细雨"，它绝不会暴发为"急风暴雨"的。我想这样先向你"坦白交代"一下，让你更明确地掌握我的思想状况，以免把你吓跑了。

亲爱的朋友，若干年来我已经这样度过了两千多个绝对绝对孤寂的黄昏和深夜，久已习以为常，且自得其乐了。想不到，真是做梦也没有想到，你在这时候会突然光临，打破了这多年的孤寂，给了我莫大的幸福。你可千万千万不要突然又把它"收"回去呀！假使我正式向你送上一纸"申请书"，不知你怎样"批"法？

送你走后，怎样也睡不着，想象你怎样在这苍茫月色中一人孤单地走回去；心里又嘀咕着你是否吓坏了，生气了。辗转反侧良久，还是起来，不由自主地执笔写了这一大篇。我不知道会不会给你看。我只知道，我已经完全被你"俘虏"了！吓坏了吗？

心神不定的成
[1962.5] [1]18晨2时

[1] 信尾原稿未标年代处，均补入，以"[ ]"符号标注。

尼尼爱：

真是喜出望外！没有想到了这里仅仅50小时就收到你信[1]。信是汪季琦在大会会场上高叫"梁公请客"声中交给我的。当然这引起了一些熟人起哄。我这老脸皮也满不在乎，只是笑嘻嘻地说，"来得真快"，就收到口袋里了。心里是甜蜜蜜的，恐怕还不免流露出一点自豪的样子。

尼尼，同样地，想你想得要命。出国两个月，好容易回来，几天又走了。回家爱你还没有爱够呢，还差得多得多，事实上，永远爱不够。尼尼，一年半了，我还是觉得我们俩是那样那样的美满幸福*。越爱就越幸福，但是不得已暂别时也必然感到特别想念，苦恼，寂寞。这就是现实。不要紧，过几天咱们又在一起了，那时就会觉得特别甜。你说是不是？

写到*的地方就被打断了，那是11日晚八点过一点。先是出版社的一位同志来动员我写书，接着是畅中周干峙。8:30过了几分钟，一开收音机（幸好带来了），就和朱、周[2]同听到"六评"，一直听到10:30。在听的时候，又送来了杨春茂今天要做的一个报告的稿子，要我看了提意见，因此一直看到12:20时才睡。今天上下午和晚上都有会，现在已晚10:30，才接着*处续写。

这次会开得很好。大会上几个论文的口头报告都各有独到之处。此外还有一百多篇论文，体积同来的时候朱畅中提的那两包差不多。其中有不少好东西。带回去大概又收归国有了。

已经定了22号的特快（14次）车票：上午10:52由无锡开，23日（星期一）下午大约五六点到。准确时间等打听清楚后，动身前电告。

前昨两天下了雨，天气冷了一些，但睡，吃，会都在一座楼里。会场离卧室不到25米，餐厅就在会场楼下层（卧室及会场在二楼），"足不出户"，楼内有暖气，还是一点也不冷。好在没有穿厚棉毛裤来。你放心吧。爱你，亲你，吻你。

尼

[1962年] 12月12日晚

Nini 爱：

　　三天没有得你信，就开始有点彷徨的感觉了。每次会后回到房间里，总希望桌上摆着一封信等我，但多次都失望了，而且是一次比一次更彷徨，更失望。现在甚至在嘀咕，走以前会不会再得你信了。

　　昨天将全部论文分两包寄回，直寄资料室你收。其中属于"民"类的，即各少数民族建筑的调查报告，请先带回家，让我好好看看再收归国有。否则一借出去，我就难随意随时看了。

　　14次车到京的时间不是下午五六点，而是两点正。大概23日（星一）到京不致改期。21日可以确定，确定后给你电报。

　　又要去开会了，匆匆。

成寄无限爱

[1962.12.]18 日晚 6：30

眉爱：

这是多么新奇的感觉呀！我在千里之外[1]给你写信。这还是平生第一次呢！

一到了扬州招待所，第一件事就给你发电报。估计你下班回家或晚饭后不久就可以到了。

一路上一切都好。过了天津之后稍微有点热，入夜就凉快下来。今天并不热。十时在浦口渡江，在轮渡上看到新建大桥的墩子和许多施工的船只。11：54由南京开，13：00到镇江。

镇江一下车，没有人来接。等了一会儿，来了一人问姓名，自称是镇江交际处的。我问了时间，14：00有轮渡江，因此汽车直驶码头。那人说扬州只请他们接送，而扬州未见人来接。到了船上略坐片刻，忽见一人汗流满面赶来，大叫"老夫子"。一看乃陈从周也！原来是扬州约了他来，因比我早到个把钟头，所以就托他来接我，但在东站，因交际处的同志领着我走了，"后门"出站，就相左了。

镇江过江到六圩镇，扬州朱局长已在码头相迎，15：00就到招待所了。由六圩到扬州12公里。

小息之后，就到隔壁扬州文物馆去看了一番。馆址原是史可法祠，旁有史公墓。看了许多建设中出土文物，自新石器时代一直到清朝的东西都有，很丰富。其中两口汉朝的大棺材和一只唐朝的楠木独木舟（用一整棵楠木掏出来的，长13.60米），真是奇观。

这里既不热，也不潮湿，南方树木，风味和北方迥然异趣。乍来颇觉新鲜。招待所是在乾隆行宫故址上大跃进跃出来的三层洋楼，标准也不亚于石家庄。只是床是绳绷床，稍微欠软而已。

路上吃得十分小心。餐车很干净。偶尔在大站停车，许多乘客下车争买冰棍，我垂涎三尺，但因夫人有嘱在先，未敢吃也！够听话不？

已定了回京的车票，是11日晨3：45由镇江开，12日晨6：00到京。镇江不算"大"站，京沪特快不停，只有这一次普通快车。计划10日上午过江到镇江，看看金山寺、甘露寺（刘备招亲处）和山。晚饭后睡到两点起来上车，再睡到七八点。再在车上过

---

[1] 先生考察鉴真纪念堂地址专赴扬州，为设计鉴真纪念堂做准备。故此处称"千里之外"。

一昼夜就到北京了。

　　10号下午由镇江再电告。请通知汽车房去接我。只是苦了司机，至迟5:20就要出发了。我到家可赶上和你同吃早饭！多美！

　　眉眉，想你极了！你呢？

　　　　　　　　　　　　　　　　　　　　　　　　　　成
　　　　　　　　　　　　　　　　　　　　　[1963年] 6月6日晚

眉：

莫斯科发信后，第二天（14日）就由莫市赴布拉格。已定18日起飞赴古巴。到布时，受到仲曦东大使和使馆其他人员的欢迎。[1]

我们住在大使馆。15日参观了市容。这一次旅行一切顺利。我食睡都很好。

今晚大使馆欢送新华社分社的全体同志回国。明天他们就动身。借此机会托他们带回封信。

眉眉，一切都很好，千万勿念。

成
[1963年] 9月16日晚

[1] 1963年，梁思成出席国际建筑学会在古巴召开的会议，会后又赴墨西哥、巴西访问。

眉：

今天（19日）下午，我们就要由布拉格起程飞古巴了。同时，也有一个机械工程代表团起程回国，借此机会，再写一封信托他们带回。前天在这里遇见钟士模，已托他给你通一个电话，告诉你一切都好。你如想知道得更详细一些，可以去找他。其实也没有必要。

使馆大厅门口有一个相当准确的磅秤，来此第二天，午饭后，我的体重（连衣、鞋）是42.25公斤，昨天已长到43.3公斤了。即此一个现象，就可以告慰。

我们在此前后五天，工作学习还是相当紧张的。但我的工作，和别人比，还是比较轻松的。昨天下午我就睡了三个半小时的大午觉。晚上看了老电影《海魂》。

在这里住得好（一人一间大房间，但朱畅中等则八人共一室）唯一不便是有浴室而无马桶，半夜起来要走出房间去上"公共"厕所。除此外，一切都好，吃得也很好。

眉眉，多么多么想你呀！这里时间比北京迟七小时，我常常想，你此刻在做什么？现在（19日上午11：45），估计你正在吃晚饭，北京时间已是18：45了。孩子们都好吗？但愿家中一切平安无事。千百次亲你！

成
63年9月19日午

洙：

　　这是27号晚12：00时，忽然有人通知明天有化工代表团回国，匆匆忙忙写几个字。

　　我们22日到此。一路上平安。由布拉格飞此途中，在爱尔兰因检查机件，停了36小时。一路上在云上高飞，横渡大西洋而未见一寸海面！

　　这里热得要死，前年过了三个春天，今年来一个特长的夏天。真要命。

　　工作十分紧张。原谅十月中才有信使回国，现在忽然有人回去，就写这几个字吧。

成

哈瓦那 63年9月27

我的眉：

今天是九月十三日，离开你已经整整一个月了。按行程，何玉如[1]应该昨天由哈瓦那起程回国，托他带回一信，看来不一定比这封先到。

我们（8人）在古巴大会结束后，于6日由哈瓦那飞墨西哥，飞了一个半小时，就到墨国东部一个小城市 Merida 等了三天，于四日才飞墨京——墨西哥城。而这边的大会，已于前一天开始了。在 Merida 附近有多处古代印地安人的建筑遗址，汽车约2小时可达，但因坐等飞机，以致没有去看。十分可惜。

到了墨京之后，因为由海边突然飞到海拔2400米的高原，空气稀薄，呼吸困难，全团半数以上都晕头转向的，我更感"英雄气短"。因此9日当天和翌日（10日）都没有参加大会，11、12两天，大会就闭幕了。总的说来，这次出来一个月，在古巴只匆匆游山玩水两天，且在阴雨中，其余时间都在大会中斗争；在墨五天，更是什么也没有去"参观"，除了坐汽车到会场时看看市容外，什么也没有看见！带出来了30卷胶卷，至今只照了一卷。

这里一切贵得要命。旅馆一天约18美元，早餐1元余，午晚餐各2至3元不等。好在我们有一个展览团（筹备）在此，在一座小公寓楼中租了三个单元，每个单元有一厅三卧室，所以昨天大会结束，今天就搬到展览团来了。在这里，真有到了自己家里的亲切感。经展览团日志得悉由此寄信，经美国、香港，至多四五天就可寄到。大家都十分高兴。

今天是星期天，午饭后原定去看斗牛，我因有点懒洋洋的，所以没有去，在"家"写这信。

我们大约18或19日由此飞巴西。这五六天期间，还可以悠闲地参观参观，至少可以照几卷。

古巴和 Merida 都很热，正好穿"的确凉"，但到墨京下飞机后，在机场我就把手里带着的厚呢大衣穿上了。到了旅馆，换上呢大衣，加上毛背心，刚合适。但巴西学会会长（也来此开会）说，巴西天气在40℃左右，晚上也有36℃，我早已吓破胆了！

昨晚十一点多，已经准备睡了，忽接电话，是1946年

[1] 何玉如，清华建筑系研究生。

我在 Yale 讲学时的学生，说一口还算流利的中国话，要求见面。今天早晨我约他到旅馆相见，原来他已是南卡罗来纳大学的国际关系系主任。他做学生时的博士论文是《中国春秋时代的国际关系》。这小子对我们情况钻得相当清楚，但是死硬地站在美帝立场。我同他进行了一个半小时针锋相对的斗争。挺有意思。详情回去再谈了。

北京这几天大概已经很冷了。在这关头，我最怕老太太出事，请特别注意。倘使有什么意外，这责任对你来说真是不轻。我多么替你担忧呀！出来才一个月，已归心似箭，想你想得要命。巴西原定三周，我们正在计划缩短为两周左右，希望可以如愿。那么，11月6日前后，我们就开始归程了。如果一路都飞，11日或12日或可到家。如果坐火车，则约迟一周。

先写这几个字，主要就是"报平安"。离此前，也许还寄短信告行程。到了巴西，还会有信的。

成

[1963年9月30日]

告诉你，你的红蓝圆珠笔，不知何时已丢在巴西了。

又：一件衬衫，一套睡衣，因离古时尚未从洗衣房送回，已托何玉如带回去。

眉：

　　22日到哈瓦那，到今天已将近两周了。除了头两天曾经到哈市以西的Pinar del Rio省逛了两天（阴天且下雨）外，其余时间，全在开会。建协是标榜"非政治"的，而这次大会却成了一场政治斗争会。广大亚非拉，特别是拉美的建筑师，强烈要求反帝反殖，为建筑事业制造条件。先从"师生会见"开始，直到建协大会，都贯串了尖锐的斗争。在哈开了这么多天会，我们全体都在日夜工作。我自己除了旅馆、会场、大使馆三个地方外，什么地方也没有去。也许在报上你已看到"师生会见"的报道，通过了反帝、革命的决议。而在这份决议的草拟上，最后我竟然一口气工作了24小时。我们出国前估计到有斗争，却没有估计到在这样一个"技术性"的会议上，会掀起这样强烈的反帝、革命浪潮。总的说来，我们真是胜利了。

　　由于这种情况，我带来的30卷胶卷，至今还未照完一卷。前天会议结束，昨天下午，我和杨廷宝、刘建豪（副部长）才得机会"走马"看了一下展览会。今天上午我在旅馆休息。下午大使馆有一个联欢会，我被指定在会上谈谈这次大会情况和国内建筑情况。明天我们就飞墨西哥了。据说信使要月中才到，下旬才回国，估计你收到这信时，已在月底了。

　　我们住的旅馆在海边上。事实上，旅馆前的"滨海大道"也就是一道海岸堤。有时风浪大，浪花就一直打到马路上，非常好看。我们住在第20层（最上一层），向后可览全市，向前可见三里（领海）外停的美帝军舰。这个反面教员，正在"教育"古巴人民提高警惕，革命，反帝，反美呢。

　　在古巴，工作和生活的方法对我们都是十分不习惯的。首先是拖拖拉拉，会议从来不能准时开会，有时说9：00开会，却到10：00乃至10：30才开成。散会也拖拉一两小时。午后说3：00开会，却到2：30才开始吃午饭。一顿饭吃一个多钟头。晚上都有晚会，但我们都未参加，而工作到半夜一两点。最后（3日）闭幕之后，有一个大型晚会，我们参加了。到了一时左右，我就早退了，而晚会却拖到翌晨3：00左右！古巴人民真是个古怪的民族。这里无法多写了。一点是肯定的。中国人在古巴已有莫大威望。一问是不是"China"，只说是，立刻就叽里咕噜一长串听不懂的话，其中只听懂"毛泽东，grandes(伟大)！"连十一二岁的小女孩，一说"China"，就说"毛"。

我们带了些毛主席头像的纪念章，男女老小都抢着要。

明天我们就到墨西哥了。那里环境不同，没有大使馆（而有国民党"大使馆"），可能有更激烈的斗争（也可能没有）。16号我们到巴西后，只是"友好访问"，可能轻松些。这几天尽管紧张，我还是坚持"敌进我退"的养生之道，在最紧张之后，就请假睡半天觉。所以仍然精神饱满。吃饭虽比别人少，但比在家时，吃得多得多了。

眉爱，多么多么想你。

从到墨后，信也可能更少了。但如有可能，争取寄些明信片给你。

成

哈瓦那 63—10—5

眉眉爱：

　　到了巴西已经三天了。从2400m的高原的墨西哥城飞到了海边上的里约热内卢，呼吸恢复正常，感到浑身是劲，真是舒服极了！

　　飞机虽快，但在机场等的时间总是没准儿。原定19日1：10分起飞，所以18晚22：30时我们就出发，约半小时到了墨京航空港。到了才知道飞机由美国洛杉矶飞出后，发现有小毛病，又飞回去修理，至少要迟2小时。等了许久，才得消息，要到早上5：00才能飞。只好在机场等。好在有许多长条沙发，所以就马马虎虎睡到4：30。谢天谢地，到5：10，真的起飞了。一路在巴拿马，哥伦比亚首都波哥大，秘鲁首都利马，各停约一小时，于下午20：30到里约热内卢，当地时间是下午23：30分。这里比墨京又"东"了三小时。到旅馆已是20日早1：00左右了。

　　20日在里约休息一天，2日上午10：00飞到其西南不远的圣保罗，飞了约1小时20分钟。下午休息，傍晚参观市容，参加了市建协欢迎酒会。今天才开始活动。

　　据巴西朋友说，已经八个月没有下雨，我们给他们带来了好雨。但对我们来说，真是倒霉，灰溜溜的天，照出来的相一定是灰溜溜的。

　　我们今天上午参观了一些住宅区。这里所谓的住宅区，不是我们那样成街成坊成片的职工宿舍，而是像上海华山路（原海格路）那样的"高等"花园小住宅。的确豪华舒服，但只供少数有钱人享受而已。

　　这个国家通货膨胀，九月间一美元换此地的600余元，现在已换1090元。我们住的房间每天一万元。理发500元，每餐1000元，买飞机票就用大捆大捆的钞票，简直和解放前的金圆券那样！但比起墨西哥、古巴，以我们带的美金计算，这里便宜得多了。

　　按议定日程，我们将于11月8日离开巴西回国，大致可按原计划于十月中旬或20日前后回到北京。

　　在古巴、墨西哥都是开会、工作、斗争。这里只是友好访问、参观。轻松多了。希望带几公斤肉回去。

　　想你，爱你。

成

63—10—22

眉爱：

别后整整36小时到达目的地，一路上就是看见你站在站台上的样子。[1] 说是36小时，但也不是。不知怎的，北京站的售票员卖的票，实际上离我们该下车的站还差一站，虽然两站都同在这一工作区范围之内。只好打电话，从下一站把汽车叫过来。虽只隔十几公里，但路正在翻浆之后，坎坷不平，到了招待所吃上饭已经晚8:30了。

一路上吃得好，睡得好。李老老打坐，练气功，所以谈的时候也少了些。因为老头儿盘腿端坐闭上眼，我们这些年轻人就不敢吵闹了！

这地方，尽管还只在黄昏中驱车走了十几公里，已见其气象雄伟，朝气蓬勃，令人兴奋。

计划在此参观一周，然后到哈尔滨附近座谈（亦即总结）两天，然后回京。理由是：一回到北京就难再集中了。

倒霉的是：钟惠澜没有来，我被选为第三组组长，又不免多些劳累了。

这里招待所不错，虽没有独用浴厕，但给我一人一间，还有钢丝床。吃得也很好。这里情况，除这些外，以后参观所见，就不便写了。想你，爱你。

半导体很中用。

成

64—5—23 晚十时

---

[1] 1964年，梁思成赴大庆访问。

眉爱：

人家真葫芦提[1]，把日子记错了一天。前天到这里发的信是22号，写成23晚了。特此更正！

现在已是24，星六晚了。昨天是开始活动的第一天。一整天上下午听报告。这和在北京听的不同，都是些具体工作，很"技术"。今天开始参观，上下午都参观，晚上小组还座谈了一次。

这地方很大，参观的地点分布得相当远，路又坏，去一个地方就坐一小时左右的汽车。但因到了参观的地方基本上不走多少路，所以一点都不累。听了一天，看了一天，已经初步体会到什么是"大庆精神"——革命干劲与科学精神的结合；也具体看到了"鼓足干劲，力争上游，多快好省地建设社会主义"这总路线的精神的每一个字的具体体现。兴奋极了，激动极了，感到无比自豪；同时拿自己一比，又感到无比惭愧！伟大，伟大，真伟大！

从明天起，都是半天参观，（而且路也较近），关于和技术人员，劳模，老工人……等座谈和听报告，可以更不累一些。

昨天阴，小雨，相当冷，棉毛内衣、呢制服都穿上了。今天又转暖，长内裤脱了，又"布衣"[2]。一切都好，只差不能洗澡，只能用脸盆擦擦。千百次亲你！

成
1964.5.24 晚

[1]"葫芦提"是元曲中丑角常说的口头语，即糊里糊涂之意。
[2]又"布衣"，针对前一天穿上呢制服，天气转暖又换上布衣服，故说"又'布衣'"。

眉爱：

今天又参观了半天，下半天和几位工人座谈。

参观的单位中有一个是"修补厂"，由二百多名家属组成。厂的"原料"是成千上万件堆积如山的破皮衣、破胶鞋、破手套、破皮帽、棉帽等等，总之无一不破，无一不烂，无一不脏，无一不臭。这些破、脏、烂、臭的东西，各分门别类堆成山。工人们（家属们）将这些"原料"拆、洗、选、裁，把一切可用的重新做成"新"东西。"勤俭"两字在此具体体现出来。据说算了一笔政治账，等于为国家节约了十五万斤棉花，以及其他材料。印象深刻极了。

明天是在此最后一天了，上午参观，下午与领导同志座谈。后天起程赴哈。这是在这里最后一封信了。

按计划，后天（30日）离此，31，六月1日在哈总结两天。大多数人没到东北来过，要求在哈参观一天，所以回去又迟了一天。

今晚还开了一个"领导小组"会，已经十点钟了。颇疲倦，不多写了。

你的成　吻你

64—5—28

爱眉：

离开家已是第四天了。一直都没有时间写信。[1]

28日7:40按时起飞，一路顺利，下午19:00到莫斯科，当地时间才下午三点。上了飞机后，拿出票来看，才知道不能当时转机，需要在莫斯科住一夜，第二天下午4:35才飞。使馆同志在机场接我们，就住在使馆招待所。虽然不能当天到巴黎，也很好，因为在苏联的最后一段，气流不好，颠簸得很凶，我感到很不好受，休息一天再飞也好。

29日下午5:00正由莫起飞，飞了四小时十分钟到巴黎，这一路较平稳，于巴黎时间20:10到达，使馆宋参赞到机场接我们。当晚就在使馆吃饭并汇报请示，至深夜一点三刻才散，回到旅馆已是30日晨2:10时，按莫时间已是4:10了。这一下我感到已超过了"塑性变形"，快到"极限破裂"的境地了！30日整整休息一天，工作由几位没有上使馆去的同志去做。到今天（七月一日）早上起来，感到完全恢复了。

这两天（昨、今）苦了杨廷宝，因"执行委员会"开会，我倒有机会休息一天。但今天，还有许多事，我还是忙。这次出来，的确感到"老"了。

巴黎市还和卅余年前一样没什改变，只是汽车多了很多，汽车开得比过去快多了，坐在车上，（无论是使馆车还是出租车）都十分"紧张"。

以上七月一日写

今天已是七月四日了。前昨两天是代表会，选举主席副主席、执委等等。当然选谁不选谁，要考虑的问题很多。尤其是候选人有时有所更动（主要是自己撤销或退出，这里面也有些是政治手腕），打乱了我们原来的计划，所以就很忙了。昨天已选举完毕，杨的副主席已满期，我们当选为执委。会后去一个大玻璃公司的招待会。的确产品品种多不胜数，且极精。公司送了大量出版物。可笑，老板只花了一杯酒几片点心钱，就请得全世界一二千建筑师乖乖地给他做义务广告员了！

今天是星期天，代表团其他五人（加一翻译一留学生）出去郊外参观，我和杨两个老头就在旅馆休息一天。晚上大使请吃饭。

---

[1] 1965年，先生出席在巴黎召开的国际建筑师协会。此信是他赴法国巴黎参加国际建协会议时，从巴黎寄来的。国际建筑协会定期（约两年一次）召开会议，每次都选择不同的国家，讨论各国都感兴趣的主题。1945年的东道主是法国建协，会议地点就在巴黎。议题是建筑教育。我国建筑学会派出了代表团参加，并带去了一套反映我国建筑教育的展览图片，得到了与会代表的欢迎。

这里东西贵得要命。一顿饭24法郎（等于12元人民币），出去找了半天，我到小馆子或中国饭馆，也要20法郎左右！伙食一项，将超出预算一倍以上。洗一件衬衣3.30法郎（1.65元），烫一身西装1.5法郎（7.5元）！！！

我一切都好，就是到此的第二天太累休息了一天。我和杨回房间。这里的活动一般都在会后（下午6时7时之间）插进一个"鸡尾"，晚饭自己解决，晚9：30到11：30又有一些"招待会"或晚会之类，真是"疲劳轰炸"，使人精疲力竭。写信的时间也不多了。

最近如有信使回去，就托他带，否则直接付邮，现在是上午，还未完。马上要出去检查一下我们的展览图片挂起后情况。说是"休息"，还是有事要办。不多写了。想你，爱你。

问姥姥、孩子们、老太太好。[1]

成
65—7—4

[1] 姥姥指林洙母，老太太指徽因母。

爱眉，爱：

今天，7月18日，回到莫斯科来了。想不到，竟会在此给你写信。写完后，还不知是托人带回先寄，抑或自己带回。

我们到巴黎后第二天或第三天，就托使馆去定回程飞机票。总是不能得肯定答复。就是由巴至莫的票，也是很晚才定到，而且比预定日期（昨天，17日）迟了一天。今天到了这里，才知道"和大"[1]在芬兰开会结束，亚洲各国——中、朝、越、日、印尼等国——代表大批早已定了票，下两班（20日、22日）都已定满，中国和大代表团已走一批，还有一批十余人在此，因此，我们的机会就极其渺茫了。使馆建议我们坐22（？）日（星期四）的火车回去。看明天努力结果何如才能确定。因此借此空闲时间，先写此信。万一定了火车票，就托20日回国的同志带回去投邮。至少让你得到一点音讯。

到巴黎后只寄了一信，有些原因。首先使馆让我们尽可能不邮寄，其次因为信使已于7月2日走了，下一次要到8月初。不但我们的信已不能交信使，而使馆反而要我们当"信使"，交了若干封信让我们带回投邮。那我们又何必写信交他们呢？我寄的那封，本是写好带到使馆的，在知道这情况后，我就把它邮寄了。第三个原因就是实在太累。

在巴黎开会，根本不像在我国那样有组织，有人照料。我们每天由旅馆坐地下电车到会场。会场在面对铁塔的夏洛宫（Palais Chaillole），一所古宫殿似的博物院。前门的街面比后门的（铁塔一面）街面大约高出20m。由旅馆步行约100m到地下车站，走下去几十步，到了会场那站，又走上几十步出站，出站即到会场前门，进门后又下约百步，又上十余步，又下十余步，才到大会会场。每次会后，本已精疲力尽，还要走百余步上去，才走到地下车站。总而言之，一天总是上上下下，下下上上，使我气喘如牛，力竭声嘶。再加之以法国人是夜猫子，总是晚6:00—8:00鸡尾酒会，8:00—9:00才会吃饭，一吃就吃到半夜。你说我怎么受得了。两三天后，我就改乘出租汽车去会场，虽略省精力，但会场内部百余步楼梯还是避免不了！此外，一切招待会、宴会我也都不去了，因为成千上百人的酒会，你到不到谁也不知道！总而言之，这次"疲

[1]"和大"即世界保卫和平大会

劳轰炸"的考验，我上了几阵就逃掉了。尽管如此，每天吃完晚饭还是到了九点以后！

这次开会，对我来说，真是没有意思。"建筑教育"这样一个题目，在这样的大会上，只能是空谈。我本来是个"好斗的公鸡"。在古巴大斗一场后，倒很带劲。这次会上，想斗也无从斗起。出我意料之外，我们的展览和发言，都有些很好的反应。许多人对我和其他同志说，我们的展览"与众不同"。可以说，我们在表面是"技术性"的图片中，相当成功地宣传了我们的教育方针。（古巴则全是政治，引起反感。）我的发言也博得相当热烈的掌声，会后也有较好的反应。尽管如此，总的说来，会开得不带劲，很不"过瘾"。

会后我们参观游览了巴黎和近郊一些设计事务所，科研中心和新住宅区，收获不大。参观的几天总是阴天或下雨。带出来的胶卷只照了半卷左右。

我在给你发出信以后，就大伤其风，鼻子的"皮线"完全坏了，但约一周，又自然而然地好了。

现在回到莫斯科，就看飞机票的运气了。

头发已三周未理，成了"长毛"，很不好过。明天如有可能，在大使馆理发。

在这里松下来，想你极了。"归心似箭"。（杨杨廷宝说"箭"太慢了，他说他归心似宇宙飞船。）恨不得立刻回到你怀里。要是真得要坐火车，我就要急疯了。

成

65 年 7 月 18 日

莫斯科大使馆

眉：

你走了[1]我就等信，可等来了，是傅国伟交给我的。知道你一切都好，高兴极了。真高兴你争取到了这一次好机会。希望红通通地回来。

你走后我就全力恢复了"法式"工作。进展很顺利。第一孤灯独写，清静得简直是寂寞。第二晚孩子们来了，好些，但工作就不免受点影响。

今天上午去领了工资，看了徐伯安工作，下午去看，全国运动会开幕式，刚回来。明天清早傅国伟、王乃壮就走。匆匆：写这几行。改天再写。

把你的中羊坊的情况告诉我一下。在延庆的哪部分？离城多远？有如寄信，住址怎么写？收音机盒内有一些"注意事项"。

成

[1965年] 9月11日

[1] "你走了"，指1965年9月至1966年6月，林洙赴延庆中羊坊参加"四清"工作。

眉：

昨天匆匆忙忙写了几个字，包好收音机，慌慌张张送到八公寓傅国伟处，才知道今天他们不走了。

首先补充关于收音机的一点：注意它的方向。收音机内有一根小小的天线，收听时要尽可能使它与播出的电波的方向平行。如下图：

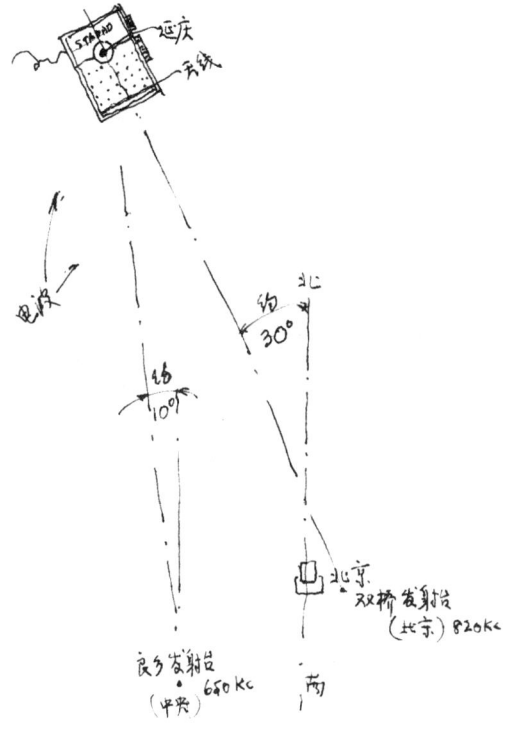

开了之后，将收音机转来转去，转到声音最小，差不多听不见时，再转90度，就听得最清楚了。

记住，每次外出，收音机要收在帆布包里锁好，以免被他们玩坏了乃至偷走了。

在这里，一切如常，没有什么可说的。8日晨，非常高兴及时地赶到送你开车。你离开家之后，留下的是一个推着自行车，扶着行李卷、转弯而去的背影。赶上送你，就是你坐在车上挥手而去的镜头。尤其可以安慰的是你不是站在卡车上吹三个钟头，而是舒舒服服地坐着去。不然，你的冒感必然会加重许多。8日晚感到无比孤寂。

9日和徐伯安讨论了下一步怎样做的问题。10日下午4∶30，忽接萨空了电话，约几个人到四川饭店吃饭，然后到民族塔最高层"赏中秋月"，目的是印巴冲突发生后，摸摸一些人的思想情况。晚10∶30才回到家。印巴问题非常复杂而微妙，牵涉到英、美、苏、阿拉伯国家……等等许多方面。有些人认识很混乱、模糊。我们的声明，一份照会，加上周总理和谢富治在拉萨的讲话等等，至少可以牵制印度一半的兵力。这就帮了巴一个大忙。

昨天（11日）上午去领工资，在二校门遇到傅国伟正要给我送信。下午去看全运会开幕式，雄伟极了。只有在我们的国家，才有这样雄伟的场面。每个省市一个队,一面旗,三个领队。新疆、西藏、内蒙古的代表队旗都加上本民族的字,领队都穿民族服装。新疆队中有不少黄头发的运动员。他们跑步退场的时候,一个个都转过头望主席台,都希望最后多看毛主席一眼。这样的"侧面镜头"真是动人。

团体操比上次看预演时又大大提高了一步,好极了。这样政治、体育、艺术完全结合在一起,而突出地突出政治的体育表演,也只有在我们这个伟大国家才可能看到!现在将"说明"寄上。有几首很好的歌,可供你们做群众工作中文娱活动之用。

晚饭在普吉院吃的。我把你信带去给他们都看了。姥姥为我准备了螃蟹、清炖鸡、沙拉和炒米粉,可惜我吃得不多,鸡很老,咬不动。吃得少。也许姥姥很失望了?

你的旧车已修好,比过去利索多了。我的望远镜修得很好,昨天已"发挥"了它的作用。只是修费12元!使我大吃一惊。我是顺路取了它赶到体育场去的。

非常想你,因此也非常想知道你那里生活、居住的情况。(当然也想知道你的工作,在"保密"的情况下,可以告诉我一些吗?)希望你能更多告诉我一些。不久我总会去看你们的,因此愿意多知道一些,以作"思想准备"。

从"远郊天气预报"中知道延庆比这里白天约低2℃,晚上低4-6℃。你们那里日夜温差或达20℃,千万小心!冒感好了没?快告诉我。

当然,我最最想知道的是你的思想收获方面。当然这也不是三言两语所能说的。你信所说几句,给了我极大安慰。眉,希望你在这革命斗争中更好地改造自己。

附上《北京日报》报道谢炳琴(售货员)的一篇文章,可能有助于你的斗争。

成

65—9—12

邮寄地址怎样写法?只写到中羊坊就够了吗?抑或还要写××工作队××等等?快告诉我。

成爱：

昨天下午两点到中羊坊，我和铁道学院的一位女同志住在一个贫农老大爷家中，居住条件很不错。工作队把较好的房子让给我们女同志，今天吃了一天派饭，一下子还没有习惯。[1]不过我相信就会习惯的，生活方面不要为我担心。

这一天的时间一切都是新鲜的，在我的生活中从来没有这样的体会。我们上午劳动，下午学习晚上和老乡开会，已经和老乡开了两次会。我紧张极了，困难极了，但很有趣。关于政策我学习得太少，工作紧张一时还抽不出太多的时间来学习，真是心焦。我这一生从来没有像现在这样感觉到自己担子的沉重和无能。我们队只有我和两个女同志，妇女工作我们要做得多些，你要看到有关农村妇女工作的文章请寄给我。时间晚了，不多写了，以后可能会少些。爱你。一千个一万个。

眉

65.9.9

这是9号写的，后因托人带去，所以又另寄了一封。

洙 9.12

思成，小乖，小妞：

现在是到延庆的第四天，每次想和你们写信，都感到还有很多事要去做，只好把写信的事暂时放下，也许你们都等急了吧！

我们住在山脚下的一个小村子里，一出后门不远就是高山，这里四周都被山包围起来，中间有一片平原和一条河流。延庆人说话已和北京不同，有些词我还听不懂。虽然离开北京仅只半天的路程，但人们的生活已和北京相差甚远。这村有三百多户人家八百多口人，但没有一个是初中毕业的青年，因为这里生活很苦，一般家庭都供不起孩子上学，六七岁后就可以算半个劳力到生产队去做些轻微的劳动了，只有不多的部分人上过小学。更少的人上过一两年中学。因此，我想起我们家的两个孩子，有那样好的学习环境，真是很惭愧。

今年因为天旱，这儿是个灾区，情况很严重，人们情绪很低，都怕挨饿。辛苦一年，只收了够吃半年的粮食。我们目前工作主要是提高人们的生产积极性，其他都谈不上。因此看到有关农村生产自救的材料请马上寄给我。我们住的这个房子八面通风，估计冬天会很冷。因此看看有棉票请买10张寄来（不着急），我的地址是：延庆，中羊坊，四清工作队××收。你们的生活好吗？姥姥身体好吗？两个孩子学习好不好？思成晚上注意吃点东西，不要搞得太晚。你的科研工作动手了没有？希望你能每星期都给我一封信，也许我得两三个星期才能给你们回信了。

《一锹一镐干革命》的文章请寄给我。

洙

[1965.] 9.12

沫，眉，爱：

今天收到你邮寄的信，真是喜出望外。而且真快——14日二时的延庆邮戳，15日上午十时就收到了。

上回傅国伟带回信太简单了，不"过瘾"，这封好些，但我还是想知道更多情况。你们这三百多户八百多人的中羊坊，与延庆城是什么关系？在东？在西？在南？在北？离城多远？……等等问题。虽然忙，也让我知道得具体一点吧。总而言之，想你，想得不可开交，所以想知道得更多一些，更多一些。

我已写了两封信，连收音机和一些关于全运会团体操《革命赞歌》的说明本、报纸等，以及售货员谢炳琴的一篇报道交给了傅国伟带去。他们本定12日清晨走的，但临时要重新编队，改地方，一直到今天还未定什么时候走。这信要赶在那两封先到了。那两信中都有关于使用收音机的"注意事项"，请注意。

关于妇女工作和农村生产自救的材料，看到就一定给你寄去。今天同赵炳时谈起，知道你们那里农民有很多是从密云水库淹没区迁去的；今年受了灾，生产积极性不高，有很大不满情绪。知道你们工作艰巨。工作就是和困难作斗争，你可要勇敢地挑起担子呀！你要的纸，过几天（当然也要尽早地）给你带去。要记住，如果你住的房间糊上，可千万也要给房东老大爷房间也糊上。万万不可只顾到自己，把贫农老大爷撇在一边呀！诸如此类，都要随时随地注意。绝不能在任何行动中与老百姓之间制造距离，而要消灭距离，打成一片。工作中最重要的就是吃透两头：吃透方针、政策，吃透亦即坚决依靠群众。

我们一切都好。我的《法式》已重新开足马力高速前进。晚上吃东西并未忘记，但是工作做上了劲，睡得晚了些，连着几夜都是12：00上床，不太好，今后坚决改正，一定在十点以前收工。请放心。林哲说，代数仍有困难。我也帮不了他，有点不好办。《一锹一镐干革命》被林哲拿走了，改天给你寄去。

成

65—9—15

眉爱：

　　今天是星期天，现在是晚上九点钟，刚听完全国联播。家里安静，不是安静，是寂静得什么声音都没有。清静寂寞得令人心焦。想你，想你想得要命。想你又劳累了一天，现在大概已经睡得又甜又香了。这种孤灯独坐的夜晚，从1955年到1962年间，我不知度过了多少个。但是那时不知怎的，也没有这样寂寞的感觉。现在却不那样。也许是过去这三年的生活太甜蜜了，现在突然少了个你，好像把心丢了，好像整个人没处着落一样。眉眉，好像离开了你，我就不知怎样过日子似的，怎办？

　　看，你在塞外农村闹革命，我一个人坐在这书斋里闹小资产阶级情绪！像话吗？！还是说说这一周的平平淡淡的生活吧。

　　这个礼拜，除去星一晚到中关村参加民盟学习，一个下午开系务会议，一个上午开校务会议，一个下午开系的科研会议，一个晚上孩子们来，一个晚上（昨晚，星六晚）郁宏、林洛和孩子们来之外，全部时间都用在《法式》上。到今晚，已经把"大木作"以前的全部工作"歼灭"了。总计文字约九万字，大图版57张，插图94张。这一部分算是完成了。当然，文字部分又有不少的增、删、改，需要重抄一遍。图也有些要稍微修改一下的。总的说来，可以说质量是不低的。徒弟们付出极大量的劳动，没有他们，（特别是我眼花、手抖了），这工作是不可能完成的。现在他们也已经把小木作的图版草图（正式草稿，只欠上墨画成正式图）全部完成。我的注释部分也已经开始，计划在年内完成，即将小木作以前部分交中华书局排印。

　　今天下午，再冰忽来电话，说昨天刚从大连回来，领导上要他们提前于22日（星二）动身，又加上同一单元合用厨厕的一家出了两个肝炎，要他们搬家，忙得走不开，问我能否去看看她。我本来很不想去（还有很大一股气），后来想想，为了不使老太太伤心，所以决定明晨去看看他们。

　　今天已经是星二了。昨天这一天，"形势"起了极大变化，不是"平平淡淡"，而是"奇峰突出"。

　　上午去看再冰，她拉着老太太和我和孩子们照了些相，大约两小时的时间内,她还问到你去延庆四清,去了几天,为什么提前走,(我说在大队出发前,一部分干部提前先走了)等等。我和老太太临走时,她突然搂着我,使劲亲我,哭得十分伤心。看样子她显然对她过去的行为感到后悔。当然,这只是我的推测而已。

"奇峰"是中午市委的一个电话,说今年十一是新疆自治区成立十周年,中央组织一个以贺龙副总理为首的代表团去参加庆祝典礼。代表团由中央各机关及各省市代表团联合组成,要我作为北京市代表团的一个成员去参加。这个市代表团的团长是市委书记陈克寒同志,连我共五人,另外三人是西单区区长(书记)杜若老大姐、海淀区区长(书记)张还吾,另一人未听清。问我能不能去?工作安排得开吗?身体吃得消吗?他们说庆祝后还要到新疆各地参观访问,为期约一个月。我回答说工作可以安排,不成问题;身体也能凑合。接着不久,校党委办公室也来了电话,说接到市委电话,同意我去,通知我一声,好作准备。今天总支又来电话,说今天下午在市委大楼开个会,并准备23日就起程!这真是突如其来,一点思想准备也没有。

记得大约一年多以前,在一次人大常委会上,周总理谈到在座的各位委员,虽然年纪大,身体不好,也应该到边远地区去看看。散会后,彭真同志问我愿不愿到内蒙古、新疆、西藏去看看。我说内蒙已去过,西藏海拔太高,这一辈子都没希望了,新疆倒想去去,以后如有机会,我现在就报名。当时我只想是随便扯扯。因为前两三年总理上柬埔寨,走以前约一个月,曾问我去过没有。我说没有。总理说柬埔寨的古建筑很有它的民族特征。不久我要上柬埔寨,跟我去好不好。我说"接受任务!"可是不久总理率领一个庞大代表团出去,并没有我的份儿。(我是否跟你谈过这故事?)所以那次彭真同我随便扯扯,我也没有认真看待。这次看来,那次闲谈"兑现"了。刚才小石又来,说党委已同意,嘱我注意劳逸结合,言论行动都要注意,要跟从陈克寒同志的领导,对于那边的高等院校,可随同代表团去参观,不必作为特殊任务去麻烦人家某某某某。

这就是这个"突起"的"奇峰"。这样突如其来,而且后天就走,已是箭在弦上了。我一定遵照校党委的指示,"言论行动都特别注意",言行举动思想上都以最高标准完成这次任务。同时也注意劳逸结合，不会搞病了回来。

我已托徐伯安代领工资，并将80元如期送普吉院。

写到这里暂停，已是午饭时间。下午市委开完会回来，最后怎样再续写。

晚9:00续写：下午三时半到市委，时间不长，交代了任务，其实是还不知道那边怎样安排。说是代表市委和市人委，但我有什么资格代表市委呢？一点是：杜若和我身体都不太好，新疆地区辽阔，如果长途参观吃不消，可以先回京。此外还谈了带毛衣、毛裤、夹呢大衣等等。星四晨七点起飞，是一架专机，还有东北、华北、内蒙古各省市的代表团。会开到一半，一个秘书来说民族事务委员会来电，让陈克寒改于27日与贺副总理一起走。据说我们在兰州要停留一两天，还有其他省市代表团在那里集中一起去。会后回来途中，又去姐姐那里把"半导体"借回来。还到八面槽取了你的衬衫。（剩下的料子也取回来了。是韩师傅接待的。）

你要的绵纸，打算明天去买。因为常有小车来往，拟交汽车房，托司机带去。

晚饭后到普吉院去了一趟，告诉姥姥我又出门，并问是否要留下点钱。她说不需要。并告以下个月徐伯安代领工资后给送去。十二公寓的财政，拟取出150元带走；将本月工资余数全部交老太太，并将存折（尚余约220元）及图章交她暂管，以备一时意外的急需。

今天在市委开会，陈克寒说，上次上西藏的代表团名单中本来有我的名字，（但我一点也不知道），后来彭真看到，说那地方地势太高，他（我）不能去，让他跟贺老总上新疆去跑跑吧。但我还是不明白，这样性质的代表团怎么会轮到我去。

因锅炉有毛病，从今天起停供热水三天，只好等到兰州或乌鲁木齐再洗澡了。

妞子说她今年被选到天安门受检阅，我这爹爹偏偏不在，多么遗憾。刚才看到他今天算术的考卷，所有题都做对，每一个字都写得端正整齐，打了个100+5分。真乖。我越来越觉得这女儿可爱了。我已告诉孩子们可以随便哪天晚上来洗澡，但不住在这边。

写了好长好长了。我出去一切切切都会小心，千万放心。一到乌鲁木齐或兰州（如住下）就给来信。

又：《一锹一镐干革命》附上。

成

[1965年] 9月21晚

（考虑到你也许有机会偶尔回来，所以把你的钥匙放在你那个嵌玉的匣子里，包好封好了。楼上门钥匙则交老太太。）

成：

　　下来已又十多日了，我们现在已开始宣讲"二十三条"。原来说还有一个同志来和我一同工作的，现在调到别的队去了，因此我现在一个人负责一个生产队已成定局。怕工作搞不好，有些着急。指导我们工作的是解放军艺术学院的王一之同志，水平很高。希望在他指导下，能有所长进。

眉
[1965.] 10.19

眉：

今晨6:30，赵炳时、徐伯安来送我，7:35到机场，8:20起飞，11:50到西安，在机场午饭，13:05起飞，不到15:00到兰州。住下。飞机是最小的24座客机，前一段很平稳，过西安后，特别是在甘肃过六盘山一段，颠簸得相当重。好在还顶得住，没有出洋相。

在兰州住交际处（高级宾馆），要住两夜。25日走，可飞也可坐火车。飞约五小时多，火车约50小时。反正有一半人要坐火车。同行的两位区委书记同志都倾向于坐火车，我也愿坐火车，因为一来飞机太颠簸，二来火车沿途可看看，因此火车的可能性很大。还未定票。

现在是下午17:30，虽然到了宾馆就上了床，但未睡着，起来还是晕叨叨的。

晚上甘肃省人委请我们看民族歌舞团的演出。明天如何安排还不知道。先写此付邮。

成

1965-9-23 兰州

眉爱：

今晨六时到达乌鲁木齐，下车"折腾"完了，来到昆仑宾馆，洗过澡，食完早饭，再过一会儿就要出发到机场去接贺龙副总理。抓紧这20分钟时间，写几个字报告平安。

我们在兰州只住了一夜。天气预报说一两天可能有大风大雨。而贺总定于27日中午到乌，我们必须在他之前赶到。飞机靠不住，所以临时决定在兰的各省市代表约百余人全部改乘火车。列车是从西安拼凑连夜赶到兰州的。全是软席卧车。于24晚24：00开车，走了54小时到达。时间虽长些，但"保险"按时到达。坐车有好处，看到了无边无际的大戈壁。这样的景色也是不可不看的。

马上要上机场，不能再写了。想你极了。千万珍重身体：依靠领导，吃透政策，依靠群众，把工作做好，同时把自己大大改造一步。千千万万次××。

你的成

65—9—27晨8：45

乌鲁木齐昆仑宾馆438室

眉眉爱：

　　23日离开家，至今已是第九天；从乌鲁木齐算起，也是第六天了。到的那天就匆匆发出一信报平安。那天（27日）清晨四时（当时时间，是北京时间六时）到达，九时即出发上机场。机场在郊外70公里，走了一个多小时，等了约一小时，贺副总理的座机到，在八级大风中迎接。我们去机场时是欢迎者，贺总下机后，我们立刻"变"成了被欢迎者，接受了一群维吾尔族红领巾的献花。接着，汽车行列就驶向市区，在市区内沿着不知多少条大马路曲里拐弯绕了一个大圈子，路旁几十万人夹道欢迎。我们从车窗伸出胳膊摇着花束，不但把手摇酸了，而且头晕目眩。最后到了另一面的郊区所谓"野营地"的地方，那里相当于北京的钓鱼台，是贵宾的宾馆所在。贺总就住那里。在那里我们"休息"了约半小时，（这里只要一休息，就马上端上来哈密瓜和各种葡萄。）全体照了相，回到住处昆仑宾馆（上封信中还不知道它的名字呢），已是下午三点多。吃完"午"饭，已是四点多了。下午六时，又是欢迎宴会。宴会后，看了电影《军垦战歌》，是关于新疆生产建设兵团的纪录片，由它入疆解放全新疆到它垦沙荒，大办农业，大办工业。看他们和无边的大戈壁和盐碱地作斗争，看他们在沙漠中兴修水利，植树造林，开出一望无际的"条田"（每一"条"约两千余亩），那股革命干劲，那样美丽丰硕的劳动果实，真是万分动人。在延庆如有机会，可千万不要放过这好电影。

　　第二天，28日，"休息"一天。上午先接到建工局局长徐鸿烈的电话（徐比吴良镛低两班，过去见过几面），说在机场看见我，因隔得远，未打招呼，约好下午来，并出去参观。不久又接黄汇电话，说从徐局长处知我来了，下午将同徐一起来，陪我参观去。下午2:30，我们整个北京市代表团——陈克寒、张还吾、杜若三位书记和我以及秘书张明义，在徐鸿烈、孟浩然、张某工程师（孟、张都曾在学会年会上见过面），以及其他几位工程师、黄汇等约六七人陪同下，参观了市内几处新建筑。晚上又看了一个电影《新疆在前进》。我问黄汇：你现在是"一个人"还是"两个"？她说"现在还是一个，马上就要成两个了"。原来她已定于9月30日结婚，并请我去参观她的"婚礼"。

29日上午是新建的展览馆开幕式,由贺总剪彩,接着参观了展览。展览分综合馆、阶级斗争馆、历史博物馆、农林牧馆、工业交通馆、建设兵团馆、文教馆、财贸馆、军事馆、美术馆。走马看花,看得精疲力竭。除了美术馆外,其他各馆都十分动人,令人欢欣鼓舞,看到毛泽东思想的伟大胜利。给我印象特深的是阶级斗争馆。他们做了许多足尺大模型,如实地描塑了解放前这里维族地主残酷迫害农奴和佃农的惨不忍睹的形象,血淋淋的可怕极了!其次是兵团馆,再加上电影所见,真是伟大极了。晚上看了军区文工团的歌舞剧《我们的队伍向太阳》,反映了人民解放军解放新疆、建设新疆的经过。整个歌舞剧完全采用了《东方红》的格式,也是一首"音乐舞蹈史诗"。

30日上午参加了庆祝大会,在那维吾尔民族形式的人民剧场举行。自治区党委书记王恩茂、自治区主席赛福鼎、贺总、西北局书记高克林四人讲了话。每一个讲话都要翻译一遍,所以时间特别长。下午睡了午觉。5:30大宴会。

9:00歌舞剧《人民公社好》,是按几乎失传而整理出来的"十二玛卡姆"的长篇乐曲的调子编排的"现代化的玛卡姆",全部用维吾尔语演唱(有字幕译文),十分美丽动人。剧的本身也是由解放前叙述起,也是《东方红》的格式。在宴会后演出前,我还"见缝插针"地到黄汇的宿舍参加了她的婚礼。卅日宴会时,开始下大雨,至半夜演出结束时还未下完。新疆一年只有二百毫米的雨,这场雨是非常罕见的。

今天,十月一日,上午参加了人民广场上的游行庆祝大会。赛福鼎和贺总的讲话(都由维译汉、汉译维)整整一小时。在北京,在天安门城楼上,有齐胸的栏杆可倚靠,行动自由,有门楼可休息,时间又较短。这里却站了三个小时,虽然天已晴,却相当冷,站在旁边的观礼台上,行动不能,坐又无处,可把我整苦了。但是,看到这边维、汉、哈萨克、塔吉克等等民族人民在一起欢庆这伟大节日,特别令人兴奋。

下午睡了一觉后,今晚有烟火晚会。因为夜间很冷,又要那样站着,陈克寒已感冒,我又被看作老弱残兵,都被动员不去,等着8:30看电影《黄沙绿浪》,大概也是关于新疆人民征服沙漠的故事。正好抓这时间写这封信。

明天的活动是看赛马、"叼羊"等等民族形式的运动会。后天(三日)

看民兵比武。四日听关于介绍新疆情况的报告，下午看乒乓球（庄则栋、李富荣、徐寅生、周兰孙、郑敏之、梁丽珍、李莉、林慧卿等小将都来了）和摔跤。每天晚上都有演出晚会。（这次由中央及各省市带来了六七个剧团。）

五号我们就要出发到外县去慰问了。

这次中央代表团按大区分为六个分团，我们属于华北分团（包括北京、河北、内蒙古、山西四省市），访问地区就是乌鲁木齐及其周围的昌吉回族自治州。这个自治州一共有八个县，是否八县都要去，还不知道，只知道20前后结束。我还不知道顶不顶得下来呢。

在这里虽然忙忙碌碌，一天到晚不是参加庆祝会，就是参观、参加晚会。虽然身体相当累，但是饱食终日无所用心。我吃得特别多，睡也很好。虽然风大，早晚温差大，但十分小心。一切都好。只是要命地想你、爱你。在这里每天吃无数的各种各样的哈密瓜和葡萄，品种繁多，名字都叫不上来，真想带回去和你共享一番。

成

1965—10—1 乌鲁木齐

眉爱：

今天是10月6日，明天清晨就要出发到外县去了。我们这个第一分团访问的地区是乌鲁木齐市及其附近的昌吉回族自治州。分团又将分作三个组，分头访问几个县。但有时又集中在一起。我们北京四人为一组，

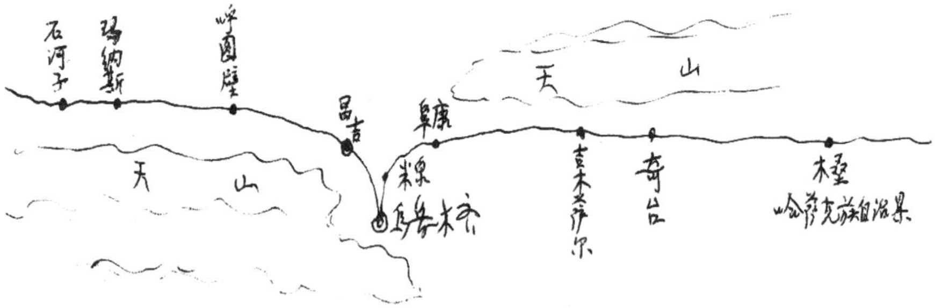

6日吉木萨尔，7日阜康，8日全体到昌吉集中，又分访呼图壁、玛纳斯两县的若干农场，然后于11日又到石河子集合。石河子是生产建设兵团从沙荒上建设起来的新城市，据说树极多，还有不少现代化工厂。在那里四天，15日回到乌市，再全体分头在市区访问工厂、农场、部队，约20日前后起程回京。虽然宁夏、兰州都邀请我们回去时停留几天，但我想不多耽搁了。从乌市到吉木萨尔约150公里，到石河子约250公里。今后五六天内，每天要坐几小时汽车，到一处就与群众见面，欢迎会或座谈会，还要陪同看戏（每个分组有一个剧团），第二天又另上一处，将会相当紧张。

过去这几天，虽然也是类似的生活，但在市内，不用坐几小时汽车，不过也够累人的。这里饭食很好，很可口，我吃得特多，睡也睡得好；血压创造了130（高压）—84（低压）的最低纪录。天气虽渐冷，但我已穿上棉毛裤，丝绵袄。一切都好，请放心。领导上号召我们把陪同看戏当作严肃的政治任务看待。

“十一”下午发出一信，说2日将去看赛马。赛马本身无非是女子5000米、男子10000米等，没有什么特别的。不过男子都骑光背马，本事真不小。好玩的是“姑娘追”。一个小伙子和一个姑娘并辔而行，忽然男子转回头飞驰而去，把姑娘拉下几十米，姑娘也立即调转头追上去。追上了就用鞭子抽小伙子，一直抽到终点。一共五六对表演，没有追不上的。（追不上就没有“戏”了。）追上就在背上、肩上、腰上、屁股上、腿上左一

鞭、右一鞭，上一鞭、下一鞭地抽，抽得小伙子躲也躲不开，挡也挡不住。有些姑娘甚至扯住小伙子的衣裳一角不放，尽情地抽，抽得眉开眼笑，小伙子就是又躲又挡的一副狼狈相。抽得全场几万观众笑声震天真是逗极了。据说这原是哈萨克族男女相爱追逐求婚的一种方式。看来主动权是在女方了！

3日看民兵表演射击，地雷，爆破等等，二百米过硬功夫。

4日陪看摔跤及庄则栋、郑敏之……等乒乓球表演。

当然每晚还陪同看戏。但昨晚（4日晚），实在太累了，请了假，晚八点半就上床，一直睡到今天六点半。

今天上午我们分团开会，交代任务及行程。下午在宾馆休息。抓紧这时间写这封信。下次也许要到石河子才能再写信了。

成

65.10.5

乌鲁木齐

眉爱：

从10月6日始，一直到11日我离开石河子回乌鲁木齐，每天的生活和活动都差不多是完全一样的。上午9:00或10:00时到达一个地方，县委和县人委以及驻军的干部以及各族群众夹道欢迎。群众二三千人以至五六千人不等，"夹道"长一二百米至三四百米不等。我们接受了少先队员献花后，在锣鼓和口号声中，就列队走过这"夹道"到县委或人委。我们带一个剧团，演员们也在行列中走。到了之后，介绍一些干部和劳模和我们见面，然后介绍情况。如果上午有时间，就参观访问一些公社或生产队或部队或军医院。下午仍继续访问。晚宴后，在礼堂开欢迎及慰问演出会。先由团长讲话，"转达党中央、毛主席、刘主席、国务院和军委对同志们的关怀和祝贺"。接着就是演出。我们就坐下陪着看戏。看完了回招待所睡觉。第二天八时半左右上车，又到另一个县。每天如此。对我们这些团员来说，只有走路、访问参观、吃饭、看戏的"工作"，有些"体力劳动"，而完全没有"脑力劳动"。但是，这样的"体力劳动"却真够累人的。陈克寒告诉我们，必须把陪同看戏当作一项严肃的政治任务来看待。所以尽管戏是二看、三看……以至五看六看，我们还是坚持看下去。演员们对我说："我们每一句台词你都背下来了吧？如果某一个演员病了，就请你上台当替角吧。"不过话说回来，戏的确好，都是现代的，革命的新内容，看上十回八回还不厌。

但在这每日的"重复劳动"中，我只有夹道欢迎一项跟不上队。6日（第一次）到吉木萨尔，我下了车就在欢迎的夹道中走，人家走得并不算快，但走完300米，我已经像跑了万米一样，气喘如牛，上气不接下气了。因此从第二天起，我在下车和县干部见面后，就回到车上，跟着驶过夹道。的确很难为情，但也无法。至于其他"项目"，我都能跟上；看戏也每晚坚持到演完。在参观访问中，虽然勉强跟上队，但我那气喘吁吁的狼狈相却早已引起人家注意，搀搀扶扶地照顾我。最后还是以奎璧前车之鉴而被动员回来了。在生活方面，只有蹲茅坑一项使我最为难，但也尽一切努力克服了。我们访问了吉木萨尔、阜康、昌吉、呼图壁、玛纳斯和生产建设兵团在戈壁滩上新建的城市石河子。所有的公社、大队、生产队，都按"兵团的方向,公社的特点,全面规划,逐步实现"的方针,大搞水利建设,大搞"条田",大造防护林带,一块一块地把沙漠改造成旱涝保收、丰产高产的良田。所有公社、队都是多民族的,都有不少内地来的支边青年。那股革命干劲真是冲天,他们的成就真是伟大、动人。过去对党的民族政策理解得很抽象,在新疆才真正看到了它的伟大。据说就在乌鲁木齐,解放前汉人、维吾尔人分区居住,汉人若一两个人走到维族区,就一定挨打,乃至打死;反之亦然。而现在则各民族亲如兄弟。在欢迎行列中,我就多次看到灰白头发的维族老大娘,高呼"亚克西松(万岁)毛主席、亚克西松共产党"的同时,不由自主地就平伸两臂,扭着肩膀舞起来了。须知她不是文工团员,而是家庭主妇,这种热情是自然洋溢的。这样的"镜头"真是动人极了。

看了新疆无边的大戈壁和戈壁滩上数不尽的大石蛋(大的比西瓜还大),再看那用石蛋蛋累砌而成的灌溉渠和渠中的滚滚清流,再看那由防护林格子划成的块块条田,看那条田上一望无际的棉花或麦苗,真是令人感动。这次到了新疆,我才认识了"水"。水是一切的命根子。过去水从天山的雪顶上融化流下来,到了戈壁就被沙漠吸完了。现在大兴水利建设,山脚修水库,沙漠上修渠道,就把沙漠变成良田。"八字宪法"水字当头,若没有水,那七个字就根本用不上了。这是我这次的新体会。这种条田必须有防护林带,有灌溉渠四面环绕,必须一平如镜,是生产建设兵团的创造发明。据说兵团已垦出了这样的条田一千多万亩(新疆原有的可耕地不过一千万亩左右),给公社树立了榜样。我们访问的公社,粮食产量按人口计算,少的有每人占有一千一百斤的,多的达1800斤,而内地平均还不到800斤。他们计划到1970年达到每人2000斤!公社也在大搞条田,耕地面积在不断扩大。新疆真有无限广阔美好的前程。我想,我们的孩子将来也应该到这样的边疆去。那样的地方才真正是英雄用武之地。1949年,新疆只有450万人,现在是744万,到处都有内地去的青年,从江、浙、安徽、湖南、湖北、甘肃以至广东、广西、东北的都有。他们的意气和风格是令人肃然起敬的。

在昆仑宾馆,他们为中央代表团摆了一间土产摊,其中皮毛和皮鞋皮帽最多。有些皮货太贵,我买不起。有一种兵团皮革厂生产的新疆细毛羊羔皮剪短了的薄毛皮背心，只22元，毛略长一点的27元，我各买了一件。将较厚的一件送给姥姥，较薄的一件准备给你送去。因为大了一些，已将你的白布褂子为准，请姥姥改一下，改好就托司机带去。听姥姥说你那里冷得很，回来又买了一条褥子，这样一件背心，（以代替你去年做的那件），也许有点用处。我还买了一条红、绿、黄、蓝、赭、黑、白多色的富有民族特征的毛线围巾，暂存家中，不给你送去。另外，新疆党委和人委还送给每个代表团团员两个哈密瓜，约廿斤各种各样的葡萄干、瓜子、果脯等等。这礼物陈克寒本说不收，但不知怎的，今天忽然由北京市人委转送来了。大概是我们不收，他们就干脆把它装上飞机，到京后由新疆驻京办事处送到市人委去的。哈密瓜只好偏了你了。葡萄干和瓜子、果脯等则打算也给你带些去，可以和贫农房东及同工作的同志们尝尝味。

　　　　　　　　　　　　　　　　　　　　　成
　　　　　　　　　　　　　　　　　　65.10.14 晚
　　　　　　　　　　　　　　　　　　　　十一时

眉，我的爱：

今天已经是回来的第五天了。

这四天，基本上蹲在学校没有出去。15日党委召开了一次党员教授会。16日（昨天）下午，跟着学校的一批教授去看日本工业展览。人山人海，我什么也没有看到；挤得全身大汗，气喘如牛。挤了不到半小时，我就开了小差，叫辆小汽车回家了。

今天是星期天，我上下午各跑了汪坦、吴良镛家各两次，都不在家，连老人也不在。下午只见到汪坦的大女儿汪正平，说爸爸陪爷爷逛香山去了。上星期天已去了一次，爷爷没有玩够，今天又去了。吴良镛大概也是陪母亲出去秋游去了。我听了不胜感慨。我比汪星北小七八岁，但想这样去游山却办不到了！晚饭是在普吉院吃的，姥姥让我去吃米粉，非常好吃。小强[1]也来了。不知怎的，我看着那小伙子总有点不对劲。

从15日起，我又恢复了《法式》的工作，争取在年内把"小木作"做完。对这工作，我真有点急躁情绪。虽然它是祖国文化遗产中很重要的一部分，而且对于它的整理，的确是我不容推卸的责任。就大木作以前这一部分来说，的确可以说水平不低。（这主要应归功于三个徒弟。）看来小木作和彩画作也可以做出水平来。但是，整理出来，对于目前和今后的社会主义建设，的确没有什么现实意义。（虽然广义地说，它是我们社会主义新文化中的一份小小贡献。）因此我非常急于把它搞完，好投入到近现代的研究中去。前天上午我到系里去了一下，正巧碰上上海市委书记陈丕显来参观。他问我多大岁数，又问我讲不讲课。我说今年没有课。他说："你不应该再讲，而应该总结你的经验，著书立说了。"这正是我的想法；而我所要做的，不是《法式》，主要的还是建筑史，特别是中国近现代。你同意吗？

新疆比北京冷，昼夜温差较大（也许延庆也是这样），在乌鲁木齐宾馆中已生暖气，但到外县（都用火墙）则尚未生火，茅坑又远又八面通风，特别是一些下面倒灌上来的风，使我感冒，流清鼻涕、咳嗽，至今未愈。虽然不发烧、不头晕、也不害胃口，但也够讨厌的。老太太也感冒了，至今每天下午还有点烧。这几天天气特暖，很可能几天后急转直下，你可要当心。皮坎肩已改好，昨晚我试穿了一晚上，好像

---

[1]"小强"，指张郁强。我的妹妹林洛的小叔子。

只顶得上一件棉坎肩。不过我想在野外有风的时候,挡风可能比棉背心强。有便车就给你带去。

电池换上了吗?好用吗?过去的那一对寿命不太长。记住尽可能把声音放小些,可以省些电,把寿命拉长几天。

我多么想得到你的信呀!

成
65.10.17晚
星期日

梁思成与林洙

梁思成、林洙夫妇在书房倾谈

梁思成、林洙夫妇在书房倾谈

梁思成、林洙夫妇小憩于香山

1961. 10

亲爱的朋友：

感谢你，最近两周来给我做"清仓"工作。除了感谢你这种无私的援助外，还感谢你，——不，应该说更感谢你在我这孤寂的生活中，在我伏案"还债"的静坐中，给我带来了你那种一声不响的慰藉。这是你对一个"老人"的关怀。这样的关怀，为一个"老人"而牺牲了自己休息，不仅是受到关怀的人，即使是旁观者，也会为之感动的。（你的"家"也就忙地方还乱得很）

你已经看到我这个"家"，特别是在深夜，是多么清静。若干年来，我已经习惯于这种生活，尤其自以为"很快乐"。情况也确实是那样。在这种静寂中，我也从来不怎么闲着，总是"忙忙碌碌"地、忙忙碌碌，乐在其中。但是这几个晚上，由于你在这里，尽管同样地一小时一小时地该该静静无声过去，气氛却完全改变了。不瞒你说，多年来我心底深处是暗藏着一个"真空"地带。这几天来，我意识到这"真空"有一点"漏气"，一缕温暖幸福的"新鲜空气"好像在丝丝漏进来。这种"真空"得到填补，一方面是极大的幸福，一方面也带来不少的烦恼。我第一次领会到在这样"万籁无声，孤灯独照"的寂寞中，得到你这样默默无声地同在一起工作的幸福感。过去，那种"真空"是在下意识中埋藏着的，倘使不去动它，也许就那样永远"真空"下去。我认识到自己的年龄、健康情况，就应该早就该意识到保持这"真空"。（意识到）却也没有怎么理会它。

尽管我年纪已经这么"一大把"，身体也不能健壮，但是我有着一颗和年龄不相称的心。我热爱为祖国社会主义建设的工作，热爱生活，喜欢和年轻人谈笑，喜欢放声

(1)

梁思成致林洙书信手迹

成爱：

昨天下午两点到中卫坊。我和铁道学院的一位女同志住在一个贫农老大爷家中。居住条件很不错。工作队把较好的房子让给我们行女同志。今天吃了一天派饭还没有习惯，不过我相信很快就会习惯的。生活方面不要为我担心。

这一天半的时间一切都是新鲜的。在我的生活中从来没有这样的体会。我们上午学习，下午学习，晚上和老乡开会。已经私老乡开了两次会。我累得很了，困难极了，但都很有趣。关於政策我学习得太少。工作又紧，一时还抽不出太多的时间来学习。可真的说，我这一生从来没有像现在这样感觉到自己担子的沉重，和无能。我们队只有我和相两个女同志。妇女工作我们要做得多些，你要看到有关农村妇女工作的文章请寄给我。时间晚了不多写。以后可能信会多些。爱你。

一千一万个。

眉 65.9.9.

这是9号写的。后因托人带去，所以又另写了一封。
津 9.12

眉：

　　我回来也十天了，左盼右盼，好容易今天才盼到你一封信。19日写的，22日的延庆邮戳，23日清华邮戳，早上吃早点时才收到。这信走得可真不算快，叫人急死！收到信，半张纸，五行半，有点失望，但再看看，还是高兴。无论如何，总算盼来了。高兴，也为你担心。高兴的是这是锻炼、考验你的一次难得的机会；担心是因为独当一面，担子的确不轻。同时还十分羡慕你，担子越重，越能够锻炼出人来。但愿你在考验得到锻炼，出色地完成任务！

　　在这样的阶级斗争方面，我是一点经验也没有，连土改都未得参加，所以非常羡慕你。听一些四清回来的同志的报告，知道对一些伪装的和隐蔽的阶级敌人最难认清。希望你在这方面提高警惕，加强嗅觉，时时刻刻不忘用阶级观点去认清本质、分析问题。总之：吃透政策；依靠党的领导，随时请示汇报；依靠群众，坚决走群众路线；用阶级观点分析人，分析问题。当然，这些你都知道。你会说，这全是废话。你在抓人的思想，处理思想问题上，比我敏感，比我细致，相信你一定能把工作做好，在很好的完成这艰巨任务的同时，也把自己锻炼得红通通地回来。这样，对于我思想上的很多毛病，你会帮助我改造。

　　回来十天，生活和工作又恢复到那平凡的"正常运转"中。星二下午到民盟中央开了一次常委会，并听了董老在双拥座谈会上一次重要讲话的传达。今天下午（星六）将开系神仙会。"法式"工作正以高速前进。但是，对外文委忽然来校调人去招待外宾。任务是陪一位拉美的建筑教授到各城市参观约一个月，要清华建筑系派一位讲师以上的党支书或党员干部去。系里抽不出别人，就向我要徐伯安，已于昨天去报到。这样一来，我也只好孤军作战了。但是比起你来，我这"作战"不知比你容易几千百倍。

　　关于皮背心，本已托带，接你来信（给姥姥的）后，我去了解，还未带走，所以又取回。既然有虱子问题，那就给你缝上里子。至于大小，本来已按白褂子放大了一点，现在准备用你那件翠绿色毛料夹袄（你去时曾穿去的）做样子，请姥姥看看有无"返工"的必要。这背心的皮是白色羔皮剪短，只留下"绒"的薄皮毛，穿着不累赘而有挡风的作用。改好还是给你带去。

　　每夜孤灯独坐,所以孩子们星四来是一次很好的"调剂",看不见你,看到孩子们也是好的。多么想念你呀!

　　　　　　　　　　　　　　　　　　　　　成
　　　　　　　　　　　　　　　　　　　　65.10.2

　　今天"霜降"了,天气暖得不正常,(有一年25日就来了暖气),估计会突然急转直下,可千万要小心!

爱，眉：

今天中午真是喜出望外！多久多久没有听见你的声音了！当然我也曾想过，你会不会给我一个电话？但再想想，你在农村，又那样忙，得出的结论是：空想，幻想。想不到，这空想幻想今天竟然成了现实，我高兴得差点跳起来了。想说的话，想问的事可多了。但是，长途电话，话务员必须"旁听"，以便说完就计时，算账，所以就感到很"不自然"了。约10分钟后，林哲把缝上里子的皮背心送来了。所以，普吉院一家子也都知道你来电话了。

说到那背心，送来后我又看到它的两个口袋开得太低，在腰部，而且很浅；若放进东西，一弯腰就可能"倒"出来。忽然想到可以加一块布把它加深，所以又让孩子拿了回去加工。因此，还要过一两天才能托司机带去。我这样一再麻烦姥姥，颇感不安，不知她会不会烦了。

在家里的生活，一句话，就是"有点吊儿郎当的'正常运转'"。我的"正常运转"本来就是吊儿郎当的，因此没有任何新鲜事。若要汇报汇报，就是除了继续"法式"工作外，还再一次审阅了《清华校史》稿（第三次修改稿），提了几条不太重要的意见。做了一点家务劳动——糊了几个窗缝，包括阳台玻璃门靠东一扇的缝。这扇门去冬没有糊，晚上坐在书桌前，经常觉得寒风袭人。今年希望好些。此外，还趁着清除"残迹"之便，把中间抽屉里占去大量空间的笔记本都捆成几沓，改放在大五屉柜的最下一屉里。还有，找了个木匠来把大五屉柜那个经常往下掉木屑以至开不开的屉底换了一块新板；还把书桌前不转的转椅让他拿去换四条腿。此外就再也没有什么"新闻"了。看，比起你在农村大干革命，我这生活多么庸俗无聊呀！

前两三天报上说，政协开了常委会，成立了一个以刘主席为首的一百七十多人的"纪念孙中山诞生一百周年（1966-11-13）的筹委会"，竟然发现筹委名单中把我也放进去了。我还不知道我和孙中山有任何什么关系呢。

至于我的身体，在新疆得了感冒，回来气候比较正常，而且特暖，现在已完全好了。但是，回来后约四五天，头开始发晕了。可能是血压作怪，但不愿麻烦大夫为这点小事来一趟，要上医院，又不敢骑车，走路又喘得厉害，只好置之不理。昨天，徐伯安陪的外宾来校参观，学校本拟让我陪，我也谢绝了。昨天的系务会议，也未能出席。至于每星一晚的民盟学习，也只好请假了。

今天你既然休息，估计明天或后天可得你信，我在等着呢！

成

65.10.26

又：算你什么时候回来，可以去看历书，发现明年春节是1月21日（今年是2月8日，去年是2月13日），比今年早约20天，喜出望外，还有五十来天，你就回来了。我在数着等着！这会"动摇"你的"士气"吗？对不起！

成：

我们今天放假，让大家搞搞个人卫生，我们三个女同志就到延庆去洗澡，这儿洗澡可是个大事，需要一整天时间，虽然行车时间只要20分钟，但因为车子只有早晚各一趟，走路去则需1个半小时，因此谁什么时候洗澡都由组织上安排。

中午给你打了电话，又高兴又不高兴，高兴的是你正好在家接到电话，着急的是你又病了，而且正好我又不在家，多叫人心焦，什么时候能上中医院去看，不要等延寿片吃完，快点去看，汪老先生那儿一个人去不了，最好让妞子扶你去，一定要注意，吃饭怎样？李阿姨的伙食，你可得常常给她提，让多动动脑筋别天天一个样。血压怎样有没有上去？（没有量是不是？）记住一定要快点去看病。

眉
[1965.] 10.24

眉爱：

今晚是星四，两个孩子都来了。我说，咱们都写信给妈妈吧。妞子说，等明天有空再写。我说，你明天考作文，今天晚上不温习，不就有空吗？她说，我还要洗头洗澡呢！所以她就是不肯写。小乖在沙发上，傻看小人书，好像也不肯写。那么我就一人写了！

这几天，接连进城多次。来了一个日本京都学术代表团，是科学院请来的。一共十一个教授，每人一个事业。其中有一个是搞"建筑工学"的，是专搞工厂自然通风的。科学院十分重视这个代表团，一定要一些学部委员或所长来陪。其中有一位研究"唯物主义哲学"的，从他的论文中看，有不少"唯心"乃至"修"的观点。为此，就从四清前线把艾思奇特别请了回来，做他一番工作，要陪同活动并谈话四五天。由此可见对这代表团的重视。这些人每人都要做一两次学术报告，还要开座谈会。为了我这位通风的对象，我已跑了一次飞机场，陪了一次宴会，都是在头晕气喘的情况下"舍命陪君子"。今天早上他来清华作报告（明天还来一次，后天开座谈会），我因常委会开会，又因陪客人太紧张，所以称病说上医院，请"B演员"汪坦代我招待。报告有百余听众，都是从各单位搞暖通的专业中请来的。后天座谈，按照科学院指示要重质（报告会要重量），所以将有许多"总"字号的人物来参加。

另一方面，人大常委接连开了几次会，听了关于西藏和新疆的报告，今早又进行讨论。（下周始还要听取关于亚非会议和印度尼西亚的报告。）常委会本叫我准备发言（关于新疆），我做了准备，但因发言人多，已过了时间，我没有发言。

汽车房说"那包衣服已交一辆卡车的司机带去"，不知收到否？摸着那样薄，不知到底顶不顶事？大小合身吗？原想把口袋加深。姥姥说，口袋正在肚子上，哪个女同志愿意把肚子挺得鼓鼓的，没有用。所以还是没有改。葡萄干送去后，一想有危险，万一被老鼠侦察到，可能咬破衣裳，所以以快快吃完为妙。王乃壮带去三张高丽纸，如不够，快来信，给你带去。

再冰来了一封信，短短两张纸，对资本主义社会感到"阴冷"。叫我"代向林洙同志问好"。

天气已开始冷下来，又要拼命闯这半个月的"严寒关"了！我会十分小心，勿念。这几天又在等你的信等等渐渐着急起来了。

成

65.11.4 晚

你把"爱人的相片"给小周看了吗？

她有何反应？

十月三日《人民日报》关于大寨式农业典型展览的报道和社论给你寄去。

成：

　　和我同屋的小周是解放军艺术学院声乐系的毕业生，她是个烈属，长得挺美，我们已经成了好朋友，她总纠缠着要"看看你爱人的照片"我告诉她说没有带来，于是她就纠缠着要我写信回来要，因此我仅将这意见转告给你，请你考虑。前天王一知突然问我说："老梁同志身体好吗？"他还说："我看你看完信面部表情没有变化，估计没有什么问题？"大家都笑了，但是我还不知道他对于"老梁"的情况到底掌握了多少，清华的同志仿佛没有向外主动谈"老梁"的情况，使我比较满意。不过全队同志都有点羡慕我的信多，可是我还嫌少呢！

　　北京总共有13个县区今年有12个增产，只有我们延庆县减产，挨了市委批评，现在从县委及县团都对今冬的水利抓得很紧。这里一般中农甚至下中农中还有不少怀念单干的，对集体生产很不关心不积极。过去学习时对社会主义社会两条道路的斗争还未决胜负这一点，总体会不深，这次下来对这个问题可算有了较深刻的体会。最重要的问题在教育农民，确实是如此，农民的小生产者的私有观念真是顽固得可怕。因此想到陈永贵这样的农民确是一个英雄人物，了不起的先进人物。

　　四清工作真是能锻炼人，我现在还在庆幸自己能够得到这个机会下来，当然对我来说可能困难比别人更大些。比如宣讲"二十三条"，居然要面对着30多个人，用最生动、通俗易懂的言词把党的方针政策交待清楚，这是多么困难的事，讲第一讲的时候真把我紧张得不行，现在比较习惯了些，但是内容却越来原则性越强也就越难讲了。我感到在一切问题中对自己锻炼最大的还是个阶级立场问题，尽管在文件上学了千百次自认为是学得很深透了，但一到具体的工作中在各种活的情况中是否还能正确的掌握住党的阶级路线，依靠贫下中农团结中农，把工作做好，我在这短短的时间内，就感到自己考虑问题有时偏左，有时偏右。

　　我们工作队十一个队员，来自四个单位，可真算是亲密的团结在一起，我们的生活有趣极了，这里每天晚上我都要和小周把白天的趣事交谈一下，比如我们把我们苗队长的某些特点学来，晚上就表演一下他的怪样子，结果三个人都笑破了肚皮。以后回去可以表演给你看。

你的感冒好了没有？到汪老那儿去看病了没有？现在已十二点了，算是挤出了这点时间写了封比较长的信。

眉

[1965.] 10.23

尼尼爱：

等你的信等了好几天了，每天都失望，因此就知道你工作一定越来越忙，越来越紧张了。与你对比，我在家里这样松松垮垮地生活着，真是惭愧！

从新疆回来后的一周就开始头晕、气短。一直到10月29日，血压还是在180/100左右，但从10月31日起，已降到160/90左右，有时还降至156/86，头晕已基本上消失，呼吸也好多了。汪老先生看了看，开了茯苓、杏仁、灵草三味药，说可当茶喝。但这里买不到茯苓，有机会进城去买。这是治气喘的。情况好转，我又懒得上中医院去了。随着这好转的形势，胃口也大有长进。因此可以说形势大好。请一切放心。天气已转冷，暖气还没有来，我的"和尚袍"已经穿上了。

前信忘记告诉你，从上星期一起，到星期四止，林哲去劳动，在清河那个方向，步行去约30分钟。这引起我告诉你一个笑话。昨天下午约4:30，我出去散步，在章名涛家附近，向北漫步。迎面来了个"女同志"，看来有十七八岁，穿着膝盖打了大补丁的裤子，上身是极旧双排扣子的灰布制服，腋下夹一个饭盒。她突然叫我"梁伯伯"。我就站住和她搭话。问她："你是谁家孩子呀？住在哪里？"她一愣，说："就在你前边。"语意好像说："你这老糊涂，怎么会问出这样的问题来？！"我说："是吗？你叫什么名字？"

她说，"我叫马宁。"我说"啊！马启伟的女儿，马宁！看我这老糊涂！好多年的街坊了，今天还像第一次见面。够官僚主义了！你今年十几啦？"答："十五"。"在附中上学吗？""不，在清华园中学。""那你怎么从北边走回来呢？""去劳动去了。""在哪儿劳动呀？""在那边，快到清河了。""走路去的吗？走多少时候？""走三十分钟。"这样我才知道了林哲劳动的地点！够葫芦提了吧？够官僚主义了吧？看，这样小小一点不相干的事，写了这么一大篇，和你那紧张的阶级斗争的气氛相距何止十万八千里！

以上是星期二下午五点多写的。因为晚上廖承志设宴招待日本学术代表团，本想写几个字带去在路上付邮，但一写就啰里啰嗦写了那么多废话，已到时间，只好先进城，回来再续了。

昨晚宴会在八面槽广东酒家，所以托司机就近在东安市场西鹤年堂去抓药。本想抓十服，但因茯苓缺货，只肯卖五服。每服七分钱！今晨已沏上。

茯苓无味，杏仁、甘草香香甜甜，倒挺好喝。但五天之后又没有了。真麻烦！

　　这几天北京新闻老在播送延庆大搞水利工程的消息。不知你们中羊坊是不是受益的地区？对你们四清工作有所帮助吗？

　　普吉院室内已生火，而十二公寓则像个冰窖。上星四孩子们来都叫冷。特别是林哲睡在厨房里，来这里更觉得冷。所以我叫他们本星四先不要来。下周供暖后再来。千百次亲你。

成
65.11.10 上午

成爱：

今天早上下了大雪，听天气预报城区有雨，是不是也下雪了？我们早上冒雪到公社去开队员大会，出村一看白茫茫的一片，北面的山峭立的山壁显出深蓝色，有时又伴着些浅蓝黄，土黄和白雪真是美极了。四野除了我们一行人就再也不看见人了。我们大家走着笑着闹着，都高兴极了。关老妖[1]突然高声唱起《我们走在大路上》的歌，大家笑得更厉害。都说半碗油炒麦把老妖的积极性充分调动起来了。（他今天中午没吃上饭，一个队员给他冲了碗北京带来的油茶吃）

我们现在已吃两顿饭了，早饭八点晚饭四点至五点，中午吃点白薯。近来我们吃派饭的人家已扩大到中农，过去只在贫农下中农家吃，因此伙食水平有些提高，一般地说来中农的生活就是比贫农好一些。有的时候也吃一顿白面条，或者糙面的饺子。

在这里什么都好，就是常常想你，想你厉害，当然说来也没有太多的时间来专门想念你，但只要稍微有一点空，思想马上就跑到你那里去了。我总觉得有好多话要和你说。在这儿生活了几天对我来说是那么重要，你知道我觉得我自己好像是一个小孩子从没出过家门，而现在离开家，看见外面还有这样大的一个世界，觉得自己的胸怀开阔了很多很多。

现在工作进入四清的最紧张的阶段，开始干部下楼洗澡，我自己的工作始终还没有扭转这个被动的局面，真是感到很惭愧，有时甚至着急得想哭（当然没有哭）。我想这一切关键问题中对自己来说最主要的还是个阶级感情的问题，我一定得解决这个问题，否则我就是白下来了。是不？

我们现在已生火了。这里没有桌子、椅子，一切都坐在炕上，每次写点什么都搞得腰酸极了。这种工作方式我还很不习惯。皮背心收到了，很合适。好吃的东西已经快吃完了。我们到延庆去买了点榨菜和酱。因此每天中午的白薯就成了很丰富的午餐，男同志们都到这儿来"多吃多占"，热闹极了。

我已经好久没有收到你的信了，开始着急了，王乃壮回来说你还可以出去开会，可是"开会"并不能证明你的健康"良好"。你去看大夫了没有？汪老那儿去了没有？他

[1] 老妖即我系教授关肇邺，他是广东人，广东话称他"老友"，听起来像"老妖"因而得此外号。

不是有个治喘的药方吗?

  李阿姨做点什么你吃,希望你能给她提出点积极性的建议。我们这儿有位同志每天吃干紫菜,据说是很营养,而且有软化血管之功,我吃了点也别有风味,你是否也买点来吃。告诉李给你买点海蜇和海带吃。现在还吸那么多烟吗?

  妈妈和孩子们都好吗?告诉孩子给我写信。

  又是半夜了,明天还有很多工作,爱你,一百一万个。

眉
11.8 晚 12 时

眉爱：

又是一次昨天发出信，今天就得你信。看来我们的两封信是差不多同时发出，同时收到的。这封是你从延庆写回来的最丰富最生动的一封信。有风景，有天气，有工作，有生活，有思想，有感情。希望能多得这样的信。

今晚，也就是现在，孩子们还是来了。前天告诉林哲，这里冰冷，星四可以不来。但是，昨天正在吃晚饭的时候，也正是我已经冷得不知怎好的时候，忽然来了两个工人，说来检查暖气。原来，暖气已经开始来了。当然，我是乐得眉开眼笑，和尚袍也很快地脱掉了。今天，孩子们还不知道，姥姥叫他们来洗完澡就回去。因已无法通知姥姥，所以仍按原计划，洗完回去，免得姥姥等门。

天气冷，我就做了两桩"防寒"的家务劳动：

（1）我的毛衣，背心，等等前面领口多是V形的，有时那个"三角地带"只有一层衬衫，是"防寒工事"中一个"空白点"。因此，我找到一块略如这样⌒（长约一尺，宽约4寸）像条领子的黑呢料，折过来做成这样∨一块"帘子"，两角用按扣，扣在西装背心V形两侧的里面，穿戴起来成了这样子：穿起来挺起作用。但是又嘀咕，那是不是你留着还有用的一块料子。

（2）后门的纱门上，过去都是糊纸的，既易破，还要用许多小钉子拉上线。钉子撕过你的衣服，也撕过聋子[1]的衣服。因此今年我改用了一张塑料布，用从双层玻璃上拆下的木条压边钉牢。既结实，又利索，没有留在外面的小钉头。很满意。这块"布"是一块桌布，因此，多买了一块，铺在饭桌上，也把那块破旧的漆布遮盖起来。

此外，还有一项家务劳动，就是把那块凹凸不平的擦脚石打磨得十分"光滑"好用。有一天忽然想起石匠最后一道工序是用锤子在石面上锤打。一想那浮石全是小气泡，用磨、削、刨一类的方法总做不好，所以就用小锤子像敲锣打鼓那样，（应该说像和尚敲木鱼那样）轻轻地锤它，果然，既省力，又快，不大工夫就把它锤得非常"光滑"了。你把它带回来留下是否因为实在不好用？现在还要不要？如

---

[1] "聋子"，指保姆李阿姨。患有耳聋。

要用，可以给你带去。

近来我对于聋子的烹调艺术经常予以指点，她好像也渐渐摸出了我的口味，所以近几天来吃得挺香。请放心。

陶葆楷上鞍钢去了一趟，回来几天，政协又安排他去"三线"参观。但从鞍钢回来后，像我从新疆回来一样，他血压也到了180以上，结果被校医给"扣"下来了。前几天他来看我，相对"交流经验"，相对发了牢骚，相对"感叹"了一番！结论是："岁数到了"！

家里老老小小都好。已告诉孩子，星期天一定给妈妈写信。

成
65.11.11 晚

又：转椅已改成四腿椅，虽然腿微嫌粗了些，但已很满意了。

广播时间已改用冬季时间，有红点的有形势预报，有两个红点的有远郊区预报。

成爱：

在这里除了星期日邮差不送报来因此意识到今天是礼拜日外其他的时候完全失去星期几这个观念。今天又没有报了，因此就想起今天是星期日，同时也就特别想念你，你现在也变得懒起来了，信越来越少了。

今天我们算了一下大概还有十来天就又能去洗澡了，要是去县城洗澡时再给你打电话。

这里已开始开三干会，干部开始洗手洗澡，我们的队长和"政委"也都集中到公社去了，我们留在村里的7个成员颇有群龙无首之感，不过配合三干会村里发动群众的工作更为重要，领导又不在每个人都要动脑筋，充分发挥主观能动性，这一阶段的工作是四清工作的关键，只能搞好，不能搞坏。我的工作有了一点点好转，就是在某些时候自己的想法或看法能和大伙的意见一致，因此我想也许我慢慢的跟上来了。

你为什么又不上中医研究院去了呢？这真有点气人，你还是叫我放心放心，你看根本就是没法放心嘛！

在村子南面有一湾水池，里面养了鱼是大队的渔场，昨天傍晚从那里走过，池中的鱼不时跳出来，映着夕阳真是那么富有诗意，不过我想这大概还是属于一种什么阶级的情趣，但是说真的，当时确实使我有某种特殊的感觉，我想到我离开了你们到这儿来，这里的老乡，这一池水，这鱼儿和夕阳，和轰轰烈烈的四清运动，反正我无法把这一切组织在一起，但是我想我一定永远不会忘记这一刹那。

妈妈和孩子们都好吗？妈的糖尿病怎样了？孩子们怎样？成爱，有的时候我很惭愧，我觉得我把心都给了你了，留给孩子们太少了。怎么办呢？你来替我补上吧。

眉　亲你一百次
[1965.] 11.14

爱眉：

你看，多么凑巧，两封信又在长城内外的燕山道上对面错过了。你说我"也变得懒起来了。信越来越少了"，可真是冤枉好人。在家里日复一日地重复着过日子，也没有什么"新闻"，还每周至少两封，这"懒"字、"少"字用得不太恰当吧？！为了证明你用字不当，下午收到你信，晚上就拿起纸笔来"还击"！事实是，我每天都想写信给你。但是，没有"新闻"，没有事，也没有什么学习心得，而只有情；写来写去，最想写的就是，"我爱你，想你"等等，那又怎能这样天天写呢？

关于上中医研究院：改换的医疗证已发回来，本星六或下星二一定去找徐老看看。血压已经平复稳定下来，但仍晕仍喘。记得去年我停止吃降压药，很快就不晕了。因此我从今天起（未同王大夫商量）已停吃降压灵，看效果如何。姥姥的糖尿情况我没有去了解。本周末见到林洛打听打听。我看她情况像挺好，请你放心！

知道你工作有了好转，高兴极了。你是在第一线干革命，革农村中资产阶级的命，同时革你自己的资产阶级的命。希望你努力"杀敌"。祝你胜利！你知道我多么羡慕你吗？有时也有点"自怜"——以我这年龄和健康情况，这辈子永远没有可能像你这样战斗在第一线了！

今天晚报有一条关于《北京农业的大跃进》在怀柔一渡河放映的消息。我想不久也会在中羊坊放映。那是你们极重要的教材、课本，一定要去看，一定要最大可能地发挥它在四清中的作用。另外，这一期《人民文学》有两篇农村知识青年等的极其动人的短篇小说，刘白羽还为它们写了一篇介绍性的文章，对你们也许有用。过几天给你寄去。至于你的"一池水，这鱼儿和夕阳，和轰轰烈烈的四清运动"，为什么不能组织到一起呢？把水利搞得更好，大力发展渔业，迎接明天又一个明天的红太阳，不就是你四清运动的目的吗？

昨今两天，在这小楼中，我也或多或少地"紧张"了一阵子。昨天中午，校长办公室通知我：前几天到京的、经过两个多月激烈斗争才来到中国参加中日青年联欢的日本青年要来清华，其中一部分将到一些老教授家里访问，有刘老[1]、金希武、张光斗、梁思成等。于是梁教授

---

[1] "刘老"，指刘仙洲教授。

就紧张起来了。但是晕叨叨气喘吁吁地怎好接待一帮生龙活虎的日本青年呢？嘀咕了一夜又一上午，鼓起"勇气"打了个电话，请求"免役"。当然，学校立即同意。我才松了一口气。

明天下午，常委会要听取农业部1965年农业生产情况的报告，我却可以摇摇晃晃地去听！此外我还有个"雄心大志"。得到"请柬"，大寨或典型展览每星期四晚专门为"领导同志"开放。我本想明晚去看。但下午既有会，为了劳逸结合，也许延到下周去了。我若去，就让孩子们早一天或迟一天来洗澡，聊天，住下。努力"补"做妈妈。

过去半个月，学校电杆全部改用钢筋砼杆，每天白天停电，有时到天将黑才供电。但是昨天，17：45已将黑透了，电还不来，一直到将近19：00才"放光明"。毫无办法，只好做了一小时的"气功"！今天晚上电也来得不太早，大概18：00才来，"气功"就做得少了些。据说已完全换完，明天起不停电了。但"气功"还要做下去。

天气越来越冷了。你的衣服等等够吗？真不放心。在这里，还只是早晚供暖，黄昏时分还需要穿和尚袍呢。

你去洗澡时，最好还是中午给我电话。虽然我在家时多，但上下午总有出去的可能。我却不愿意你"扑个空"。我在等着呢！既将去洗澡，要不要那块打磨得十分"流畅"的擦脚石呢？有便车给你带去好不好？

好了，又是三张纸了。"懒"字帽子可以摘掉了吧！爱你，爱你，千百次亲你。

成

65.11.17 晚

眉爱：

你还好意思说我懒？！看，又是一封！

这封信的主要内容有：1. 前天晚上去看了大寨式农业典型展览；2. 今天去人大常委会听取了农业部副部长吴振的报告；3. 今天"大兴土木"，把漏水的溪盆补好；4. 昨晚孩子来了。

你们在四清前线的同志对大寨典型展览一定会感到特别的兴趣。展览会中有全国五十多个典型展出。头一个面对大门的就是大寨，有照片，有模型，有些简要说明和数字。刚开始看，就和杨明轩赶到一起，他是一个人，我也一个人，他就拉住我做伴。展览会的工作人员，对这位副委员长照顾得特别周到。陪我们的是山西农业厅的一位干部，他有时自己讲，有时告诉讲解员："别背词儿，就像说话那样说，说慢点儿！"因此听得清楚，看得清楚。看累了坐坐，讲解员就来你面前"说"。她们说的大寨，那股革命干劲，加上那么些相片，有时听得我几乎落泪。那位山西干部时不时还插上几句，就更加亲切生动了。我们只看了几个：大寨之外，有上海市的、北京市的、山东的下丁家大队、内蒙的当铺地大队，还有一个陕北米脂县的××大队。有山区的，有平原的，有北方的，有南方的，有干旱地区的，有水乡的。各有春秋。大寨和下丁家还有模型，都是"今昔对比"的模型各一：一个是改造前的穷山恶水，一个（比例尺大约四倍）是现状，看了真叫人肃然起敬，令人鼓舞、感动。内蒙的当铺地是1961年我去过的。四年前就已十分动人。那正是1930年梁思永去考古过的地方。我曾在报上写了一篇短文，并刊出了思永当年的照片（沙漠）和我照的"塞北江南"作对比。现在又更好得多了。下丁家的讲解员是个又红又黑又粗又壮（个子却不大）的下丁家姑娘；上海市的讲解员却是个满脸雀斑子的略略放大一点的黄莉莉，那样斯文，一口略带上海味儿的北京话。谁能想像她们同样是那样干劲冲天革地球的命的红色接班人呢！至于咱们的北京市，谁说连续六年每年粮食增产16%（我算尺拉了一下，等于六年内增产146%！）但照片上却没有什么动人的镜头。模型很说明问题，但未得细看。已与杨明老约好，下星期四晚再去看。我多么多么愿意同你一起看呀！但是，下星四我只好约良镛、小石一起去了。

（好了，已是晚十点了。虽然今晚澡盆不能用，但也需要准备夜宵、睡觉了。明天（星期天）继续。11-20，星日晚。）

再拿起笔来，已经是12小时以后了。正要开始写，林哲忽然进来。正好，昨天（星六）下午，阿兰送来了今晨10：00时电影票（票后写一个"苦"字，可能是《苦菜花》），晚饭后，又懒又黑，没有送去，今早又忘了，他拿着就跑了。

第二项"主要内容"：吴振作了《关于依靠大寨精神1965年农业生产获得丰收情况的报告》，又是一个好收成，令人振奋。尽管今年春天南方冷，夏天北方"稻频旱"，但粮食仍比去年增产200亿斤，其中稻子（大米）100余亿斤、棉花可达3700万担以上，比去年增13%，油料增6%，甘蔗增产29%，甜菜增30%，猪1.65亿头，增1300万头，羊1.49亿头，增1200万头，等等。我从新疆回来后，就得出一个结论：要农业增产，首先要革地球的命，而要革地球的命，首先要革人的思想的命。思想革命化，必须落实到生产中去。吴振说："所谓大寨精神，就是高举毛泽东思想的伟大红旗，坚持总路线，以阶级斗争为纲，依靠人民公社集体力量，发扬共产主义风格，实干、苦干、穷干、巧干、吃大苦、耐大劳的自力更生精神，也就是毛泽东思想在农业上的具体化"。从大寨展览和他的报告中可以看到，我们已经摸索出一条从根本上解决农业问题的道路来了。吴振举了不少动人的例子，其中一个给我印象最深的是：山东省鱼台县，在四清之后，"在兴修水利的基础上，把过去只种一季麦的土地，改成稻麦两熟，全县粮食总产量，由去年的二千万斤，一跃而为今年的二亿斤，是原来的十倍"！！！现在全国16亿亩可耕地中，"大寨化"的不过五千万亩。吴振说："大有潜力（这是客观存在的），大有可为（这要看主观努力了）"。你们延庆是北京市唯一的落后县。想想，你们的四清工作对延庆将要起多大影响，这就要看你们的工作做得怎样了。

第三件事：浴盆漏水越来越厉害，前几天我索性打着手电，趴下去检查，发现下水管往下滴水。找来水暖工人同看，结论是浴盆下水口的周围漏水。昨天管子工带来瓦工，将瓷砖凿开，用水泥扎扎实实地填补上，又补上新瓷砖。今天试验，已一滴不漏了。过去每浴就泛滥的"水灾"已经根除了。

星期四晚因去看大寨展览，所以让孩子们改在星五（昨晚）来。这几次孩子们来，都没有带课本。彤说：都做完了。这我相信。哲这样说，我就不相信。当然更往前两个星四，他去劳动，不做功课是可以的。昨晚他带着一本《中学生》来，对书中一篇自制矿石收音机发生极大兴趣，问我这个或那个零件的价钱，我当然一无所知。我说，既然中学生可以自己做，想来不会贵。我鼓励他做，但必须保证做成功，不得半途而废；只许成功，不许失败，最好向老师或懂的、会做的、或正在做的同学请教，或一起做。我让他去打听价钱。今天中午他到海淀去打听回来了，共 1.96 元。我已给他钱去买去了。他还有 $1\frac{1}{2}$ 月就要脱掉红领巾，再有 $1\frac{1}{2}$ 年（如果考试过得了关的话）就要初中毕业了。（那时他将是 $16\frac{1}{2}$ 岁）。但愿他考上高中。但若考不上也可坏事变成好事。我极力主张他到农村中去，在生产斗争、科学实验中去革自己的命。他是个聪明孩子，也许"劳动大学"是他应上的"学校"。说来说去，我总觉得我这爹爹没有做到自己的一份，更不用说"补"妈妈的一份了。

最后加一个"项目"：我已经把你的台灯换上一个有开关的灯口，早早做好准备迎接我的眉胜利归来。

> 成
>
> [1965-] 11-21，星期日

成：

老妖明天回北京,他告诉我,要托他办事必须在9点以前交待,现在是6:30,我又马上就得去开会因此写几个字给你。

关于那块石头可交老妖带来,另外,找两双毛袜及你要给我的《人民文学》一齐托他带来,行了,我想你大概也只能完成这几件事,可能他回清华的时间很短,别的事也没法办了。

眉

[1965.] 11.22

爱眉：

　　昨天老妖来，正在午饭前几分钟，也真意外。你认为已经够我做的三件大事，不到两分钟也就完成了。从关的谈话中，多少得到一个印象：你们偶尔吃点什么"好吃的"，也不致造成不良影响，经过再三犹豫，毅然决然托他带去一盒瓜干。当然，你们一集中兵力，不到几分钟就可以把它歼灭了。想吃什么？告诉我，给你带去。福建肉松之类的东西何如？

　　今天我已经把"小木作制度"中可以注释的全部做完了。这又是一个重要的段落。"小木作"中还有三卷"佛道帐"——供佛像、道像的神龛。我们拟不注释，但仍须校核错字，加标点符号。只是"机械性"的工作。但仍须亲自动手。再下一步就是注释"彩画作制度"。文字工作不太多。年内也许可以完成。老实说，做这工作的现实意义实在不大，我已有不小的急躁情绪了。

　　明天上中医研究院的意图又"吹"了——"出无车"。拟改在星期六去。

　　今天的《北京日报》寄去。第一版是本市郊区搞水利的报道。第四版是大寨典型展览会的介绍——当铺地大队。延庆的工程跟你们中羊坊有关系吗？

　　托老妖带去的吴振的报告，看完后寄回。虽然不保密，可以在干部中传阅，但是"内部文件"，千万不可遗失！

　　千：百：次……

成
1965.11.24 晚

　　又：孩子们都在这里。小妞正在洗澡。

　　带去的石头，这次已赶不上发挥作用了。

成爱：

　　昨夜大风，我们这间屋子受到了最严峻的考验。我们炕头的窗纸破了好几个小洞（你带来的绵纸还没用）因此虽然把被子包得严严的鼻子却被从小洞中进来的冷风吹得冰凉，因此，使人非常突出的意识鼻子的存在，不知为什么这个小小的存在使人不能很快睡着，今早冒着大风等了半小时公共汽车进城去洗澡，又冻得够呛，不过我想很快就能给你打电话了，心里挺高兴的，也就不太冷了。今天洗澡一下子就花了十块钱，回来算吃了一惊。我们买了两斤咸菜、两斤油茶、两瓶奶粉，因为现在吃两顿饭，我们没有把三顿饭的东西分两顿吃下去的本事，特别我早上只能吃一点，因此中午和晚上就饿得不行，中午老乡给我们带点白薯回来吃，但晚上就得自己解决，有时吃点饼干什么的。以上是24号晚写的。

　　昨天老妖回来告诉我说你喘得很利害，到底你健康情况怎样可得老实告诉我，不然我更不放心了，现在我已经就急死了，上中医研究院去看了没有？吃了药见不见好？一定要按时吃药，药吃完了就接着去看。上次我告诉你吃紫菜你吃了没有，不是做菜吃而是一片一片干的就这么吃，每天吃两三片当药吃，它可以软化血管等。

　　李阿姨的饭菜做得怎样，你饭吃得多吗？烟还吸得那样多吗？一切一切我都非常不放心，你可要小心。

洙
11.26

爱眉：

无论生活是多么正常地运转，"新闻"总是有一些的。

先补充一点上次去听农业部报告的"花絮"：一进会议室，看见"列席"很靠后边一排最靠边的一个座位上，坐着一个穿藏袍的"光头"，低头作看文件状，既不东张，也不西望，原来是班禅。有一年多没有看见他了。

星期四晚，继续（第二次）去看大寨展览，汪坦、吴良镛一起去的。去以前，我告诉他们，在这些农田基本建设中，很有些可供我们搞建筑规划、设计方面借鉴的东西。他们二人去了，越看越兴奋——当然主要是由于展览中所看到的革命干劲，但同时也看到农民们在土、建、水方面因地制宜、就地取材，因材制宜的无穷智慧，受到很大启发，也看到不少创造性的乡村规划。江苏启东县的一幅航空鸟瞰照片最有意思，良镛看见简直跳起来了。在整幅画面上，一望无际的就是这样的长方格，像是用丁尺、三角板画出来的。方格的"线"都是大大小小的灌渠，渠旁是路。每块格子长约1000米，宽约300—400米。沿渠路边上是农民的房子。一个生产队都一字排列，就负责那一排"格子"。真是妙极了。启东县是靠近长江口的盐城地区，本是低产区，经过引江水洗盐碱，采取措施控制盐碱上泛，成了稳产、高产县。他们这种规划布局是我们这些搞建筑的人所绝不敢做的。我们还是没有看完，下星四晚准备再去。吴、汪都说下次要带本子去抄、描、记下来。

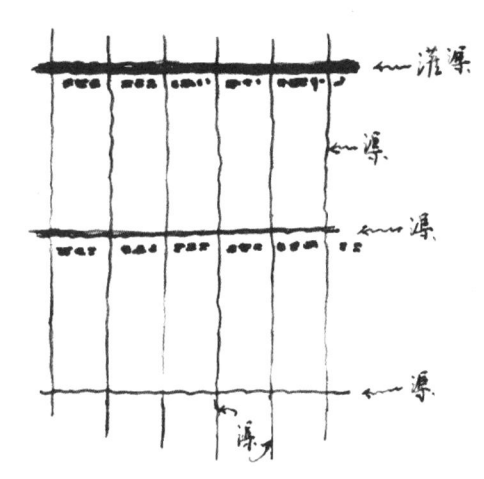

昨天（星六），我上中医研究院去找徐老看了。老先生说我的晕和喘主要是由于"痰"。那就是说，由于大大小小气管中都有分泌，呼吸不畅。所以给我"化痰"。另一原因是"虚"，所以方子里也有"补"的药。他说还可以继续吃首乌延寿片。昨晚今晨已服了第一剂药了。在预约好去看病后，人大常委会开会的通知也来了。时间正冲突。是听取化工部报告。我想：不能再改时间了，所以请假未去开会。

昨晚晚饭后，正在打算上普吉院去看看，忽然孩子们冲进来说："三阿姨来了。"接着林洛、林汗也进来了。林汗是来看法国工业展览的。两位小姨子各洗了一个澡。

估计你的邮票快用完了。现在附寄15张，可以用到春节而有余了。爱你！

成
65.11.28 上午

王钟惠每星日来量一次血压。今天刚来过，是160/80。

沫爱：

　　到现在（晚饭后）还像在做梦一样。突然间，你回来了，给了我无比甜蜜幸福的三天；到了时候，你又走了。这不像是神话里的三天吗？这是真的还是梦境？真有点这样的感觉。

　　10：47，我就站到阳台上，"竖起耳朵"听，听，听。到10：51，才听见不太响的汽笛声，和隐隐的车轮击轨声。汽笛连续叫了六七次，轮轨声持续了约两分钟，就再也听不见了。我想像，你已经过了五道口，向清河那方向去了。11：35，我"跟"着你到了南口，停车十分钟，也许你下来在站台上活动活动。12：40我才吃饭，也就是我吃饭的时间，你无疑在青龙桥车站站台上"盼"了万里长城。13：20，听完天气预报，就为你着急，赶着去赶上延庆的车。睡醒午觉已是15：35，但愿你已顺利地回到中羊坊了。11：10姥姥曾来电话，问你走了没有，我就把你的行程如实汇报。

　　你这次回来，使我对你那里的情况有了比较具体的印象，消除了许多"神秘感"，希望你回去后，把工作做好，把四清做透。

　　明天上午常委会，听取教育部关于半工（农）半读教育的报告，我有点懒洋洋，还未决定去不去呢。

　　赵朴初《采桑子》寄上。

成　千百次
65—12—3晚

爱眉：

你看，我又在不由自主地拿起笔来给你写信了。

前天晚上信说有点懒洋洋的。但昨天早上醒来，"懒"劲全消了，所以还是去出席了常委会。听了报告，使我对半工（半农）半读有了进一步的认识。但是，具体到清华、到土建系，怎样才能更好地做到这一点，我却心中无数。

昨天下午3:30，午睡醒来刚穿好衣服，徒弟忽然来了。我本已约好4:00去理发，所以拉他陪我一直走到二院理发部。听他说来，工作做得还不坏，很高兴；但又害怕，怕以后文委又来抓差。理发回来，天已黑了。来回在路上走了将近一小时！

昨天上午进城时，党委会一位同志搭车，说是上市委领毛主席语录，党员每人将发一册；此外，党外同志也可买一册。回来时，车后座上已经"满载"而归。我已向小茜预定了买一册。据说星期一二就发。这样，你要语录的问题也就解决了。

今天星期天，下午4:00散步到普吉院。姥姥正在包饺子，说本要给我送去，现在既来，就在这里吃吧。于是我就在普吉院吃了饺子才回来。回来已7:30，拿起笔来就给你写信。

天气越来越冷了，你够暖和吗？可千万小心。

成
65.12.5 晚

你走后关肇邺来了信，要办的事已交待国伟代办了。

洙爱：

　　前天晚上写了一信，昨天早晨进城时揣在兜里准备去路上投入邮筒，但在车上，与汪坦、汪国瑜聊天，忘记了。其结果，又揣了回来。回来后，本想即寄，但想想，索性等等，看能否得你信，一直到今晚，还未等到，所以现在就再加这封，一同寄去。

　　昨天上午是北京市土建学会代表大会和年会的开幕式。我本想不去，但沈勃等人不断蘑菇的结果，还是去了。我仅仅宣布大会开幕、"请钟森副理事长作工作报告"；报告毕，我又宣布"休息十五分钟"。这一休息，我就回清华来"休息"了。

　　今天上午，我又上中医研究院去了。我只能告诉徐老略有好转，但仍晕仍喘。他又给我开了方子，共七服，并嘱下星二再去。从医院出来，顺便到颐和园去看了一下德和园前折通宜芸馆东厢房的效果。远出意外地满意。漂亮极了。长廊东头邀月门南侧也打通一间廊子，直通廊南湖边漫道，也极好。一个人慢悠悠地逛了一趟颐和园，回来已十一点。

　　下午3：20才醒，漫步到系馆，看了徒弟，到总支领了语录，又为你买了一本，回到家已5：30！现将语录、前天写的信、这封信，以及无穷无尽的爱一起寄去。

　　　　　　　　　　　　　　　　　　　　　　　　成
　　　　　　　　　　　　　　　　　　　　　65.12.7晚

爱、爱成：

　　回来又已七天了，明天邮差不来这封信还得四天才能到家，想你一定等急了，一定要生气了，三号那天上了火车正在东张西望，就见到老杨迎面跑来帮我提了大包，我们一见面真是欢喜异常，她告诉我说比我们先两天回来的朱嘉琛也在火车上，因此我们三人"独"霸了两条长座，说说笑笑感觉上只一小会儿就到了康庄，汽车连接得很紧，很顺利的就回到长辛店来了，我们走后小周一人把屋子弄得乱七八糟火也灭了，我们进门时她正在生火，看见我们回来又高兴又抱歉，高兴的是我们都回来了，抱歉的是没有预备一个暖暖的屋子。这次比较了一下火车比汽车有极大的优越性，火车又暖和，又舒服，还有茶水，汽车又挤又冷，又得走路，下次要再单独回去一定坐火车走。分团有新的规定两月内可休假一次回家探亲。不过下次探亲就在春节了。那是集体走。上次因在火车上太暖，下车着了凉，回来就头痛异常，第二天病了一天，吃了点牛黄解毒就好了。老杨、老朱也感冒了。

　　王一之同志病了，已回北京住院，因此队长的工作很重，我们队员也都得多担些分量，我现在除妇女及五队的工作外，又加上贫协的工作，任务不轻，但是应当挑重担子，我觉得自己这次下来最初没有挑重担子的思想准备，是个很大的错误，说明对自己要求不高。现在自己独立工作的能力还是较差的，不过老杨是个老队员，我得到她很大帮助。这几天工作是够忙的了，回去了一趟好像安心了很多，当然还是想你，爱你，就是不像以前那样把心提到半空中。这两天这里很暖就是风大讨厌极了。

　　主席语录已收到，高兴得要命。

眉

1965.12.10

洙：

非常高兴你上车就找到老杨，并且那样顺利地回到中羊坊，但是，我就怕你着凉，果然你感冒了。好在一天就好了。我每天中午都听延庆的天气预报，为你们那里的五六级乃至七级的大风而替你着急，你可得小心呀！

担子重，对你是锻炼，希望你尽最大努力把它做好。有问题向主席请教，希望很好地发挥《语录》的作用。当然，还要请工作队的同志帮助，向贫下中农请教。当然，我这些话都是抽象概念的，我根本没有做过这种工作，不过，有人从旁指手画脚地发点议论，也应该是允许的。

昨天上午发现老太太又病了，有点感冒，并且呕吐。星期三天气很好，她出去了一趟，到照澜院买了些猪肝，吃了不消化。到下午，看见她又在屋里扫地。我以为没有什么关系了。但是今天早上，她发了39℃的烧，非常疲倦虚弱的样子。11：00点钟惠来，说校内正有流感，可能是那天出去感染上了。他说不要紧，给了连翘解毒片，和治咳，助消化的药。

今天天朗气清，早上以"送财童子"的身份到普吉院，妈妈也有一小点轻微感冒，不过看来不要紧。

至于我自己，几天就在小楼上"正常运转"，没有任何"事故"，也没有加班加点超额完成任务，没有什么可"汇报"的。

你既然发现了坐火车的优越性，虽然你自己已经不会在春节前单独回来，但别人也许有用，所以将铁路行车表的其他车次抄一张寄去。

成

65—12—12 晚

313次		314次	316次
10:41	西直门	19:00	12:47
10:47 10:48	清华园	18:51（?）	12:40（?）
11:35 11:45	南口	17:58 17:44	11:52 11:40
12:48 12:58	青龙桥	16:33 16:23	10:29 10:19
13:19	康庄	15:59	9:55

其他车次：快车在清华园不停，或时间不合适，故未录。

314、316到达清华园时间是我大致推测的。

成爱：

　　接你来信，知道老太太病了，清华又闹流感，我的心又提到半空中来了，十分害怕老太太会出什么问题，或者你会为老太太的病拖累也感染了流感，一连串的事都在脑中出现，真叫人担心。你身体可得千万小心，告诉李阿姨她做完饭就在老太太屋里呆着，哪儿也别去，否则老太太叫人她听不见，你更不能上下来回跑，有必要再把海淀关书琴[1]叫来几天也可。反正你得十二万分的注意，有必要把老人送医院去也是一个办法。

　　延庆大风天冷极了，真是滴水成冰，我因13号去靳家堡开会又感冒发烧，14日大夫给了合霉素吃后产生过敏，因此又做了静脉注射（葡萄糖）及各种脱敏药，我们的小屋成了个临时医院，虽然现在已好，但为此到今天还被禁闭在屋里什么事也没干，你们可千万注意别乱吃合霉素了。

　　有空请妈妈问一下小强他的军大衣是否的确不用，要真不用的话托人带下，因为我这棉上衣太小，里面穿上棉袄就不行了，我一切都好，你放心，你自己可得千万小心，又小心，爱你亲你。

眉
1965.12.16

　　假如你没空，或者没有棉衣就算了，我的衣服是够用了，只是棉衣穿上厚了些。

[1] 关书琴，我们的保姆。

沫：

今晚（22日）正在吃晚饭将完时，忽然出现了苗合作，带来信，真高兴。吃晚饭开始时，林哲穿着一件军大衣，蛮神气地走进来，送上楼后，匆匆就回普吉院吃饭去了。你看，这事办得多么紧凑。现在，已由老苗拿走，等他回到中羊坊，你就可免感冒了。还有凑巧的，昨天下午进城向黄炎培遗体"告别"，顺便带回一斤（散装）奶粉，懒了一下，未装进瓶里，现在也原封不动地托苗带去。只有肉松，明天去买。奶粉是没有糖的，所以又加带半斤糖，并将可可粉也带去一些。为此，还加上一把小调羹。

和你所顾虑相反，我非常小心，没有丝毫感冒，一切都好，请一千个一万个放心，踏踏实实地，全心全意地做好你的工作。

前两次关、王[1]来，我都未和他们多打听你们的工作，这回苗来，都谈了约一个小时，知道你工作做得挺不错，并且思想认识有所提高。他还说你肯动脑筋，能分析工作，挺认真、踏实。这一切使我非常高兴。上次寄去晚报上姚惠文（？）的那篇短文，觉得"找到距离，缩短距离"这几个字十分深刻。后来我进一步想：这"距离"，这个"找"和"缩短"，还应该用在其他许多方面，例如自己在思想感情上和党的距离；在贯彻执行党的方针政策上，自己的领会和政策方针的精神实质的距离；自己所完成的任务和党所要求的距离；自己在修养上和党对一个党员所要求的标准（亦即以一个党员的标准来衡量自己）的距离等等。我想诸如此类的"距离"都可以细细地"找找"，努力把它"缩短"。这应该是一个决心改造自己的人对自己的要求。你说是不是？你知道我是多么殷切地企望着你在改造客观世界的斗争实践中同时改造你自己吗？我相信有朝一日，我会成为一个共产党员的丈夫的。

明天早上我又要到中医研究院去看徐老了。这将是第四次，已吃了他24服药，晕的现象（除非我剧烈地转向）已基本上消除，喘也大见减轻。我会为革命而珍惜自己的健康的。你放心好了。

暖了几天，听形势预报，又像要转冷一阵了。但愿老苗及早把大衣送到你身上。不到一个月，你就回来了。这一个月也是"数九"寒天，千万小心。老太太的病已完全好了，胃口也渐恢复，但

---

[1] "关、王"，指关肇业、王乃壮。他们都是建筑系教师。

仍虚弱，明天也许要动员她下床活动活动了。

这两天读了《艳阳天》，是一部非常好的讲农村两条路线斗争的小说。春节回来时读读，对你工作可能有帮助。

爱你想你，一千个、一万个

成

65.12.22 晚

洙：

今天徐老看病时，说脉、气都很好。给我开了两种丸药：一种对"血"有些什么作用；一种对"气"有些什么作用；各20丸，每天早晚各一丸；两种隔日交替服用。20天后，仍服首乌延寿片，同时服"天王补心片"。除非有什么不舒服症象，下周起就不必再去了。这样，我也可以向你交差了。

张锦秋、苏则民各交来一篇论文稿，要我看，这就是这几天的主要工作。

报上讨论吴晗的海瑞和清官的文章，对我帮助很大。我们搞历史的人，一离开正确的阶级观点，就要走入歧途。一向自大自信的吴晗这几天大概日子不好过。我是"曾经沧海"的人。这次就看吴晗怎样认识这些批评了。

离春节只有四周了，在盼着等着你回来。

成

65.12.23.

成：

　　我们工作队这几天在整训，总结工作，提高思想，统一认识。给我看病的大夫是个广东人真是位绝妙的人物，他一走我就学他的广东官话，大家听了却笑得不行。成，最近我们队新来一位队员，是北医的一位医生，此人很有趣。我们还送他一个外号叫"低血糖"，因为他一来给我们看病就和我们大讲"低血糖"是一种什么病，而且他自己就患这种病，这几天"低血糖"思想斗争非常激烈，因为他们学习了卫生部的文件号召医务人员下乡安家落户，那天他和我们谈起此事，而问我们说"你说我应当怎么表示态度"，因此这句话也就变成了我们玩笑的中心，一讨论什么就会有人冷不防来一句"你说我应当怎么表示态度"，于是就会有一场大笑。我们这儿也成立了废协，万学文是废协主席，王乃壮是副主席，回我们屋时，我想起人家是废协会员、废协主席，因此把这事告诉了老朱。她似乎很感兴趣，老朱是个话剧演员，她非常富有生活气息，是个很好玩的人。小周为了元旦的演出已调分团（靳家堡）排剧去了。好了，新闻都说完了，正经事写来太费劲，不写了，深长的亲你。

　　　　　　　　　　　　　　　　　　　　　　　　　眉
　　　　　　　　　　　　　　　　　　　　　　　1965.12.22.

爱尼尼：

真是好久好久没有写信了，特别是 24 日收到你那封关于"低血糖"的颇有闲情逸致的信，到今天已是第四天了。

从"低血糖"说起：原来前几天徐伯安也害了一场同你完全相同的病。他有点感冒，看见屋里一包药，上有"感冒"二字，不管三七二十一，抓了两粒就吞了下去，结果有反应，皮肤上有些溃烂，打了若干针葡萄糖钙静脉注射才好了。这不是和你完全一样吗？合霉素不是一味随便可吃的药。可要警惕。

老太太已完全好了。今天已有说有笑地恢复"正常"。我也完全"正常"。姥姥，孩子们，林洛个个都"正常"。你完完全全地放心好了。

星期五公祭黄炎培，跑了一趟中山公园、八宝山。下午开了一次支部（城市、历史、美术合并的）会，只有吴良镛、陈保荣、徐伯安、我四个人！这是三个月来第一次组织生活。看来要等你们四清完了，组织生活才能恢复"正常化"了。

这几天没有写信的主要原因是时间被张锦秋、苏则民的两篇论文占去了。今天下午已把他们分别找来谈了各一小时，完成了任务。张的论文改得较多，用的时间也多些。

我的《法式》已经放下一个多星期了，原因：（1）《艳阳天》，（2）吴晗的"海瑞"，（3）两篇研究生论文。今天看完了论文，吴晗的"自我批评"也发表了。这些"障碍"消除了，"天下太平"了，所以可以又回到《法式》上去了。

成

65.12.27 晚

沫，我的眉

现在是除夕将近9:30了，刚从普吉院吃过"年夜饭"回来。

已经好久好久没有收到你信了——前一封是你22日写，我24日收到的。已经整整一周了，多么想看到你的几个字呀！苗合作带回去的东西都"欢迎"吗？

过去这几天，为死人进了三次城，罗隆基、黄炎培，昨天又加上一个钱崇澍。钱崇澍的公祭，引起我一些非常恶劣的联想。我想到：钱老也只是一个常委，身后在中山堂公祭，有毛主席、刘主席、周总理……等领导人的花圈，有一对对肃立的仪仗兵。那么，我将来身后也会得到这样的"哀荣"。（！！！）你看，这种虚荣心，这种可耻的个人英雄主义，一下子就冒出来了！一下子，我立刻意识到这是多么可耻的念头。一个共产党员在这样的时候怎么会想到这上头去？！我的世界观还远没有端正树立起来呢！这一发现使我震动极大。有这样杂念的人怎能全心全意地为人民服务呢？这样一个思想上的冲击，我必须向你坦白交代。

去公祭以前，因与李辑祥、张任同车（他们开市人委市政协的联席会议），时间比我的早约一小时，因此我到百货大楼去了一次。到时门尚未开。等了五分钟，门开了，（顾客不多）上到三层，问清楚了，只有14"的电视机，因此，我的"积极性"又下降到0℃左右了。你说，是一直再等下去呢，抑或就买一个14"的呢？

上一封信说吴晗的检讨出来了，以为"告一段落"了。但后来再细读吴文，觉得他检查得太肤浅，根本没有接触到他思想的本质问题。果不其然，接着，对他的检讨的更尖锐、深刻的批评又一篇接着一篇地出来了。我还要跟上去好好学习呢。

昨天下午又开了一次常委会，通过了人大大会延期召开的议案（报上未发表，因此也请勿"广播"），还听取了第一轻工业部的报告。这样的报告，每一次对我都是一次极好的社会主义教育。苏联革命后，路越走越歪，我们伟大的党，在这十六年中，却把这条路摸出来了。正如朱委员长所说，我们已为全世界树立了一块社会主义的样板田，（而且多么大的一块样板田呀！）它对于一切要革命的人民和国家、民族的影响是无可限量的。多么令人欢欣鼓舞呀。我真是感到以我们能生活在这伟大的毛泽东时代而无比自豪。我是以这样兴奋的心情迎接"三五"的第一年——1966年的。你一定也同我一样吧？！

成
65除夕十时半

洙，爱：

元旦之夜到怀仁堂看了红线女的《山乡风云》（粤剧），很好。在这戏里她扮演游击队的女连长，十分顽强、英勇、机智。回想1962年我们到颐和园看她，她准备编"黛玉焚稿"，还要我给她设计布景。焚稿的黛玉忽然变成了手执驳壳枪的刘连长。这不正是几年来在文艺界（以及整个社会中）阶级斗争的具体反映吗？

元旦和2日两天，无非都是被动或主动地相互拜年。2号我树立了雄心大志和"长远"目标，走到汪坦家去了一趟。3号（昨天）上午到工字厅开了一个党员教授会，晚上小石来谈了一晚上。此外就没有别的了。

元旦同李酉山谈起电视机问题，他劝我再等些日子，估计新型的大电视机可能不久就"上市"。因此，我已决定暂缓置这份"家当"了。

上月23日起改服徐老开的丸药以后，好像是从1966年起，有显著好转，无论晕和喘的情况，基本上差不多恢复到去年上新疆以前的情况了。

老太太已经完全好了。每天有说有笑，好像很高兴。前天（或大前天？）同我扯，问你什么时候回来。当她知道春节后你还要回去的时候，大失所望，于是大大地表扬了你一番，说你"一点也不懒"，"细心"，"会体贴人"，"做事有条理，手脚麻利"，你"不在家，什么都弄得不方便"，……等等。最后建议："过了阴历年叫她不要回去了"。她认为"下乡去干革命，也不能把家甩下不管呀"。我告诉她和你同住的女同志都有两三岁的孩子，交给保姆就下乡了。人家想孩子，不放心孩子，想得厉害，人家还不回来，林洙比人家条件好多了，怎可以回来呢？她听了好像恍然大悟，无可奈何地叹了一口气说："早点做完早点回来就好了。"

《参考资料》从元旦起改由新华社用挂号信的方式每天寄给我，要迟一天才收到，真叫人着急。

好了，"新闻报告完了"。

成
66.1.4 上午

洙，眉爱：

在小石带回口信后，已经不再想你的信了。完全出乎意料之外，竟然还收到一封。虽然短短几个字，好像字字值千金。真正是喜出望外。

这一个星期以来，除了星期天到中央统战部去开了一下午的会之外，都老老实实地呆在清华园内，哪里也没有去"疯"。但就是统战部这会，却冲掉了我和小妞子的一个约会。我本约她星期日晚八点到大礼堂看《山村姐妹》电影，但我到家时已近7:30，吃完晚饭已过了八点了。好在这电影她已在元旦时看过，她虽然很想再看，但"损失"不大。

星一下午在总支开会，五点就结束，我是坐老陶的三轮来回的。晚上八点有《平原游击队》，所以小妞还是陪我看了一场电影。正如你所说，这孩子真是乖极了。回到家已10:20，她要我给她把闹钟放到六点半。我说已经放假了，不用闹钟，什么时候醒了什么时候起床不好吗？她说她们小组已定了寒假计划，每天七点起床，七点半帮姥姥做家务劳动，八点半复习功课，九点半做完就去玩。她说："你不给我开闹钟，就会破坏我的计划。"（好大的罪名！）我说你骑车回去仅要五分钟，所以她才同意把闹钟放在七点前十分。第二天，她按时起床，回去坚决执行她的计划去了。她和林哲多么不同呀！真是个可爱的孩子。她还隔几天在下午来同我聊一小会儿天，每次都拉着个同学来。今天下午又来了一趟。

工资已发，知道你那20元还是在荆家堡发。春节已近，拟多送20元到姥姥那里，因为总不免有些额外开支的。

昨天下午在家里开了一次系核心会。

好了，新闻报告完了！

成

66.1.12 晚

又：夏斯特里[1]那反动鬼死了，我说不出的幸灾乐祸地高兴！这老鬼无疑是在内外交困、心劳日绌的情况下急死的！活该！

[1] 印度政治家，继尼赫鲁之后出任印度总理。1966年1月11日病逝。

眉，爱：

九天时间过得真快。你8:25离开家门，这家里立即又回到那冷冷清清的境界中去了。将近中午时，林哲来取走了他的教科书等等。下午，林彤来代姥姥取去了《艳阳天》。这次她来，故意先敲门，我连叫三次"请进"，她才进来，哈哈大笑，"爹爹，是我！"这孩子总是那样笑嘻嘻地淘气，亲热。我承认我有极大的偏心眼儿。

正如我对你所说，你走了，日常生活琐事总能马马虎虎对付过去，就是那孤单单的感觉难熬。话又说回来，你这次有机会到革命实践中去锻炼，学习，改造自己，再来个一期两期，我也心甘情愿地熬下去。但愿你把这家暂时完全扔掉，全心全意地把下一阶段工作做好。

今晚民盟在和平宾馆开"学习委员会"，先吃饭，后开会。明天上午人大常委会听取第二轻工业部的报告。春节假期过去，这些活动又来了。

你的红铅笔还在我笔筒中，你学习时用什么打杠杠呢？

等着得你第一封信！爱你，想你，

成
66.1.27

又：破铁簸箕也忘拿了。

爱眉眉：

一周来，"彩画作"已注释得差不多了，下去就主要是"标点"工作了。除了这正常工作外，星四人大常委开了一次会。星五下午校务委员会。晚上本想去三楼小礼堂看大庆家属演的话剧《初升的太阳》，但开了一下午会，累极，没有去成。星六（昨天）去看了仪器、仪表新产品展览，虽然不太懂，但看到无数的高精尖，特别是大庆油田炼油的以及万吨远洋轮船用的成套仪表设备，看到十六年来在这方面的伟大成就，感到十分振奋。星六下午开了系行政会，主要关于科研问题。晚上姥姥林洛来洗澡。这一天相当累。自己没洗澡，十一点上床，一直睡到今天早上九点！今天血压仍是 160/80，这好像是我的"正常"血压了。

昨天《光明日报》发表了洪青（西北工业院副总工程师）一篇学习毛主席著作的体会，非常好。我认识此人，过去总觉得他"不怎么地"，想不到他学习这样好！这对我是一次鞭策！

新闻报告完了，够少而精吧？！想你想得要命……

成
66.2.6

成爱：

　　下来又已八天了，这八天真是紧张到了万分。我们一下来就开始讨论核算单位的问题，我在家时和你谈过这个问题吗？那时我感到对群众的关怀跟不上去，不能搞大队核算，因此我们讨论时展开了激烈的争辩，你知道这真是一场激烈的斗争！我自己的思想斗争也激烈到了顶点，一方面是八百多人的吃饭问题，但另一方面又是敢不敢领导群众加速社会主义建设的问题，这和群众的切身利益有关，也是一场革命。到底我应当赞成合并还是不合呢？开始我还是坚持自己的意见，我和老杨组成一派，和其他的人论战，一部分人是动摇派两边摇摆，最后我们听了外地的经验，又学了毛选统一了思想，决定还是合并。这场论战虽然我输了，但是思想却提高了，归根到底还是相信不相信群众自己解放自己的问题。主席说人的正确思想只有通过社会实践中来。这次四清确实给了我极大的教育。

　　　　　　　　　　　　　　　　　　　　　　　　　　眉
　　　　　　　　　　　　　　　　　　　　　　　　66.2.2.

　　注：通过文化大革命证明当时并队是错误的，我和老杨的意见是正确的，当时并队的做法是违反中央60条的政策犯了左的错误，文化革命后从实际情况也更看清了那次并队对集体经济和社员生产积极性是有影响的。

沫爱：

左等右等，早上等晚上等，等到昨天早上，突然同时等到了两封！

你的信虽然总是短短的，但有时有真正的新闻，常常有真正的内容，不像我的信，有时洋洋千言，其实是空空如也。

你们辩论并通过合并为大队核算单位，对我来说可真是新闻了。我没有下过乡，对农村经济一无所知，只从条文上知道三级核算制。又从你回来谈话中得到的印象是你们那里群众觉悟不高。怎么忽然就通得过大队核算呢？由此看来（正如你信中所说），你可低估了群众的觉悟了。同样在你的"影响"下，昨天《北京日报》公布的农业先进生产单位中有你们中羊坊大队，先进生产者中有你们的副大队长王贵善，都使我觉得意外。这不免引起我一些"思想混乱"。希望你工作胜利结束后，回来给我"澄清"一下。

这几天报上发表的先进人物的先进事迹真令人激动。像焦裕禄那样的县委书记，能够忍受那样病痛的折磨，坚持工作至死。而我呢，气喘吁吁，一来就晕头转向，根本没法克服；站都站不住，还坚持什么？真惭愧！前天《北京日报》还报道了平谷（？）县三个小姑娘，合起来不到39岁，克服种种困难，顶住了无数风言冷语，坚持种了四亩棉花试验田，创造了亩产皮棉214斤的奇迹！真令人振奋。我已把那篇报道给了林哲，叫他看完给妹妹。但听姥姥说，他看了好像根本无动于中。真令人不解。小妞还没有来得及看呢。

昨天上午收到信后，就带着30元到普吉院去了。林洛于星一（前天）出差到保定去了。星日还来借了一个旅行袋、10斤全国粮票。她大约一周后回来。昨天因《法式》停不下来，晚上又到政协礼堂看大庆家属演的话剧《初升的太阳》，所以一直到今天才复信。统战部的一位同志告诉我，陈叔通病很严重，我想日内去看看此老，迟了恐怕就有"赶不上"的可能。

答复你问的几个问题：元宵并没有上普吉院，除了早点吃了几个元宵外，没有任何举动。

紫菜没有想吃。前十天左右进城买了一个小小塑料盒子，大小如茶杯，放上一寸见方的紫菜片，和延寿片、安茶碱放在一起，不时抓一片吃。

但是核桃却总得精光了！脑门上已经没有抠的条件了，尽管不自觉地还抠了几天，但它终究"填平补齐"，已经没有凹凸，要抠也抠不成了。可笑的是，上周小妞念《儿童文学》给我听时，忽然对我大叫一声"又抠啦！"使我大吃一惊，哈哈大笑。孩子也管起我来了！（真可爱）饭吃得很好。睡得很好。晕和喘都大大减轻。昨天上午上普吉院就不自觉地走得相当快。只要行动不太猛烈急剧，基本上不晕了。烟也抽得很少，有一包抽了两天还剩一支。总之，我一切一切都可以令你十分放心。

我自己最不"放心"的还是，在全国六七亿人这样意气风发地闹革命的形势下，我却在这里搞什么《法式》，真不带劲。要投入实际的战斗中，又心有余而力不足。我感到在掉队，真急死人。因此，我无比地羡慕你。但愿你在战斗中成长。

成
66.2.9

前天是你生日，竟然连这"光辉的节日"也忘了！

信写好未发，孩子们就来了，并带来姥姥在海淀买得的白药十瓶。兹将姥姥信附上。已问车房，日内无车上延庆。你们那里若有人回来，请让他来取。如无人来，邮寄好吗？即复！

成爱：

　　今天是元宵节想你大概是回普吉院吃的晚饭，然后孩子送你回来。我们这儿老乡有玩船灯的习惯，因此放一天假，今天收到你2月1号的信，我不知道你为什么一定要控制一周两封信的定额，反正这是你的自由，不过你的来信质量太低了，简简单单两三行，报告一下新闻就完了，当然我的信更比不上你，但这是限于我的客观条件，特别是有关思想方面的问题，我确实没有时间把它系统的说给你。刚才写到这里外面锣鼓喧天，玩船灯的到了门口，我们都跑出去看，原来以为是什么很好玩的玩意儿，原来只是三只船，三个男扮女装的人在表演按着鼓点穿来穿去，老是一个步子，小船有些破旧，走的步子也很单调，实在意思不大，不过老乡却要这样玩多半夜。这种娱乐实在应当被更有思想内容的文艺活动所代替，这块阵地无产阶级要不去占领，必然就被资产阶级所占领。

　　关于合并为一个大队核算的问题，实在比想象的问题复杂艰巨得多，有大量的思想、行政、组织工作需要去做，过了这一两天就要大忙了，我觉得通过这个问题又可以对农村的经济问题有更大更深入的了解，如何掌握这方面的方针政策又可得到更多锻炼。

　　你的身体怎样？紫菜、核桃是否都还在吃？一定忘了！

　　脑门上的疤还抠不抠，吃饭好吗？晕不晕：抽多少烟？可别抽多了，你的一切一切都叫人那么不放心。

　　　　　　　　　　　　　　　　　　　　　　　　　你的眉
　　　　　　　　　　　　　　　　　　　　　　　　　1966.2.4

爱成：

6号的信，被老杨放在口袋里装了一天，今天晚上才看到，我总觉得这次下来没有少给你信，已经发了三封信了，怎么你还只收到一封呢，是不是丢了？

我的工作又陷入了困难之中，因为我们队比较"富"，因此对并队问题社员的思想阻力非常之大，工作非常困难，前一阶段培养的积极分子，在这个新的问题上都不顶用了，因此又得重新做工作，当然这对我自己是更好的磨练。同时，我们现在还在搞对敌斗争的收尾工作。虽然说是收尾工作，但要求却比前一阶段深入细致得多。昨天看到《北京日报》中一篇报道焦裕禄的文章，真是动人，不知你看了没有，《法式》工作快结束，我很替你高兴。你的身体怎样，每天要出来活动活动，核桃、紫菜……别忘了，连着几天都在一点睡，现在已困得不行了。

你的眉
[1966] 2.9

洙，眉爱：

昨晚饭时收到2月9日（邮戳12日）的信，连同前几封，这是第四封了。最怪的是第二三两封同时送到。这是不是还有什么人像老杨那样也在口袋里放了一两整天呢？这样算，大概没有丢掉一封吧？

我原想等你回信再想法将白药送去。后来一想，何必等待呢？所以就干脆邮寄了。我原来用瓦楞纸包得好好的，但邮局非让打开看看不可。看完又说非用木箱不可，所以就当时买了个小木箱装上寄去。我当时觉得真啰嗦，真麻烦，觉得这也是一种框框。但再想想，这也是邮局对人民财产负责的一种制度，也就照办了。

星六（12日）我和吴良镛、刘小石、邝宗仁、吴健光上左家庄去看了一次；随后又到硅酸盐制品总厂去谈协作研究粉煤灰加气的问题。整整"动"了$3\frac{1}{2}$小时，除工地外，还参观了硅厂的几个车间。这是几个月来最大的一次"体力劳动"。虽然相当累，有时也一阵阵发点微晕，但下午神仙会，人家去突出政治的时候，我却张着大嘴"突出睡觉"。晚饭时，王钟惠忽然来了，因星期天他要进城参加医学会的活动，提前来量血压。量以前他先"警告"，下午可能比上午高些，结果是180/90。比平时上午高些。不过他说也算正常，不要紧。晚上也睡得较早。

昨天星期天，上午两个孩子去看《红色背篓》，我到银行去存入300元，因为抽屉里现款太多了。下午又是"突出睡觉"。晚饭时接到你信。晚饭后一个人像小脚女人那样走到大礼堂看《红色背篓》。系里给了三张票，两早一晚，所以未能和孩子一起看。这次是全校免费发票，看过还要学习讨论。这电影是学习《为人民服务》的一部最好、最生动的活教材。故事本身就多次出现王福山等学习毛主席著作的镜头。真是一部好电影。但是，我看了之后，总觉得自己这样的身体，虽然为它所感动，也只能"光说不练"而已。在上左家庄的车上，也同小石谈到学习焦裕禄的精神，他说："可不要学习他在一年多里就把自己报销了！"

你工作中又碰上困难，怎么办呢？中羊坊大队既是个先进单位，王贵善既然是个先进生产者，你们要很好地利用这些有利条件，发动群众讨论，我相信群众会认识清楚的。同时，我也羡慕你能得机会遭遇这样的困难。"工作就是和困难作斗争"。相信你一定能胜利完成任务。但是，又心疼你搞到晚一点才睡。可要好好掌握，不要把自己"报销"了。大地回春，你们又要参加劳动了吧？什么时候恢复一日三餐？千万注意劳逸结合。也许再过几天，又可得你电话了。

《建筑学报》复刊了。头一期就严重泄密。在一篇报道应用四川民间墙体材料技术的文章里，介绍土筑墙，下面附注"黑龙江叫干打垒"，文章结尾时又说要"学习大庆干打垒精神"。这不就把大庆的地点暴露了吗？我看了急得要死，已电告奚静达，并嘱向部党委汇报、请示。好在国外尚未寄发。我已建议将其中一页重印，将"黑龙江"三字改为"大庆地区"四字。

你的成

66.2.14 午

成爱：

关于核算单位的问题，其中学问真大，政策性很强，既不能让社员个人吃亏，又不能损害集体利益。要说中羊坊的全体社员现在都能接受并队是不符合事实的，我想可以这样说，有$\frac{1}{3}$的人是同意并队的，$\frac{1}{3}$的人通过说服教育后可以接受，$\frac{1}{3}$的人通过较多次的说服教育后才能接受，（特别是富队社员，也就是我工作的那个队），当然还可能有一小部分人是在短期内都不能接受的。因此现在我的工作是较困难的。主要的原因在于我们队的财产约合9000多元，有的穷队，一个钱也没有，因此合队就有个拉平的问题，而且穷队背一身债也影响积极性，现在关于财产的投资析价我们还在研究。

关于你关心的副大队长王贵善和先进集体中羊坊大队的事，是因为我们村在58年时由国家投资种了一片果园（当时是公社核算）后来又划归了我们村，这一片果园因为面积大所以在北京是突出的，按我们的话来说是"窗户眼吹喇叭——名（鸣）声在外"。王贵善是我们村最强、最优秀的一个干部，当然也有缺点，他怎么会变成先进生产者呢，就因为北京市要把我们的果园作为先进单位来奖励，而林叶队的那伙人实在没有一个够资格代表去接受这份荣誉的，因此只好把最优秀的人物派去了，当然说来话长，目前我只好如此答复你了。

今天老朱突然接到命令调回北京，因此你别托车队带药来了，我已告诉她让她自己去取。

今天晚上我们开了个生活会，大家决定要更加革命化些，不但生活上要多关心，还要思想上多关心。

眉

1966.2.12

爱，眉：

　　这几天我算是"丰收时节"，连接到你好几封信，多么高兴！但是，我这次寄药也太积极了。包裹是10号上午寄出的，到时恐老朱已走。那么只好麻烦你再原封转寄了。

　　关于你们富队不愿合并的事，是在意料之中。在这方面我知之太少，毫无发言权，只能隔着燕山长城，祝你胜利。没有想到的是，你们那先进单位或先进的副大队长原来是那么一回事。作为你们工作的"条件"，这些"先进"倒不一定是有利条件。不知你们怎么认识这问题。

　　约两周前收到常委会发来高教部请帖，去看高等院校科研展览，总没有去。前两天常委会来提醒二月底就要结束了，要看就及早去。因此，昨天去了。虽说"不看也知道一些"，但还是"一看吓一跳"。我只能说，<u>有了毛泽东思想，没有不可攀登的科学高峰（或任何高峰），没有攻不下来的堡垒</u>。[1] 具体看了些什么就无须多说了。但是我呢，看了大半个上午就筋疲力尽，晕头转向了。因此，晚上看第二届全国运动会的电影票也浪费了。

　　昨晚收到你信，本想即复，但太累；又想今早写，但被《人民日报》上王铁人在高工政治工作会议上的报告吸引住了。中午前接常委会电话，陈叔老去世了，因此下午又进了城。一直到现在才复信。回来时到稻香村买排叉和加非，看见苏州松子糖，买了些回来，现在孩子们正在享受着我给他们的这点"物质享受"。扫兴的是，他们吃不出它的清香味，说"没有什么味儿"！这也好。这种"趣味"以少"培养"为妙。话说回来，前信说叔老病重，不去看就怕赶不上，不幸言中矣！

　　下午回来不久，花怡庚就来了。谈了学会年会问题。他说已定在3月21日在延安召开。延安！多么令人向往。但是我告诉他，我恐怕还是不得不请假了。爱，你说我该怎么办？拼了命去延安一趟，你说值不值得？当然，你可以看出，我完全是从"我字当头"考虑的。这就是我和焦裕禄的差距。十万八千里。

[1] 下划线为梁思成所加，依原稿。

现在已是晚8：30多，又在广播焦裕禄，就此打住。

多么多么想你呀！

　　　　　　　　　　　　　　　　　　　　　　　　　　成

　　　　　　　　　　　　　　　　　　　　　　　　66.2.17晚

小妞说张叔叔来信说已买了五块钱的药，已交邮局寄出来了。到后再通知你通知老朱来取。

爱成：

　　并队工作已告一段落，目前我们又集中力量搞对敌斗争，并队的思想问题待以后再慢慢解决。

　　前一阶段我们搞了四类分子的评审，现在还在继续发动群众挖残反线索，发动落后层，做知情人的工作，特别是地富子女，我们向他们宣布了政策，在运动中表现好的可以改变成分，他们一个个精神面貌为之一振个个欢欣鼓舞，都积极的动员自己父母交待问题，检查思想，这件事情使我感受很深。我的一个工作对象叫卢鹝就是我上次回家告诉你说的，那个一只眼的地主的儿子，原来不大说话，经过学习后，他积极动员他父亲交待问题，那个地主我原来认为他是个花岗岩脑袋的家伙，居然现在也谈出了些问题，能够有这样的成绩，只有一个原因：党的伟大的政策，昨晚我帮助卢鹝准备一个发言时，他特别要我写上感谢党和毛主席对我们地富子女的教育，帮助我们走上了光明前途。当时我确实感到他对党和毛主席的感情十分真挚。报上看到陈叔老去世的消息，想你又得往中山堂跑一趟。

　　学习焦裕禄很好，可要实事求是，现在我对你关注健康的报道都有点不相信了，我总忘不了那天晚上你晕了那么长的时间。我喜欢这儿的工作，却又控制不住对你的想念，特别是一两天不见到你的信就想呀想得要命，你说这是痛苦？是幸福？应当是幸福，对不？

　　北京备战方面有什么动态，我们现在在调查空闲的民房为北京撤退作准备，的确感到有些火药味了。这里一切都好。

你的眉

1966.2.18 晚1时

爱，眉：

18日晚1时的信于21日下午6时收到。昨天一天，因为读卡胡子[1]的"声明"，又开支部会，结果使你多等了一天，增加了你的"痛苦"。的确问得有意思：是痛苦？是幸福？的确是幸福。二者是相互依存的对立，没有这幸福就没有这痛苦。所以"痛苦"还是幸福的一种表现。

合并问题怎样"告一段落"的？是你们"强迫命令"吗？思想问题待以后解决的情况下，怎能"告一段落"呢？我不了解情况。有点不懂。

我已将《法式》各作"制度"的注释全部做完了。虽然下面还有十二卷的"功限"、"料例"，主要只是标点符号的工作；虽然也可能有少量注释，但总的说来，主要任务已完成，全书工作也可以说基本上完事了。因此精神上感到十分轻松，但同时，半机械地做标点符号工作的"体力劳动"量却增加了。必须尽最大努力尽快地搞完这整理古书的工作，以便投入到以中国近现代为主的历史理论中去。

我对健康的报道是完全忠实的、实事求是的。有人中了煤气毒而"保密"才是令人"不相信"的呢！到底是怎么一回事，赶快从实招来！你信来时正好林洛也在此（来借仪器仪表展览会的请柬），我把你的信（除去"痛苦……幸福"和"想你"部分）对她"朗诵"了一番。同时把由"可靠的消息灵通人士"得来的你对我"保密"的"新闻"也告诉了她。但我们又达成协议：对妈妈还是保密。

"备战"尚未见诸行动。你们那边的准备，我是知道一些的。今天下午将有十七级以上党员干部会，可能是传达这方面问题。

这场雪下得真好。后门外那砖墩上看积雪厚度最清楚——足有六七寸厚。据报道延庆雪较小，也许只有这里的一半。你可要小心，不要滑到井里去了！天气预报，雪后延庆最低达 $-21°C$，可要小心！

寄去的药收到了吗？转寄老朱[2]了吗？郁宏[3]又寄来了15瓶，通知她来取吧！这15瓶是上星六去参加全校神仙会时彤儿送来的。我不在家，她留下一个很乖的条子，一并附去给你"爱"一下。

在"幸福的痛苦"中的成

66.2.23

[1] "卡胡子"，指卡斯特罗。

[2] "老朱"，是解放军艺术学院的一位教师，参加我们的四清工作。

[3] 郁宏，林洛的爱人。

爱成：

  我们今天高兴极了，因为下雪了。虽然下了一天才只有10公分厚，不过总之还是下了，而且现在还在下，我心中暗暗在想要是明天早上起来能有一尺深那该多美。北京呢？是不是也下雪。

  市委指示要把这场雪利用起来。我们全村动员，吃过晚饭都到地里去把雪集中在树根下。

  我们好多人在山脚下的果树园里，我觉得、周围美极了，蓝色的山，山后一片红色的夕阳，大片白色的土地上立着一行行的树，心里有一种说不出的滋味。我们手、脚、耳朵都冻僵了。可是心里可真高兴，爱成，在这种时候我变得多么的想你，多么多么的希望像传电似的把我的这一切感受传给你与你共享。

  老朱回去后一直也未来信，听说她是调到三线去工作，告诉郁宏药先别再买了，我估计她也许不需要了，否则她一定会来信的。

眉
66.2.21

眉，爱：

前几天我算是大丰收了：21、23、24三天都收到你信，再加上一个电话。看来这样的"好收成"不会再来的。因此，我不会因为尝到一次甜头而提高了胃口，不存在多少幻想，还是要善于耐心等待。是不是？

头几天因为情况较好，星四"蠢动"了一天，做了"赔本"生意，又吃了亏，受了一次挫折。星四上午去理发，还到系里和余、楼二徒弟扯了一会儿《法式》问题，到资料室看了看阿兰[1]，回到家已12：40；下午到政协听了关于中日青年联欢的报告，还看了纪录片。（十分动人，一下午不知流了多少泪！）将近七时才到家，阿兰来送《参考消息》，吃完饭，老莫[2]来谈关于南工编的建筑史教材提意见的问题；扯到十点多。他走后，我又搞了一阵子《法式》，睡下时已一点！这一下子可赔了本了。

星五、星六两天都天旋地转。星五下午党员教授学习，晚总支学习，星六下午神仙会，都未能参加。但是，"久病成良医"，我知道这就是"赔本"的结果，安心休息，今天已大大好转。十一时王大夫来，血压160/80，比上星期还低10度。吃一堑，长一智。这是一次经验教训，对忽视客观规律的"冒险主义"的当头一棒。保证以后不再犯。

为什么老莫走了那么晚我还干了一阵子《法式》呢？这也是我的一种概念"框框"。我总觉得只有坐下来，拿起笔写或画我的"正业"才是干活，其他（甚至如总支学习）都不是干活。自从做完各作"制度"后，只剩下比较"机械"的工作，动手的多，动脑的较少，进展相当快。这就使我想更快、更快、更加快地把这十卷搞完。目前两天，三天，甚至有时一天多就搞完一卷。越搞越急躁，赶了还想赶，所以赔了本了。但须明确，这不是革命干劲而只是好胜求急的情绪。罪有应得——客观现实给了我一次恰如其分的"惩罚"。

昨天下午张锦秋来辞行。她分配到西安西北工业建筑设计院，今天就走了。我发现她已经大腹便便了！

《参考资料》里报道了非常令恩克鲁玛尴尬的消息，但报上还未报道，《参考消息》里（至昨天）也未发表：就在他到达北京的时候，加纳发生了军事政变，他已被"解除职务"了。

---

[1] 阿兰，建筑系资料室工作人员。

[2] "老莫"，即莫宗江教授。

他成了一个没有政府、没有国家的"总统"。这时候,他正在我们国家当"国宾"。这对我们来说也够尴尬的。因此,从第二天起,我们报上也没有任何关于他的活动的消息。不过,对他个人来说,也算幸运,不然,可能已被逮捕乃至杀掉了。

预报三月一日有雨雪,但愿它再来一场!

成
66—2—27 星日上午

成爱：

　　焦裕禄的剪报收到了，我们近来又要忙得不可开交了，因此，发出形势预报，可能给你的信会少些假使没收到信，不要以为我被煤气熏死了，当然我还是尽可能的多写，因为我多么多么的想你。

　　你信中的一系列问题我暂时不能答复，因为说来话太长了，只能留到休假时回去和你细谈了，关于对敌斗争我们现在还在大力搞，为了备战要把残反挖深、挖净，一个也不能逃，所以前一阶段搞并队使群众注意力不够集中搞对敌，受到县检查组的批评，同时批评我们队有骄傲自满情绪，对敌斗争的群众发动工作没有做好，我们队检查了自满情绪。我没有检查，因为我不满意队的工作，我不认为我有自满情绪，当然现在我仔细想自己还是有的，虽然我当时不赞成并队，但对敌斗争的认识仍是不足，也有"群众已发动得差不多了"的思想。现在我们全体队员一个个都情绪饱满的投入战斗。前天工作队全体队员开了一次大会，转达了彭真在贫协会的讲话等等，真把我的斗志给鼓起来了，我们分两组，老关等一组，我王乃壮等又是一组，我们组有三——四个对象，要一个个逐一落实，这些人都是坏透了的家伙，花招主意多得稀奇，我还从没和这类人打过交道，"要想捉到狐狸就得比狐狸更要狡猾"，因此现在我必须使自己比狐狸更要狡猾。

你的狡猾的老婆眉
1966.2.27 夜12点

爱眉：

　　已经将近十天没有出清华园了。系里也极少去。整天都在家赶《法式》。现在只剩最后七卷的标点符号工作。一两天，两三天就做完一卷。进展快，越快就越想快快赶完。这种"体力劳动"也很累人，特别是眼睛，老眼昏花，写起来很吃劲。我打算"赶"完后，好好地放自己几天假，"完全"、"彻底"地做几天二流子！

　　另一方面，我又真着急，有点坐立不安的情绪，就是学习毛主席著作的洪流正在澎湃奔腾，而我却晕头转向，坐在旁边。28日校长在大礼堂作报告，同时也是科学讨论会的第一次大会，接着总支又开会学习讨论，我都未能参加。真急死人也。眼看着列车在向前奔驰，自己就是上不了这车！

　　建工部在南京召开教材会议，我这副主任委员只好请假。良镛已于前天动身上南工去了。建筑学会年会在延安，我也已请假，汪坦将于中旬前往。但是，你也无须远念，反正我在家不乱跑，一切就都是"很好"的。

　　三八节到了，你这做妇女工作的同志该又更忙了。前几天姥姥还问起你三八节会不会放假回来，我说大概不会。

　　天气越来越暖了。你们的热炕什么时候停烧。在这种"关键性"的"转折点"上可要千万小心。草地已返青，丁香、迎春等已出小芽苞了。发现你带回一小包什么籽（是不是花椒？），是否要我播种？什么时候种？都请早告我。

　　说到播种，还应告诉你，仙客来已长了丰盛的叶子，出了十几个小苞蕾，最大的还不到○这么大。真滑稽。这"秋疙瘩儿"要变成"夏疙瘩儿"了！

　　想你、爱你。

　　　　　　　　　　　　　　　　　　　　　　　　　成

　　　　　　　　　　　　　　　　　　　　　　66—3—4 晚

爱眉：

前信寄出，到现在又是五天了。几天来除了要说想你爱你之外，天天都是一样的"日程"，没有什么可说的。

这第二场大雪下得真好。下了将近一天一夜，我量了一下，整整15cm厚。现在后面张光斗隔壁住着几位由外地来京参观高校科研展览的老教授，在前一次大雪时，其中一位跌了一跤就摔断了大腿骨，我听见之后，更是引为前车之鉴，吓得胆小如鼠，龟缩在小楼中，不敢踏雪一步。现在第二场雪又化得差不多了，而且下雪的第二天，行政处的全体职工，包括处长，总支书记，都学习焦裕禄精神，全体出动扫雪，现在各大小道路都干干净净，我也无折骨之忧了。

昨天下午在午睡中被苗赫濯敲门惊醒。知道你工作很好，身体也好，甚慰。他说你现在主要搞妇女工作。还说延庆妇女还没有参加劳动的习惯。我想：这"半边天"的巨大力量就看你能否把它发动起来了。我想你应该首先给她们树立起自尊心和自信心，彻底打掉"嫁汉嫁汉，穿衣吃饭"的封建残余思想，要讲主席所分析的"四权"的压迫，特别是"夫权"。要指出主要固然是为社会主义贡献自己的力量，同时也指出参加生产劳动就是取得经济独立权，不但自己有了收入，同时也提高了自己在社会上，在家庭中的政治地位。说明这对社会主义建设，对妇女个人都有好处。建议你跟她们算算账，假如全大队有劳动力的妇女都发动起来参加劳动，会为大队增加多少产值。最好还给她们介绍一些先进典型（例如大庆的薛妈妈）。还有，你要以身作则，带头干起来。（当然，你没有干过田间劳动，可能出洋相，或累得不成。）只要把思想打通了，说明怎样妇女才真正解放了，我相信你会取得成功的。当然，参加劳动后的家务劳动问题也要安排，因此，如果家有婆婆，还要打通婆婆的思想，把家务承担过去或分担一部分或大部分。若能先找少数有培养可能性的"潜在的积极分子"先把她们动员起来，树立标兵，也许就可以带动起来了。一点都不了解情况就大发谬论，你觉得可笑吗？反正你知道，这就是夸夸其谈的知识分子的典型表现！

老苗来，我托他带了一小点苏州松子糖去。大概三分钟你们就能把它歼灭光了。

今天中国新闻社来了一位记者,要我从"十大工程"谈谈大跃进的巨大成就。扯了一个多钟头。这是十天来第一次和"外界"接触。

好了!新闻报告完了!

成
66.3.8

成爱：

　　好像长久没给你去信了，也好像好几天没收到你的信，今天又下了一场雪，不过老乡说这点雪不解决什么问题。

　　我们的工作又重新做了安排，前一阶段妇女工作比较薄弱，现在我从政法组抽出来，全部投入妇女工作中去，做妇女工作我实在没有经验，真不知从何抓起，看看别的单位妇女都发动得很好，照搬别人的经验也不行，上次分团专门开了一次妇女工作经验交流会，关书记谈到一点对自己很有启发，她说妇女在旧社会受苦最深，压迫也最重，因此觉悟也低，自己处于并没有完全解放的地位，但却不自觉，因此我们要带着阶级感情来做妇女工作，要同情广大的贫下中农妇女，教育启发她们。总之，我们的工作好玩极了，一个一个的困难，一个一个地去破。

　　现在我可以不再学狡猾了，让老关他们去对付那帮家伙，反过来，我得非常诚恳满腔热情地去做工作。

　　紫菜、核桃、海蜇……是否都按时吃了？肯定是忘了，我们后门外的山平时很难看，但一下了雪就全变了，怪不怪？

眉
1966.3.6

我的好眉：

我以为从今后一定狡猾到八百年才给我一封信，没想到这样快又得到你这样热情、诚恳的信来了。虽然不在政法组，可不要忘记这同样是重要的政治工作，同样是尖锐的阶级斗争。做妇女工作，同时还要做好丈夫、爸爸、公公的工作。除了要解放妇女（当然主要在思想方面），还要解放那些阻碍她们、拉她们后腿的男人(还包括婆婆)的思想。你这担子可不轻！目前正是"三八"前后，报上有大量关于妇女先进人物的报道，正好借这阵东风，趁热打铁。你必须带着这问题好好学习毛主席著作。祝你成功！上次已经夸夸其谈一大篇，这次就少胡说八道了。

前几天曾经晕得偏多了一些，这几天已渐渐恢复"正常"，只要规规矩矩地迈四方步子，也基本上不晕了。紫菜、核桃没有忘记，以致积极到没有核桃仁卖，就买核桃回来自己敲。敲敲核桃也是一种很好的调剂，因为老坐在案前摇笔杆，眼睛最累；敲敲打打，也有一点轻微（尽管是轻微到不足道的）"劳动"。总比摇笔杆好些。至于海蜇，根本没有在脑子里存在过。既然夫人有命，下官就吩咐聋子去试试看。说老实话，我对那东西实在不感兴趣。

法式工作已到了"冲刺"阶段。若照前两周进度，大约再有五六天就大功告成了。但是徐伯安老来给我踩刹车，他和小石都要我放慢点，要我劳逸结合。其实我已经"结合"到"半逸半劳"的程度了。写十分钟，吊儿郎当地"休息"十几分钟，还要怎样"放慢"呢？

天气并未大暖，可是暖气已经若有若无，只好穿上你的新疆皮背心，有时还加上和尚袍。"春捂秋冻"，秋是"冻"了，可是"春"不给我们这些老弱残兵"捂一捂"，我真有意见！

老苗来曾把车借去骑了两天，前晚在家开支部会，会后下去看车已送回来，以后就未来过，想必已回中羊坊去了。

成

66.3.10 晚

爱眉：

告诉你一个好消息——当然，还只能算"初步消息"，是否肯定是好消息，还有待今后情况来证实。

前信报告了请祝大夫看病的情况了吗？我这葫芦提巳记不清了。只好重复一遍。他为我号了脉之后，我向他谈起我对这病的看法。我说反正这是老病——既是多年慢性的老病，又是老年人的病，我认为无论怎样治，也难"立竿见影"地好了。（我还先告诉他王钟惠的诊断：因为肺气肿，所以呼吸促，所以缺氧，又加上高血压，所以晕）。他说，他们正在研究一种药，对一些小动物做了试验，解剖结果证明，动物脑和血里的氧都增加，可以试试。他开了十剂，都是些普通药，去清华中药铺就抓了。他叫我头三天连续每天吃一剂，第四天停服，以后隔天吃一剂。一剂早晚各熬一次。星六上午，找刘青来代我上校医室在处方上盖图章，取得药来已是中午，未服。星日（昨天）才开始吃。到今天下午（才吃了 $1\frac{1}{2}$ 剂）出去散步，就觉得十分带劲。我星六人大常委会后，到科学会堂小卖部买到几斤极好的蜜柑，我就"精神抖擞"、"健步如飞"地把柑子送了约二斤给姥姥。我首先向她报告了这好消息；她的反应是，快写信告诉林洙！所以，我就奉岳母大人之命，向你报告。当然，必须声明，这还是"初步"消息，究竟是偶然现象，抑或真的是"扁鹊再世"、"妙手回春"、"手到病除"，还有待今后情况的变化来证明。无论如何，今天感到特棒，这是事实。

其次，也算一个好消息：今天已做完《法式》卷廿七。需要做文字注释（包括标点符号）的共廿八卷。现在只剩一卷了。至多再有三四天，就完事大吉了。不过，晚饭时伯安来，又大力拉后腿，要我放慢。同时还警告我，虽然健康好转，却不能骄傲自满，麻痹大意。当然，我早已这样警告自己了。你可以放心。

星六常委会听了国务院财贸办公室副主任姚依林的"市场情况"的报告，真是大好形势。具体内容就不能在此"泄露"了。

你们那里的妇女发动起来了吗？这可是细致工作。祝你一个个问题都解决。能带着她们学毛主席著作吗？

昨天《北京日报》有你们大队长的文章，（以及延庆河口灌区的报导），剪寄。

成
66—3—14 晚

爱眉：

上一封信报告好消息后，还未见继续显著好转。反正十服药才吃了四服，还有六服；吃完才能下结论。

昨晨又得你信，又是喜出望外。我想：你想不给我写信也不行。有一种内在的动力，非写不可。是不是？！

钟觉先是谁？我不认识。反正等他来了就认识了。我想不要给姥姥添麻烦了。拆洗之后还要缝上。要么，送出去洗。何如？

老杨来电话，已将"保修证"挂号寄去。只怕她等不到修好就走了。我写了几个字，谢谢她。信一开头说："'久仰大名'，虽未得见面，能在电话中听到你的声音，也十分高兴。"你说，女同志看到这样的"寒暄"，一定高兴吧？你说，老油子"坏"不"坏"？！我问她，你什时回来；她说，可能过几天。这正是我这几天在算念着的事。也推测，可能她送去修，修好时，你已回来，就去取。对不对？有点算命先生料事如神的味道吧？

今天下午，民盟请国际关系研究所所长刘思慕（民盟中委，老党员）讲国际形势，讲得精彩，但讲了4小时，听得我头昏脑涨，累得半死。但是，目前国际形势给我带来许多"？"，听后澄清了。虽然累，也很值得。

前天，报上广告《艳阳天》第二卷出版了，又加前几天陈毅同志表扬《欧阳海之歌》，于是我打了个电话问校内新华书店，有没有。不料他们正在学"背篓商店"，学习怀柔县新华书店的"文化乌兰牧骑"，送文化上山下乡。一个电话一问，就给送来了。还介绍了别的书。结果，我一下子买了十几本，有《新人新作选》三本，王杰日记等三本，麦贤德一本，大庆式企业一本，还有一本关于"自我按摩"的小册子！一下子花了八块多钱。问题在于：没有空间了。只好将旧的《世界文学》"下放"到楼下。

最后，讲个笑话：

前十天左右，隔壁谢老太太来。老太太谈起没有什么好水果可买了。谢说："有柚子（但柚字读如油字），你吃不吃？"老太太问：是家里做的还是外面买的？是蒸的还是炸的？"谢答："是买的"。老太太问"有多大"。谢用手比。老，表示吃惊，"这么大呀？！怎样吃？"谢："切开剥皮吃"。老："油炸的还剥皮呀？"我正吃完早点，听到这里，实在忍不住要大笑，就上楼了。

今天，章名涛太太来征求老太太对区人民代表候选人有没有意见。老："没有意见。大家对我很关心。李太太常来看我，你也常照料我。赵太太（正之夫人）也常来看我。大家对我很关心，没有意见"。！！！驴唇不对马嘴！！！真笑死人。好了，不讲了。

等你回来！

成尼尼
66—3—17晚

我的眉：

想不到，又得你一信。而且来得正是时候。下午18：45，正当我把全部稿子最后一字写完的时候，聋子就把你的信送进来了，好像是对我脱稿的一个贺礼。可谓双喜临门！你真是一个好爱人，就能够这样分秒不差地给我锦上添花！

你急死，我高兴死了。环境迫你学毛著，再好没有了！带着问题学吧。对那些妇女，主要还是《为人民服务》、《纪念白求恩》、《愚公移山》、《张思德》和《重庆谈判》中关于"工作就是和困难作斗争"一段。对于思想和工作方法，要读《矛盾论》、《实践论》、《关于正确处理人民内部矛盾的问题》、《人的正确思想从哪里来的》等四篇哲学论文，以及《中国社会各阶级的分析》、《湖南农民运动考查报告》、《关心群众生活，注意工作方法》等。当然，还须读别的。不过，这几篇也许是最重要的了。希望你以愚公精神、以重庆谈判的精神去学习，在解决问题中学习，在改造客观世界中，同时改造主观世界。真是太好了。真羡慕你。

天气寒暖反复无常，千万小心珍摄！

成

66—3—18

成爱，爱成：

今天是星期四，按说祝大夫的药已服了四剂，是否"立竿见影"了呢？我着急的想知道情况，对于你的初步消息，又高兴又担心，高兴的是居然有这样奇效的药，（听来仿佛有点像神话，我还不大相信。）担心的是我那个淘气的丈夫又不知要上哪儿疯去了，回头又得赔了老本回来。祝大夫的事你一字未提，这位大夫是哪个医院的，是什么人介绍你去看的。我全想知道。

老杨今天休假回去，我把表托她带回去修（前几天突然坏了，表面有个小零件掉了下来）我让她打电话告诉你，把表的保修单寄给她，可能现在你已接到她的电话了。我什么时候休假还很难定，因为目前很忙，再过些时候更是春耕大忙，我们要在目前还没到大忙的时候尽可能多搞运动，所以休假暂时排不上日程。老杨是例外，因为她爱人在东北，这次从东北回来，她只好现在回去。

今天第一次和老乡一起去播麦子，有趣极了，不过早上也冷得特别厉害，手脚都僵了，不过我想有一天回想起今天在中羊坊种麦子也是非常有意义的事。

现在是我一个人睡在这个房子里，老杨回去了，小周搬走和一个贫农老大娘做伴，这间屋子从来没有这样清静过，感到是一种享受。爱你。

眉
1966.3.17

眉爱：

　　果然，关于祝大夫，在那信以前没有告诉你。他就是过去每周来给陈士骅看病（现在改隔周），后来又每周率领一组中医来为女生治各种慢性病、妇女病，现在又恢复隔周来一次的中医，中医学院教务长祝证予。他是施今墨的女婿，是张维的"表连襟"。每逢来清华的那个星期五，就在张维家吃晚饭，饭后在张维家"门诊"。我说的祝大夫就是他。

　　药已吃到第七服，在那一次"跃进"之后，没有再"跃进"一步的感觉。不过也没有退步的现象，总算立竿见了一个不太显著的影。还有三服，吃完再算分数。

　　前天（星六）晚上，同林哲去大礼堂看了《地道战》电影。有些在地道里钻的镜头和冲锋追敌的镜头还使我发晕。不过总的还算好，没有不良效果。也就在我们男子汉看电影的时候，林洙和小彤两个女的洗了两个澡。我们回来，她们已完成任务撤回普吉院去了。

　　我的《法式》初稿算是写成了，但工作还未完。自从批判吴晗以来，我更兢兢业业。楼庆西、徐伯安都认为，我们这工作是技术性的，"注释"方面不致出问题；假使出问题，可能就出在我那篇《序》上。因此，我又开始细心重看我那《序》，更注重用阶级观点和一分为二的观点去分析李诫和他这本书。

　　楼二写的《颐和园》也已脱稿，我已看了一遍，很不错。还有他照的相也真漂亮。

　　良镛到南京开教材会议已回来；汪坦也已上延安参加学会年会去了。

　　天气又冷下来了。千万小心。你暂时一人独住，晚上也要注意把门窗关牢，严防有坏分子乘机胡作非为。工作进展顺利吗？

　　爱你极了！

　　　　　　　　　　　　　　　　　　　　　　　　　　成

　　　　　　　　　　　　　　　　　　　　　66.3.21 春分日晨

爱眉：

你一走，好像整世界都变了。本来像在春光明媚中度蜜月一样，你一走，天也阴了，也冷了，花也枯萎了。就是这样！

理发后，先到银行，取了500元，到邮局，被"拒绝"了。管汇兑的同志说，国务院已指示，对于灾区，政府已做了妥善安排，有充分的财力、物力。感谢各方面的支援。凡有汇款支援的，一律代为婉辞。并且说，上次地震后，邮局还未接到指示，汇了去的钱都已全部退回来了。我坚持要汇。他说，汇去还是会退回来的。他又找来另一人，显然是邮局的领导同志，又解释了一番。我只好又回银行将款存入。银行的同志问我怎么啦。我说要汇这笔款，被邮局拒绝了。他说：是汇邢台吧？我说：那你就甭管了。他一笑。我也一笑，就又存回去了。

到中药铺，取了药，就回家，已将近中午了。午饭后，在你到达康庄前十分钟上床。睡到2：30、3：00到良镛家开神仙会。会上朱畅中、辜传海、程应铨等谈了他们最近为了设计居民区商店去龙潭、垂杨柳等地当售货员的体会。主要是朱、辜二人谈，很有意思，是多年来神仙会最精彩的一次。但很累。

本星期日电影票特多，已交孩子们拿去。

明天下午民盟要开会，要通过一个什么文件。在京常委人数不多。怕不足半数，一定要我到一到。只好又跑一趟了。

你又走了。这一下要等过五月底。日子不好过！

成
66—3—26 晚

爱：

今天是你走后第五天了，还未得你片纸只字，真急死人。希望没有类似中煤气毒之类的事故。

星期天下午，出席了民盟的会（并顺便将信投邮寄出），会后同李师傅在西单一家小馆子吃了包子、稀粥、汤面，二人共吃了六角六分！包子未吃完，李还包了四个回家。晚上到政协礼堂看四川方言话剧。三个独幕剧，看了两个，很好。为了劳逸结合，"休息十五分钟"时就回家了。我和李师傅坐在一起。戏也看了，回家又不晚。两人都满意。

星期天开始吃祝大夫的第二个方子，至今已服完三剂，似乎又有所好转。今天停一天，以后隔日服，还有五剂（十天）。

星一在家，看了一整天的《艳阳天》。小彤已看完前两册。（现在正在看《播火记》。）但是第二卷这一本已决定不让她看。里面有几段描写地主婆怎样摆圈套，想让一个貌美心荡的贫农媳妇勾搭支书，去捉奸时却捉了那混入党内的社副主任马之悦。其中有一段还追述这女人小时就跟着寡母到了一个商人家，十三岁就被后爹强奸了，不久又被后爹的儿子奸污了。从小就过浪荡生活。孩子不宜看。假使她天真地问一些问题，更难以回答，会十分被动。所以我已告诉姥姥和林洛，不让孩子们看。

昨天（星二）上午开了人大常委会，特赦了一批（六十几个）战犯，还通过了三个少数民族自治州的条例，已见报。还有一件事，就是发电报祝贺贵阳、昆明铁路接轨。这事不发表，对敌人"留一手"。现在正在赶收尾工程，争取"七·一"正式通车。捷报一个个传来，真令人振奋。

这几天除了这些活动外，我在阅读这几天报上发表的批判吴晗、翦伯赞等反动史学观的文章，因为这和我写《法式》的《序》有密切关系。非常高兴正在这时候来了这阵东风，对我帮助不小。希望能够以比较正确的立场、观点、方法去评价这部书。

孩子们两个周末未看电影，上星期天可看了个痛快。上午两场（《小足球队》和华北话剧汇演）晚上一场（《沙家浜》）。大概晚场孩子们未去看。我呢：今晚去看《东方红》。这是曾善庆第四次送来《东方红》的票，前三次都未看成，再不去就太对不起他了。

不久，曾山部长和地球物理所（可能是赵九章）将在常委会作邢台地震情况和救灾工作的报告。

成 66—3—30 下午

首先要做到「同心」

清华大学学生 高美樱

我怀着为贫农下中农服务的满腔热情和改造自己的决心，到延庆县城关公社参加社会主义教育运动。

开始，我认为只要严格要求自己，就可以把工作做好。可是我和老乡说不了几句话，就没词儿了。我心想，我很认真地坚持"三同"，和贫农老大娘同睡一个炕，同吃一锅饭，参加劳动也很卖力，可是为什么和贫农下中农就是说不到一块儿呢？

原因就在这里

我带着这个问题学习了毛主席著作。毛主席教导说："没有满腔的热忱，没有眼睛向下的决心，没有求知的渴望，没有放下臭架子、甘当小学生的精神，是一定不能做，也一定做不好的。"我想来想去，才发现是自己对贫农下中农的阶级感情差。虽然形式上做到了"三同"，但是没有做到同心。因此感情是结合不到一块儿。

把根子扎到贫农下中农中去

思想问题初步解决了，我下定决心把根子扎到贫农下中农中去。

我的房东刘大娘是一个受苦人出身，事事听党的话，干什么事都往前奔。一到大娘家，我就天天为大娘扫院子、挑水、喂猪、看孩子、倒尿盆，什么事都干。开始时，大娘对我很客气，总不让我干。后来见我真心实意要帮她干活，就不再拦我了。有时还叫我："小高，给我喂猪去！"

通过这一段"三同"，大娘的话逐渐多了，她对我倒起旧社会的苦水来，她说："你大爷给人扛了一辈子长活，到头来啥也没有。我生你三哥那当儿，家里没吃的，没穿的，连烧的都没有。没办法，我只好到财主家给少爷喂奶，自己的孩子饿得又哭，又叫。我忍气吞声，只盼望财主能给些粮食，拿回去好救命呀！谁知喂了三个半月的奶，狠心的财主才给了两斤红高粱。"说起过去这些辛酸事，大娘两眼含满了泪水。一说起现在，大娘就喜笑颜开，她说："真是毛主席领导得好呀！要不然你三个哥哥还不是跟你大爷一样，给人家扛一辈子长活。"这时候，刘大娘已经对我无话不说，有时，她甚至和我开玩笑说："小高，你别走了，就在我们这里找个对象，留在这里帮助我们工作吧！"

有一次，一队的小毛驴生了病。兽医说没指望了，可是贫农下中农社员并不灰心。贫农施大爷整天整夜守着毛驴，我的房东刘大娘也主动给牲口熬药。把自己家的窝窝头，一口一口地喂小毛驴。在贫农下中农的精心治理下，小毛驴终于渐渐地好了起来。

贫农下中农对阶级敌人的仇恨，对党和毛主席的深厚感情，处处关心集体经济的高贵品质，深深地教育了我。我逐渐地懂得了他们爱什么、恨什么，开始能够急他们之所急，爱他们之所爱，愿意为他们服务了。

主要是思想感情问题

在坚持和贫农下中农实行"三同"的过程中，我的思想不是没有矛盾，没有斗争的。毛主席说："知识分子要和群众结合，要为群众服务，需要一个互相认识的过程。这个过程可能而且一定会发生许多痛苦，许多磨擦，但是只要大家有决心，这些要求是能够达到的。"我按照毛主席的教导，去处理这些矛盾和斗争，在改造客观世界的同时，改造自己的主观世界。

七十多岁的王大爷，在旧社会扛了半辈子长活。他的老伴是个哑巴。老乡一听说我要去看他时，就劝我别去，说哑巴大娘见生人就打。当时我也有些犹豫，但想到自己的任务，还是和另外几个同志一起到王大爷家，了解他们的生活情况，帮助他们干活。原来见人就打的哑巴大娘看见我给她挑水，对我也很热情，比比划划地想和我说话。我走时，还送我到门口。

我以前总觉得自己工作经验和社会经验都缺乏，开一个会总怕开坏了，讲一次话总怕讲错了。可是，有了为贫农下中农服务的愿望以后，我就感到了必须勇敢地去工作。有的同志说我工作作风泼辣了。从缩手缩脚到工作作风泼辣，看来是个工作作风的变化，但更根本的是思想感情的变化。从这里，我体会到，要做到真正与贫农下中农结合，坚持"三同"是重要的，但更重要的是要做到"同心"。

梁思成随信附给林洙所看的剪报

爱眉：

整整八天了，望眼欲穿，今天居然盼到了。但是，一肚子怨气还未尽消。

言归正传。你说思想跟不上。怎样跟不上呀？真气人。说这么一句，叫人发生极大好奇心，下文就没有了。那女秀才这么长时间未被发见，说明你们调查研究不彻底，有主观主义，有唯成分论的形而上学。这些帽子没扣错吧？她有什么样的动人的表现？又无下文！真气人！缺粮问题是大问题，真想知道你们怎样解决。自力更生。但具体有些什么办法？我永不进村，这回也不当"工作队员"了。

今天选举投票。我和老太太一样，在家里坐着等流动票箱。我本要到系里投票，但我们的总监票人徐伯安同志说，已报了上去，你只能在家等，你到系里也领不到选票了。又是一个真气人！真难为情。

今天上午还来了三个"地下铁"的人，同我研究正阳门、宣武门的基础问题。扯了大半上午。他们已发掘了一部分。听来很有意思。已约好星二上午去看看。（并顺便把手表取回。）

正在我跟这几个人（还有吴良镛）"热烈"讨论，侃侃而谈的时候，王大夫来了。我说：低不了。王说：不一定。刚才陈士骅家也有几位客人，才130。给我一量，190/90。王说：不要紧，安静一会儿就会下来。几个客人吓了一跳，一会儿就告辞了。真滑稽！

今天下午韦子回家投票去了，明天早上才回来。为此事朝阳区选举办公室来了三次电话，力争每一个选民都投票。因此，今晚晚饭是在普吉院吃的。

星四晚林哲洗完澡不洗澡盆，留下一盆印花布那样"遍地开花"的灰色肥皂泡"花纹"。星五早上我"K"了他一顿。他照例一言不发。我叫他写封信把这事告诉你，有什么感想都写上。不知他写不写。先通知你一声。

几天来都在重写对《法式》评价那一节，进展不太快。最近批判吴、翦等文章越来越深入，对我帮助不小。

希望你好好响应分团号召，向女秀才学习，好好学习毛著。忙，信少，我也不发牢骚。

成

66—4—3

今年又是春寒，已到清明，早晚还有暖气。

最爱的成：

  现在是晚间12点，我从勒家堡看电影回来不久，这样大的风走这么远的路去看电影还是第一次。去的时候和一个贫农小姑娘叫胖丫头的同走，她一路走一路和我絮叨他的爸爸妈妈、哥哥妹妹等等小事，说得挺有意思，她已经十六岁了，可是我觉得她和我们的妞差不多还很幼稚，结果电影也没有看好，因为风沙太大眼睛也睁不开，又冷又累真是倒霉，我本来不想去的，后来听说是与目前生产有关的科技片，结果顶风而去，后来观众都走光了，只好半截收场，我们差不多是让大风给送回来的。我们的猪场下了五窝小猪，黑油油的乖极了乖极了，我没有想到原来母猪也有这样乖的一个时期，我们队里的毛驴生了一头小毛驴现在刚20天也特别乖，我分析了一下原来小毛驴和大毛驴的比例很不一样，小毛驴的身子短脑袋大、耳朵大、腿长。

眉
[1966.] 4.3

眉，爱：

怎么忽然这样大发菩萨心肠，大发慈悲，这样快地又给人家来信，不禁烧香顶礼，大喊阿弥陀佛！善哉！善哉！

（以上是星四［7日］晚开始写的，刚写了这两行，来晋炎来修理收音机，打断了。一直到星六晚才接下去。）

有意思！这封信的内容又是另一个天地，什么胖丫头啦、小猪啦、小驴啦。那几个驴还画得挺不错，的确抓到了最主要的特征。我素来是喜欢小动物的，特别是小驴，我觉得非常可爱。现在又有"同好"了，真不愧是情投意合，知心的爱人。话说回来，我这个永不进村的工作队员最惦记的还是你们的特别是你的工作，最愿意知道你在那里改造客观世界的同时，怎样改造自己的主观世界。

我这封信延误到现在才写，主要还是由于改写《法式》的《序》，其中主要的又是新加的，你走以前就已开始的那一节"评价"。谢天谢地，这个"难产"的"婴儿"，今天中午已经"生"下来了。如同所有的"妈妈"一样，自己的"新生婴儿"总是好的。现在我觉得它比你看到的那头二十天的小驴驹还美！过几天，可能就发现它一些不那么"美"的地方了。

星三晚，孩子们照例又来了。林哲主动地同我讨论起《反对自由主义》，他承认他"第十一种"最严重，要好好地改。我也同他谈了我差不多每一种都有。我希望以后能进一步这样同他谈心。

至于我们那可爱的女儿，越来越淘气，越来越放肆，越来越滔滔不绝，我这爹爹简直没法"驾驭"这头小驴了。近来她总是照《广播节目报》上的歌谱唱革命歌曲。她上床后总要听《每周一首革命歌曲》。本周是《革命熔炉火最红》，先是邓玉华（女）唱的，第二次是黄丽明（女）唱的，最后是刘守义（男）唱的。这孩子就同我讨论开了，分析哪一个好，好在哪里；哪一个不好，不好在哪里；男的那个唱得太慢，不带劲；为什么两个女的都唱得快，男的开头音乐也很快，等到他一开口唱就慢了下来，好像泄了气；邓玉华的声音比黄丽明的好，好在哪里等等，讲得简直像个行家。又谈起她没有被选上歌唱队，谁谁谁选上了，因她们嗓子好，声音尖，我就不尖。又问能不能练好。是技术不好，还是天生的等等等等，滔滔不绝。一会又唱起来了。硬是无法制止。我说你不睡我要生气了。她说，你不会。你再解答一个问题我就睡了。接着又是"再解答这一个问题我就睡了。"如此蘑菇了半天。的确，我怎样也气不起来。她算是把这爹爹的偏爱摸透了，所以才敢这样耍无赖。我这爹爹呢，她越这样淘气就越觉得她乖，比你那小驴小猪可爱多了。

今天下午科委在建筑科学院召开了一个小会，建研院一个院长、建工部科学局一个局长，还有茅以升和我这两个建筑组的副组长（组长原是杨春茂）。科委准备检查一下十年规划执行情况，先以建筑组为试点，以五个国家重要项目为"麻雀"，先试试。拟了一个"办法"，讨论了一下，准备开始去做。当然，具体工作不要我们去做，不过不时可能开些会。

成
66—4—9 晚

忘记告诉你，手表已取回。星二（6日）去看正阳门基础，莫、徐、赵廷介同去，是赵在亨得利排队取回的。

成爱：

　　连着看了两篇批判吴晗的文章，一是4月5日关锋、林述的，一是4月10日王正萍、丁伟志等整理的吴晗57年来文章中的错误观点，《人民日报》的这两份材料想你都已看了，特别是后一篇前面有一段编者按语，我看这算是给吴晗做了结论，看了这两篇文章对这个问题认识清楚了，不过前一段时间根本没可能去看这方面的文章，因此也没有问题，只是有一次听王乃壮谈到什么清官贪官的问题，好像没搞清，不过最近自己又通过一些学习对立场、观点、方法的问题有所体会，因此对清官、贪官也就看清楚了，的确要是站在广大被压迫的劳动人民的立场来看这两者是没有什么区别，都是忠心维护统治阶级的利益的，前者是主观愿望与客观效果统一，后者是主客观相反而已。

　　昨晚和老杨随便谈谈我俩都从吴晗的问题中更进一步体会到一个人要革命到底，做一辈子革命派不是件容易事，非得有坚定的决心和信心不可。同时，我又有点不放心，吴晗是你的老朋友，过去他发表的这些文章你都看过没有，看出问题来没有。因此我联想到《法式》的《序》是不是应当更慎重全面的考虑一下，在《序》之中是否可以更虚心些把过去自己对《法式》的错误认识也提一笔，今天的认识，也可能有错误和不全面希望读者指正，不要摆出一个权威的架子，这点只是提供"掌柜的"参考。

　　你关心我的主观世界，我也同样关心你的主观世界，不过这的确不是三言两语可以说得清楚的，因此只能等回去后和你细谈。昨天上午修排水渠，在二米多深的沟底往上一铲一铲的丢土，干了将近四小时最后实在筋疲力尽，每一铲都要付出巨大的代价，今天就彻底垮了，正好赶上例假，因此在家里蹲着，这是下来后第一次白天给你写信。

　　现在已春耕大忙了，但老乡家里已开始缺粮、加上没有任何副食品，因此食粮就更紧张了，我们吃派饭也很成问题，现在一天换一家，我们却不大敢吃饱，有时晚上真饿，带下来的饼干已吃完了，过些时候准备上延庆去买些来。

眉

[1966.] 4.13

眉爱：

现在是15日上午十点三刻，亦即收到你13日信后的3小时，就已经执笔给你回信了。而在这3小时中，已同刘承娴谈了半小时（关于吴晗问题），接着汪、吴、莫、徐、陈（志华）谈了西古史图片集的问题。下午有民监市委的会（吴晗作检查），晚上民盟中央的会（也是关于吴晗问题）。

你来信中为我担心的问题，总的说，请放心，在党的领导下，我们和他已进入"短兵相接"的阶段。12日民盟市常委已开过一次会（未找我）；13日上午他们就来找我，晚上就去了，讨论了下一次（即14日）的"战略"，即着重在政治方面揭露他。14日（昨天）我先到人大常委会听取文化部的工作报告，"休息十分钟"时，就"溜号"到民盟市委，直接向吴晗开火。大家所揭发的，已见今日《北京日报》。请看看这个伪装"左派"的投机分子的真面目，不在这里多写了。承娴找我就是要了解一下民盟目前斗争情况，在清华（特别是神仙会中）要怎么讨论。

我虽然还未完全清除晕头转向的境界，但冲锋的号角已经响起，党需要我走上火线，我就"豁"出去了。为此，早上的会尽快地结束，给我留下点养精蓄锐的时间。正好给你写几个字。

当然，我对《法式·序》会特别注意，改写完了还要多找些人（校内校外、党内党外的）看看，再讨论讨论，以力求正确。请放心好了。感谢吴晗这反面教员，在批判他的"东风"下，我自己的确有所提高。目前我们虽然在不同的战场上作战，但敌人却是一个，还是并肩作战，让我们坚定地为保卫我们的党和社会主义献出每一份力量！

但是，为了更好地消灭敌人，就必须学会珍惜自己的健康，希望你好好掌握。尽可能早地去买饼干，还有奶粉、糖。在社员缺粮的时候，还要设法保证自己吃饱，饿出毛病来，什么事也都不能做了。劳逸结合！千万注意掌握！我自己也是这样。

昨天下午起大风，至今还在刮。昨晚电灯灭了约$\frac{1}{2}$小时，小彤刚刚睡下，林哲正在溱盆里！大概是线被刮断或树被刮倒把线压断了。据了解，东区一夜无灯，至今未修复。这里尚如此，延庆风之大，真不可思议，为你直操心。爱你、想你。

成

66—4—15午

爱眉：

民盟市委批判吴晗的会，在开了昨天一次会后，将暂时休会，至五·一以后再继续。

星五（15日）吴作了一次"检查"，可恶极了。这次他第一次承认"犯了反党反社会主义的严重罪行"，但在扣了这一顶帽子之后，谈了"九个问题"，全是反扑，还夹杂上自我表功和自我吹嘘，当然还有诡辩和抵赖。但不能在此详谈。这些会的主要内容已在《北京日报》上报道。最可笑的是他死赖同右倾机会主义分子没有任何来往，第二天就发表了"三家村""吴南星"！

昨天（16日）又向他揭发并质问了一下午。今天《北京日报》上有"一位清华大学的同志"揭露他胆小怕死的，那位同志是谁不用说你也知道。清华只有我一人参加立场斗争。

昨晚回来又到大礼堂看《敢教日月换新天》。原来票一张给了孩子，林哲要看社会主义部队篮球赛的电视，小彤嫌太晚，看到一半就要打瞌睡，都没去。我一人去了，快开映时，忽然林洛来了。是一部非常好的"政论式"纪录片，先放了许多解放前广大人民悲惨生活和"三座大山"压在人民头上的镜头；解放战争中几个镜头之后，是新中国成立的天安门广场及游行；接着是解放后接管过来的破工厂等等，然后一个个新成就的镜头——长江大桥，毛主席在十三陵水库，……一直到大寨，大庆，万吨水压机等等。真是好极了的一部鼓舞斗志的电影。完后，林洛送我回来，然后一个人回普吉院去了。

今天（17，星日）上午齐铉、伯安来。下午小石来。整天其他时间都读有关批判吴晗及三家村的文章。市委已指示，要广大群众一齐起来批判。星一下午总支将讨论怎样开展这一重要的兴无灭资的伟大运动。

此外，星五晚民盟中央也开了会，决定先不批判吴的"学术"方面，专攻他的政治方面。民盟市委的批判到一定阶段，再"升级"到盟中央批判。姚文元的文章发表已将半年，市委指示现在真正的批判才刚开始，先集中火力对吴，然后转入对"吴南星"的"三家村"。并且指示不要每人做自我批评，而要攻。以后要大热闹一番了。

虽然接连四天战斗，但身体未受任何影响，还是挺好的。今天血压也不过 170/90。我倒担心你的健康，在吃不饱的情况下劳动，一方面要坚持，一方面还要不把自己搞垮，千万把这矛盾正确处理。搞垮了就什么都不能做了。

我发现核桃这地方那点又厚又硬的"衣"最难吃！现在学会了把它剥掉。

成

66—4—17 晚

成爱：

　　昨发一信，今天又给你写信，够好的吧？因为昨天忘了一件事，我想《法式》的《序》要是完了，是否能抽出点时间把老爷的拙匠随笔等等文章好好看一篇，仔细找找其中是否有什么资产阶级审美观点或封建残余，不要只想着总理曾说过你写了几篇好文章就不深入检查，我感到当前的社会主义革命真正深入到每一个人思想深处，可得在这场革命中站稳立场，自觉革命，今天《北京日报》上发表了对"三家村"及"燕山夜话"的批判，这些东西你过去好像也并不认识。

眉

1966.4.16

林洙从中羊坊村冠帽山下田埂上采摘的兔耳朵花。林将其随信寄给了梁思成。

眉爱：

连收两封信，而且第二封收到也已是第二天了。从来没有搁了这样久不回人家信的，原因：太紧张了。

前天收到第二信，因下午须在总支汇报斗吴情况，须作些准备。晚上又须为昨天作准备，未写。昨天最紧张，早、午、晚三单元，早晚在盟中央，下午吴又"检查"一次。

盟中央成立了三个批判小组：（1）从吴的著作、文章、报告批判；（2）从民盟的活动批判；（3）兜他的老底子。我被指定为第一组召集人，因小组十几人中，只有老金、高天、我三个党员。老金眼睛已3/4瞎，看书吃力，高天是光明日报总编辑，实在太忙，我只好担起来，高天为副，主要是开会讨论发言或文稿时，由他帮助看是否正确、有力。担子很重。

今天上午，建筑学会及学报又召开批判刘秀峰的会，又被指定为领导小组之一员。过去我们对此不太积极，部里、学会都对清华有意见，所以党委指示要积极参加。

这是一场全面的阶级斗争。一片批判声，每个人都投入，在战斗中改造自己的主观世界。我是越斗就越"立场不稳"，整天摇摇晃晃的，但坚决不下火线。（今天下午又不自量力，去政协礼堂听廖初江报告学习毛主席著作，大上当，廖未能来，换了另一人，讲山东的一个模范共青团学习的情况，话不好懂，"休息十分钟"时退了出来，回家，已累得半死。）

晚上匆匆写这几个字，准备早睡。

市委指示这次先攻吴，然后攻三家村，不要作自我检查，（那会削弱火力），在攻的过程中，自然会提高认识。老爷的随笔当然要检查的，但不是目前的事。

明天上午在家写攻吴文章，下午盟中央讨论。

我已经亲了兔耳朵多次了。今天是我满65岁，这就是生日的花束。爱你，想你，亲你……

注意劳逸结合，要吃饱！

还没有时间去把🍵告诉姥姥呢。

林哲又去劳动，等完了才来洗澡，所以孩子们今晚未来。

　　　　　　　　　　　　　　　　　　　　成

　　　　　　　　　　　　　　　　　66—4—20

大概再过两三天，第一朵仙客来就可以开了！但是，正常的仙客来已到开完的时候了！

成：

你的担子可真不轻，这真正是一场尖锐复杂的斗争，市委说得对，在斗争中自然会得到提高，同时也只有在斗争中才能彻底暴露自己，祝你成功，相信你一定能很好的完成任务。

另一方面对于你的健康更加不安了，对于你那样不会安排自己的工作与休息，越想越是烦躁，简直烦躁得厉害，但是有什么办法呢，这种经验你不止总结了一次了，可还是一再的犯，以后别给我说这些了，它除了狠狠的气我一顿以外能有什么好处呢？

妞的衣服最好做的确良的，你给妈30元也够用了，反正我六月份就回去了，比较厚的单衣她还有。这我已另给信妈妈了。

眉

1966.4.24

又：还有布票51.6尺，能给姥姥多少？

眉，爱：

已经好久好久没有给你写信了。星六中午接你电话后，忽然变得非常勇敢而聪明。吃完午饭，看家里还有一百余元，就立刻叫了一辆三轮，到邮局。这时邮局十分清静，不到三分钟就办妥，立刻回来睡午觉，那时才13∶30！行动够迅速，敏捷，利落吧？

这几天来，就忙一件事：写批判吴晗的文章，有两个晚上都搞到一点钟才上床。但是，晕头转向的现象却并不见显著的增加，血压也没有上去（星日是170/80）。星日上午还同徐伯安去大礼堂看了《红色邮路》。今天中午，已经完全脱稿并誊抄复写了三份；正好下午人常会，就带进城交卷了。今晚正在开始写这信时，已得王健（统战部分配到民盟中央的一个高级干部）电话，说："梁老你的文章真好，充满了战斗性。即将转中央统战部审阅。"这是过几天民盟中央即将召开的斗吴晗的一篇发言稿。再过几天肯定将在报上发表。这篇稿中所揭露的吴晗，将像一个重型炸弹，千千万万工农兵的怒火将会冲天万丈地烧起来。等着看热闹吧！准把你的肚子气炸了。

姥姥拟于4月30日上天津到林汴家住两天，叫我打电话买车票，但我太忙，还未打通。好了，今晚必须早睡。

成

66—4—26

眉爱：

好多天没有写信了，无非忙两件事：(1) 外宾；(2) "备战"——这是民盟内部对批判吴晗做准备工作的提法。

外宾仅仅是法国两个建筑师和工程师的访问团，从27日到机场接他们起，按日程每天都有活动。但我量力而行，有些就不参加。

"备战"工作，中央统战部抓得紧，一定要准备得好，火力要猛，要打得准，打得狠，所以要以高水平要求这些文章。三个"组"的党员又组成领导核心，由胡愈之挂帅，对交进来的稿子逐篇审阅、讨论，还须送统战部审阅。所以，为此也差不多每天有会。我的那篇稿子经过几次讨论已有所提高。林洛也看了，给我提了一条非常好的意见，加强了"火力"。过了节，准备充分后，就要上"战场"了。

"五一"上午我没有去游园。晚上上天安门。像去年那样，把洛、哲、彤放在公园；我去同外宾打了个招呼，陪他们看了一会儿，又上门楼上，风极大，冷得很，好在我穿了厚呢大衣。晚10:20回到家。

今天（二号）下午又"备战"，晚上法国人请我们吃饭。上午给你写这几个字。

你们在农村中，"五一"大概不会怎样热闹吧？

姥姥30日上午上天津去了，今晚或明晨回来。

想你，爱你。

成

66.5.2

成爱：

每天都等着报纸来了拜读你的大作，可是还没有等到，你的身体怎样实在令人放心不下。一定要注意休息。

我们近来给社员解决了粮食问题，向国家借了4万斤，所以目前问题解决了，现在农村里一点菜也没有，我已经吃过柳树叶和橡树叶了，另外还有一种野草根，却很好吃。运动已进行到后期，马上就要开始整党，昨天报告说估计在六月底结束。虽是后期工作，但斗争还是尖锐复杂，下来蹲了几个月的确对农村中两条道路问题、阶级斗争的问题有了更深的体会。布票虽有5尺多最好夏天衣服还是不动用它，秋天还得给孩子做厚些的布衣服，夏天就买的确良好了，你和姥姥商量看看，我记得妞子厚的单衣还能凑合，最薄的衣服等我回来做也来得及。

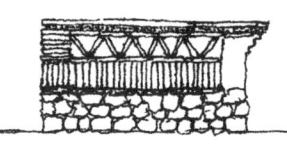

这是一个土坯垒的羊圈好看吗？

眉
1966.5.1

眉最爱最爱的眉：

昨天刚发一信，今天又写起来了。

昨天虽仍是假日，但我却忙了一整天。下午进城"备战"，接着就去法国人的宴会。据了解，他们的团长说"太累"，"五一"的三个主要活动（都是正式发请帖的），卅晚的大宴会，一号的游园及焰火，都没有出席，因此，我也"太累"，今天下午他们的座谈，明天他们上火车上洛阳，也不出面了。其实我也真是太累，而且已经累过头了。乐得今天休息一天。

本来就想写信，想不到苗赫濯突然出现，他走后，就更加要写了。他说你担子很重，工作得很好，你想，我听了该多高兴。希望你站稳立场，牢牢记住用阶级观点观察和分析一切事物，要"一分为二"，上面依靠领导，下面依靠群众，就一定能把工作做好。我告诉了老苗在"五一"前发生的一件反革命活动的事故，希望你们要经常提高警惕。阶级敌人正在疯狂地挣扎。你们，特别是妇女，特别是在夜间，更要提高警惕！

"备战"十分紧张。我们这些知识分子开的"兵工厂"，"子弹"总是那样软弱无力，总是那样"文质彬彬"，真不好办。我说的"软弱无力"是指缺乏阶级感情，这也不是能一下子培养起来的。我这"厂长"怕当不好。真急死人！

我已把我的发言稿给老苗看了。假使将来不能在报上发表（我考虑可能让蒋匪帮和帝国主义抓住加以渲染，说什么"大陆上的什么爱国志士怎样反抗'共匪'的'暴政'"等等），我就把打印的稿子寄给你。

小彤下午来告诉我，姥姥昨天傍晚已由天津回来了。

明天下午在家同本系留学生见面，大多数是越南的，也有尼泊尔的、印尼的。龙蛇杂处，真麻烦。因为这个"见面"，原定在下午的民盟的"备战"小会也改在晚上了。

人大每周上映一次坏电影，总有冲突，一次也没看成。明晚映《桃花扇》，也被"冲"掉了。

本想托老苗带点东西给你增加营养，但一时想不出，只好不带了。

听苗说，大概还有两个月，你们工作才能结束。既然如此，大约两周以后，我又要开始等你突击回家一次了！多么多么想你！

成

66—5—3 晚

又：祝大夫给我配了丸药，明天吃最后一服汤药，后天起就开始吃丸药了。

又：告诉你一个笑话，仙客来开花了！这正是它该落叶残谢的时候。

此信未发就收到你"五一"的信。我的"大作"是在斗吴会上的发言稿，会还未开，怎会先在报上出来呢？

土坯羊圈很好看。

5.4 晨补

眉，爱：

这次轮到我连接你两信了。的确，又有好多天没有写信了。

昨天老杨来电话要我把表交吴焕加，但系里和总支都没人知道他回来了，已嘱小葛，伯安告诉他，走前来取。我想你表易坏可能与你的"左倾"有关。既然是左撇子，把表戴在右手也许好些。不然就在劳动时把表带在裤带上或裤袋里，以免震动。你那表修回后走得平稳，只是每天慢约一分钟。我因不知它后盖是哪种开法，未敢妄动，只在每晚睡前拨一分钟，每天基本上差不了多少。

收到你前一封信，知道你们挨了批评，颇为你们着急，今天收到这一信，知道对你们工作成绩主要还是肯定的，心里放下了一些。吃一堑也好。党的群众路线的工作方法可是一条最最重要的工作方法，只要时刻记住"阶级"二字——阶级立场、阶级观点，再深入群众，调查研究，工作就有可靠的基础了。现在我心里有一个问题：在下阶段整党工作中，你们这些非党的工作队员要起什么作用，怎样工作呢？党员，当然要发挥党员的作用。非党的社员，就发挥社员的作用。但既非党员，又是工作队员，那你们怎样工作呢？

我在目前这场战斗中，工作时紧时松。我那发言稿已改了五次，每改都有所提高。中央统战部还要清华党委看一次，党委交到总支，小石、炳时看了又提了些意见，我改了，又交党委去，尚未发回。总之，从第一稿起，就是肯定的，但要求更高些，更高些，何时定稿还未知。

15日（星期日），早7点就被电话惊醒，才知市盟在当天下午要开一个会，作"监市委常委批判吴晗"的"报告"。但我并未得通知，而收到通知的人（包括一位党员副主委在内）都事先一无所知，那么，这"报告"从何而来呢？常委既未开会讨论"报告"稿，则"报告"不能代表常委会。我们几个参加批判吴晗的党员立即开了一早上的会，断定其中有阴谋，盟市委是黑店的分店。这会不是要保护吴晗过关，就是要用来分散打击邓拓的火力。所以我们决定下午予以揭露、打击。我既未接到通知，就未去。但一早上的分析、研究也够紧张的了。这次揭露很成功。中央统战部说我们做对了。我们也检查了自己事先未请示就行动起来（当然因为时间太紧迫），但统战部说党的领导主要在方针政策，作战时敌人突然袭击，就应立刻回击，没有时间请示就只好先斩后奏，所以我们不但没有犯错误，而且是做对了。（以上这一段的后半请"保密"。）至于下一步，我们正在等待领导指示。

虽然非常非常想你，但你不回来，专心把工作做好也好（也许是更好），我完全同意。你放心，全心全意地投入战斗吧！

昨晚在大礼堂看了一个坏电影《舞台姐妹》，比《二月江南》还糟！

不写了。

成

66—5—18 上午

成爱：

　　好几天没有给你信了，我们这儿真是动荡的日子，自从县检查组来检查之后给我们提了一系列意见后，分团党委亲自蹲了下来，组织我们讨论了两天，把工作中的问题全部摆出来，我们都谈了很多看法，今天分团党委又做了总结，肯定我们这支工作队是革命的，但突出政治不够，其他检查组提出的问题如并队等等，我们做得是对的，但在做法上即工作方法上不够扎实，深入细致不够，因此群众基础差些，有些脱离群众，在这些问题上要我们坚定信心，另外针对当前情况研究下步工作。现在我们正在整党，在整党中要把我们这个小队的队长赵永善作为重点。我们这个小队的资本主义思想是全队最严重的，上次分团报告说工作要在六月底七月初结束，因此我在这以前就不准备回去了。你的表又坏了，常常停不知是什么毛病。另外，我已不能想象你还能瘦成什么怪样子了。

眉

66.5.15

托刘青买邮票，买来这样大而无当的25张，占去信封一大片，真讨厌。

爱眉：

这一个星期是非常平静的一周，我一次也没有进城，全部时间在家改发言稿。虽然平静，却很紧张。形势发展得太快，思想简直跟不上，所以稿子改了又改。现在总算改到一个阶段，也誊了一遍，明天准备送进城，再审查。

你们在农村四清中，对于这次文化大革命有什么行动吗？自从姚文元、戚本禹的文章出来，更可以看出这是一次规模空前的大革命，已经不是一个吴晗或一个三家村的问题，也不只是《前线》、《北京日报》、《北京晚报》、《北京文艺》的几个编辑部的问题。问题要大得多、复杂得多。在这整个大革命的战斗中，吴晗仅仅是前哨战中的一个小堡垒。整个战略部署中，下一步怎样打，当然不是由民盟中央决定了。我这篇稿子至多是一颗手榴弹。这几天来的加工，觉得把它的"爆炸力"提高了许多。现在就是"枕戈待命"。冲锋号一响，我这老兵（年老之老也）就上阵，把它丢出去。

刚才（晚饭后）出去散步，遇到刘冰，他问起我的"夫人"是否在靳家堡公社，在哪个大队。他是前天回来的。刚想问他你们非党员的工作队员在建党中怎样工作，他的汽车开到，同胡继艾知生同上高教部去了。从他那里知道一点，就是六月底结束工作。

好了，不写了。

成

66.5.22 晚

明天23号，可能又得你电话了，多高兴！

成爱：

　　好久，好久，好久，没收到你信了，我已经给了你两封信，你可一封回信也不写，当然看报纸上的情况想你一定忙坏了，可是我也急坏了，真不知你现在身体到底怎样，我并不需要你写多长的信，只要给我几个字就行了，行好的老爷赏几个字吧？我们运动预计六月底结束，现在一定忙极了。

　　　　　　　　　　　　　　　　　　　　　　　　　　　　眉
　　　　　　　　　　　　　　　　　　　　　　　　　　　66.5.20

另外，彭真为什么好久不露面了，是否有问题？

爱眉：

　　昨天信刚发出，就收到你那喊老爷行善开恩的信。现在又追写一封，戴罪立功，将功赎罪。

　　昨天下午又到盟中央去碰了一下头。反正我们就是做好一切准备，党指向哪里，就打向哪里。

　　你信中问到某人，我只能回答：不知道。

　　昨晚十二公寓13号楼上无意中举行了一次团圆大会。徐伯安、郭黛姮、吴焕加都不约而同地赶到一起来了。我叫它做大"团圆"，你"吃醋"吗？

　　今天我环顾了一下这书斋中的几盆小花木，忽然意识到我这小屋里实在收藏着不少奇花异卉：有长了六七年还只有五寸高的橘子树；有过了清明才开始开花的仙客来；有过了整整一个冬天，亦即"常青"的玉簪花；有倪云林笔法的"枯木寒鸦"式的文竹；还有"常青"过了冬的倒挂金钟。也可以自豪矣！

　　手表已交焕加带去。我的那个如有便人请托他带回。

　　昨今两天（23，24）中午前后都在等长途电话，都失望了。

成

66.5.24

眉，爱：

又是好几天没有写信了。这一个星期，事情也多也不多。进城次数较少，但相对地，在校内党内的会多了一些。至于具体内容，就不能在此写了。总而言之，这次文化大革命是一次极其深刻的革命。全国人民都已投入这一场伟大的斗争中。报上已驳斥了某些"权威"。在批判《海瑞上疏》一文中，又点出中央宣传部的"一位副部长"。目前像在看一轴很长的"手卷"，由去年十一月批判吴晗的《海瑞罢官》开始，一段一段地卷过去。将来还会有所揭露。你就注意看报吧。

今天下午民盟中央将开常委会，讨论怎样进一步批判吴晗的问题，但又听说可能另有一个大报告。但听"大报告"有没有我的份儿，还不知道。

上星五建筑学会还开了一次批判刘秀峰的会。总之，在目前文化大革命中，到处是一片批判声。借这次东风，在斗争实践中，全国人民的政治觉悟又将大大提高一步，党的队伍将进一步纯洁、团结、巩固。比57年反右的义意更伟大、深刻。真是一片大好形势！

我一切都好，勿念。今天已是五月底，再过一个月，你就回来了。我在一天天地数着、等着。但听焕加说，你们那里有"三怕，三争"。希望你坚决"三争"，我完全支持！

成

66.5.30

眉爱：

　　这次社会主义文化大革命真是一次无比广阔无比深刻的大革命。这是对文化教育界的资产阶级当权派的一次大揭露。今天报上又揪出来了陆平、宋硕、彭沛云。每一揭露都是那么怵目惊心。这是一次对"一切害人虫"的大扫除。一步步挖，总要把黑线的老根挖出来的。

　　民盟已决定由民盟中央插一手，与民盟市委一起斗吴晗。不久就要开火。这里不多说了。

　　近来你的工作和身体怎样？万分万分惦念。求你大发慈悲，给人家一纸天书吧！

　　昨天儿童节，小彤他们到动物园去玩了一天。可笑的是，前几天她就来取水壶，还先装满了再一杯杯倒出来量量有几杯。（这些地方看出这孩子很有些"科学"头脑。）但是，她没有估计同学们都来要水喝。不到10点就已喝光了！真逗。

　　　　　　　　　　　　　　　　　　　　　　　　　　　成
　　　　　　　　　　　　　　　　　　　　　　　　　　66.6.2

爱眉：

听见广播了吧？上次你问的一个问题得到答案了吧？其实我答复你"不知道"时，我是已经知道了的。但中央未公布，我就只能说不知道。5月20日我们听了宣读中央决定的文件。全校中也只是极少数人，土建系仅小石、宋仁、德耀、良镛、我五人。今天《人民日报》社论已明确指出，黑线的根就是北京市委。其实《红旗》第7期戚本禹《评〈前线〉〈北京日报〉的资产阶级立场》发表后，再加上彭真久不露面的现象，事实上已经摆得明明白白，已经可以得出应得的结论了。需要认识的是：这还不是社会主义文化大革命的结束，而是"第一幕"或"第一场""幕下"而已。例如几天前评上海周信芳演出的《海瑞上疏》一文中，已点出了"中央宣传部的一位副部长"；昨天评吴晗胡适通信的"编者按"点了一下科学院近代史研究所的"一位负责人"，亦即《历史研究》的主编（我猜此人可能是刘大年）；说明还有一些牛鬼蛇神未被揪出来呢。

这几天北大清华"热闹"极了。大字报贴满了全校墙壁，但两校有极大的不同。北大主要是对前党委的批判、揭露。在清华，最初也有少数攻击党委和蒋校长的，但立即遭到全校教职工同学的反击。昨天（星五）我去看了一次，又晒、又热、又挤；大字报又多，挂得又高，字迹也潦草，我看了约半小时就头昏目眩起来，只好到系里休息一阵子才回家。正好晚上祝大夫来，向他"汇报"了这现象，挨了他一顿批评！

我正在看的时候，正好第一次广播中央的决定，全校欢声雷动，掌声雷鸣，不久，有些单位就敲锣打鼓送来大红纸大字报，坚决拥护中央的决定。

话说回来，民盟批判吴晗的会还未开，等到开成的时候，真要成马后炮了！

等你信都等急了。再不来信，我就要写信给老苗或老杨，问你是不是掉进井里见龙王爷去了，抑或让狼给叼走了！

急死了的成

66-6-4 星六

爱眉：

我已经放弃了一切一切希望，再也不为等不到你的信而焦急了。反正已等了三个星期，再过三个星期就到月底，没有信你也回来了。何况听司机说，学校已嘱咐准备十几号就去接，但他谈不上是怀柔还是上延庆。反正快了。我也不急了。

批判吴晗的会，拖来拖去，又不开了。只准备在最后处理他的时候开一次大会。中央统战部指示，准备的文章可以作为大字报在本单位贴出，也可以送报上发表——那也是大字报，不过是印在报上的大字报。指示要重在揭发。我的稿子随同形势的发展，已改了八次。向党委请示后，来决定用什么方式发表。

林汀开刀，姥姥昨天上天津去了。预定今天带着汀的孩子回来（因汀的婆婆也病，吐血）。今晚我上盟市委开会，刚回来，还不知姥姥回来了没有。

清华大字报太多，但是我差不多没有条件去看。苦恼极了。

本想将"凉粉棚"再撑起来。让聋子洗棚布，往水里一泡，还没有搓，就已变成百孔千疮的破布了！

成

66—6—8

晚十时半

谢天谢地谢夫人，

6—5 的信今晨收到了。

6—9

成爱：

我们现在正搞收尾工作，整天写材料，紧张极了，我一切都好，现在整党已结束，正在整团，非党员的工作队员也只好当党员来使，有什么办法呢？现在工作分两路大军，一路是抓生产的，一路是搞整组的，我属于整组的一路。不写了，困得很。我们现在每天规定一小时读报、搞文化革命。[1]

眉
1966.6.5

[1] 林洙于1966年6月中旬回到清华。时梁思成已成为"反对学术权威"，遭到批斗。他的身体健康急剧下滑。直到1968年底，在周恩来总理的关怀下，梁被送入北京医院治疗。

沬：

　　一直到星期日晚饭后，我还对你叨念着想早日出院。但那晚上八点钟左右始，我却来了个180度向后转，开始庆幸工宣队领导同志，没有同意我出院，现在给我的肺气肿、心脏病可能得到治疗或者减轻带来了希望。

　　星期日晚八点前后，值班大夫来"查病房"，一看是杨大夫（杨超元，我去年十一月搬到三楼时始，到四月间他去支援山西时止，一直是他负责治我的病），我高兴极了。原来他从山西回来后，除有几天在门诊部工作外，都脱产参加学习班。星期日晚，他只是临时来值一次夜班，星一还要回到学习班去。他问了我最近病情，还用听筒仔细地听了我的肺、心脏，还问我前列腺如何等等。接着他坐下来和我谈天，问我有没有试服"626"。我被他问得莫名其妙，问他什么是"626"。他说就是那个普通贫农发明的治克山病的药。他说这药就是盐场制盐熬盐卤时凝结的盐碴——盐卤碴。在推广使用治疗克山病的过程中，发现它还能治许多种过去认为难治的病，其中包括肺气肿、心脏病。他说北京医院门诊部已经在开始试验了。我听了十分高兴，就请他向侯大夫提一声，也让我试服吧。他停了片刻，微笑地说："还是你自己对她说吧。"我告诉他，不久前在报上看到治服了克山病的报导，但不记得说也能治肺气肿、心脏病。他走后，我就想，这样一来，很可能又要在医院再住几个月了。

　　第二天（星期一）早上，我就找到有那篇报道的报纸，我看到当时我在上面转录了毛主席《送瘟神》的诗句。（我在清华做学生时就听说过"克山病"，因为最初是在黑龙江克山县发现的，俄国、日本、中国医生对之都束手无策，又不知其致病原因，但有较强的地方性，所以叫它做"克山病"。几十年来，我总认为它是一种极其可怕的病。）但报道中对于新发明的药没有明确说是什么，只在报导末了附带说了一句"还能治疗其他多种难治的病"，所以我当时没有想到这个贫农的发明竟然会给我的病带来新的希望。（这次找出来重读，才给它画了些红道道。现在剪下附上。）接着我去找侯大夫，告诉她昨天有个朋友告诉我有此药，并听说门诊部已在试用。我问她是否准备在病房中也试用。如试用，我报名做一名试验对象。她说考虑考虑再答复我。

今天（星二）侯大夫告诉我，她们开会研究了这个问题，准备找一部分病人试用。拟在一两天内召集这部分病人开个会，不愿试服的当然不勉强，愿试服的应注意哪些事项等等，然后开始服用。我现在就是等着试服。假使能使我的呼吸恢复到1964—65前后的情况，就为我创造了条件，由"一批二养"争取"升级"为"一批二用"，为社会主义革命社会主义建设献出我点滴的力量了。

（以上星一星二写）

现在已是星三晚饭后。近几天来身体出了许多小毛病。胃口虽略好转，但吃饭的积极性还很差。右侧从大腿通过臀部到腰部以上有一条筋出了毛病，发出尖锐的疼痛，尤其是躺下后，想翻一下身就疼得要命，要起来更须咬紧牙关忍住剧痛才能极慢极慢地起来。今天大夫给我扎了一针，并嘱勿使受凉，已有所好转。星一下午我参加了学习，星二下午，到时挣扎了半天还是起不来，只好缺席了。（每星一、二、四、五下午由2：30至3：30几个小时而已。）没有眼镜，读书、看报、写字都非常别扭。读或写十几分钟就开始有"复视"的预感，必须立刻停下来。这封信就是这样写写停停、停停写写地写了前后三天才写下来的。星日晚你是否已在王府井大街给我送去配制？不知什么时候可以配好？

你信中告我"用""养"都同时有"看"的问题，确实如此。这仅仅是一句话，对我帮助却极大。这就是我急着想回家的原因之一——应该说主要原因。我一定照你所说坚持参加学习。

你们劳动效率如何？能按计划完成平整田地和插秧的任务吗？甚念甚念！

医生决定让我试服"626"，并因此可能还要在院住一时期，你考虑一下，最好代我向系领导报告并请示一下。

成

[1968年] 6月4日星三晚

沫：

　　这几天，我的健康状况好像突然出现了一个"大跃进"的局面。约半个月以前，吴大夫就开始问我胃口是否好了些，我总觉得没有甚么。但后来渐渐感到每顿一两饭不太够了，但觉得二两又怕吃不完，所以吃面条或包子之类时，就要 $1\frac{1}{2}$ 两。上星六晚你走后，发现你忘记把半圈面包带走，我颇发愁，当晚吃了它 $\frac{1}{3}$。第二天早点时，除正常的一两豆沙包外，把那 $\frac{2}{3}$ 也吃了。这一天（星期日）"任务"特别重，要了两个鸡蛋，本来是预备给你的，只好自己吃了。中午要了一整份西红柿炒蛋，全吃光了，下午"点心"还吃了一个鸡蛋。晚饭要了一整份酱鸡，本预备吃不完请你帮忙的，居然毫无困难地把它完全、彻底、干净地"消灭"掉了。晚九时半，仍照常吃夜点心，把另一个鸡蛋也吃掉了。我发现我的确是胃口大增了。从星一起，我就每顿改为二两主食，一整份菜，都毫无困难地顺利地完成任务。吴大夫特别高兴，她说肯定是"681"的疗效。

　　不仅如此，昨天午饭后，我觉得满身发黏，觉得也许可以洗个澡。在做完了充分考虑和思想准备后，我就一步步试探着洗了起来，并且准备随时"招架不住"就立刻"半途而废"，其结果，也十分顺利地洗完了，并且觉得比过去坐在椅子上洗一次脚还容易得多。不用说，吴大夫、石护士都非常高兴。但是他们说，以后洗澡前洗澡后，都不许我自己洗澡盆。其实我只要慢慢地做，洗澡盆是完全可以胜任的。

　　这就是我的"大跃进"的"特大喜讯"。向你报告这个好消息的同时，也请你来时再带五斤或十斤粮票。

　　此外，也请买一二两清茶来。

　　这几天下雨，为你们给下放人员洗衣洗被的工作带来困难了吧？问姥姥好。

成
[1968 年] 7 月 9 日

洙：

  因为每顿增加了一两馒头，有时胃口较好，就毫不困难地完成任务；但有时胃口稍差，出现"蚂蚁啃骨头"的情况，就须求助于果子酱。因此，那瓶黄梅酱也吃了 $\frac{2}{3}$ 以上了。本周末请再带一瓶黄梅酱（其他果子酱也可以）来。

  今天（星二）傍晚的六时四十五分，这里下了一场暴雨加冰雹，雹子大的有桂圆那么大，持续了约廿五分钟。不知清华下了冰雹没有？但愿冰雹范围只在城内。如郊区也有，农作物方面的损失就大了。

成
[1968年] 7月15日晚

洙：

　　通过我们的学习班，已买得一本语录、五篇、诗词和最新指示合订的《最高指示》，只是字太小，读起来颇费力。有了这样一本，原托你买的《语录》就可买可不买了。

　　由于买了这本和《毛泽东思想胜利万岁》（也是字小得要命），又买了饭票、换了面票，手中已一文不名了。来时请带几块钱给我。（按目前我的饭量计，每月需买饭票20元，换粮票16斤左右。）如须等12日发工资，则请先给我6或7元。

　　近来果酱、茶叶的消耗率都有所增加，请带一瓶黄梅酱，二两茶叶。

　　方钟已多年未"洗澡"擦油，若长时间不用，放在阴湿的抽屉里，一些钢制零件可能生锈，请务必及早送去"洗澡"。

　　离"十一"已不到两个月了，届时不能没有眼镜，请务必及早送去换右眼镜片。

　　连日来晕得要命，星一吃了几片"降压灵"，星二（昨天）降到140/80；星二未吃，今天又回到190/90了。

　　昨天到牙科检查，找出了上牙易掉和牙床疼的原因，是因这套牙已用了廿余年，后面大牙磨矮了很多，前面门牙磨损少乃至没有磨损，相对地太长了，所以吃东西时，大牙尚未咬到底，前面的牙就上下顶上了，因而后面就翘起来，脱落，同时，也对前面牙床加了过大的压力，所以牙床就红肿疼痛了。作为临时措施，已将下面的前牙磨矮了一点。但因廿余年来，口腔部分骨头也略有变形，所以也做了一副新牙（价20元）。据大夫说，将做成新旧两副上下都可互相调换配合使用。旧牙的前牙有些已崩裂，新的将做塑料前牙，可免日后崩裂。云云。

　　新出的《红旗》杂志，已买得，不必为我买了。

成

[1968年] 8月6日

洙：

  星六上午我到越南大使馆去了一次，不用说，你已经知道了。上星三、四始，我的腰又开始痛起来。那天若不是高均同志已来，车已在下面等着，我肯定不去的。到了大使馆，还上了一层楼。幸好，老高非常细心，始终挽着我，不然那一层楼会把我难住了。可笑的是，在我们这个七老八十的行列中，还有陈垣、章士钊、邓初民三人也是有人扶着的，而陈垣还是由左右各一个人"挟持"着走的！

  高均告诉我："林洙劳动得不错。"从他口中还进一步肯定了那个星期天你们不休息，所以第二天我也没如痴似傻地等你了。

  近来病房越来越人少了。316的老严（内蒙呼和浩特来的）死了。外省外县来的（除一个正在发高烧的和一个经批准由贵州来的外）全回去了。今天早上连小王都出院了。三楼东朝南这边只有六个病人，朝东那边只有七个。学习班只有五人参加了。

  我的腰痛到了星期日下午就严重起来——一呼一吸都是钻心地痛，坐、立、卧都是痛的。大夫给我吃了一片"安乃近"，在腰上，屁股上贴上"消炎镇痛膏"，谢天谢地，总算比较不太痛地睡了一夜。星一（昨天）早上就来了针灸大夫，扎完之后就好了许多。今天（星二）早上又扎了一次，又好多了。估计再扎一两次就可以完全好了。这次腰痛（据大夫说）是因为房间南北窗大开，"吹着了"。现在已将门窗关了大部分，衣服、被子也加厚了，痛也减轻了许多。

  这次上越南大使馆，站立（不走动）的时候多，穿布鞋左脚跟不着地，所以一站就全身站在右腿上，相当累。想到"十一"如上天安门，全部时间都是站着的，（"五一"晚上看焰火是坐着的），所以请务必把皮鞋带来。（我最后做的一双在脚的外侧鼓出一块骨头处，鞋帮也鼓出一个小包，最好给我这双。）

  我已穿上了长袖深灰色的内衣。我发现你只带来一件，请将另一件带来。那条黑绿格纹柞蚕丝绸围巾也请带来。

  从6月6日开始服"681"，至9月6日，整整三个月，共吃了15瓶，大夫说吃一个时期看看效果如何，再决定是否继续服用。

　　　　　　　　　　　　　　　等你盼你的　成

　　　　　　　　　　　　　　[1968.] 9.9 夜

又：请带一对大电池！

洙：

　　周末来时，除了带饭钱（估计约25元左右）外，记住还要带粮票（估计约12斤左右）。

　　牙科杨大夫说愿意再给我做一副牙，但目前缺一项材料——门牙（！）。过去门牙是进口的，现在不进口了；但国产门牙质量不好。一种是塑料的，咬东西"发木"，而且易磨损；一种是瓷的，但没有金属钩，易脱落。我说我还有一副更旧的旧牙，是1943年前后在重庆做的，是否可以把那副牙的塑料部分融化掉，利用它的门牙？他说可以。所以周末来时，千万记住把它带来。（那副牙过去一向都放在书桌右手第三屉内，是一个约7或8cm见方的灰色纸盒，盖上有红色标签"Dr. West"等字样。）

　　如有可能，希望问问林泗关于天安门问题。

　　非常惦念你右手发麻的毛病，希望抓紧时间去诊治。除北医三院外，五道口联合诊所有土中医，可能也掌握了新针疗法。何妨去问问，试试？那里离家近，省时省事。（1964年我右脚跌脱节，校医室没有治好，五道口正骨科的中医一次就给整好了。记得吗？）

　　《参考消息》是送到系里还是直接送来医院？最好了解一下。如直接送来医院，则我有必要在元旦前对医院收发室先打个招呼。

成
[1968年] 12月22日

洙：

　　不知怎么搞的，昨天（星一）起来后，喘得厉害，呼吸困难，头晕目眩，晃荡晃荡地"立场不稳"。大夫来看后，又恢复了我的安茶碱。他说我心跳的"不规则"程度比往常更多了些，因此又加了一种不知什么药。叫我这两天少活动，多在床上躺躺。今天已有所好转。

　　今天下午渠知新、朱德光两师傅来，说代表校和系的指挥部来看我，不巧碰上我睡完午觉刚起来，正在哼喘如牛。领导上的关怀让我非常激动，说话就更上气不接下气了。

　　今晚七点左右，护士叫我去接电话，我想准是张奚若，果然不错。但他并未问天安门，而说有人要同我说话。接着，电话里叫了声"爹爹"，原来是再冰回来了。她一回来就听说我住在医院，但不知什么医院，所以跑奚若那里去打听去了。她明天下午来，我高兴极了。

　　这次你买的点心非常适合我目前的需要，吃起来清爽可口又省事。看可吃十天左右，下周来就无须买太多点心了。但千万别忘了带酱黄瓜、酱萝卜；还要酱豆腐——在我的牙不太中用的情况下，这"三酱"是助餐所十分需要的。炒面也是我所欢迎的。

　　怀历已托人买得，不要再让它费你的精力、时间了。

　　文化大革命以来，我和林哲、林彤这两个孩子的关系弄得那样糟糕、那样对立，责任全在我这方面。最近几个月来，为此也总是心中耿耿。我真希望我们能**团结起来，争取更大的胜利。**[1] 至迟到明年**山花烂漫时，**[2] 我总该出院了。希望你在这段时间内做点思想工作。有可能吗？假使在我"走"以前不能和两个孩子关系搞好，我会觉得永远对不起你们母子三人，我将抱憾而死。我真希望在那种情况下"走"掉。

　　你收到此信时，估计已进入70年代了。在迎接着新的大跃进的1970年的时候，让我们同心同声地敬祝伟大导师**毛主席万寿无疆！万寿无疆！！！**[3]

成

[1968年] 12月30日

最后一张4分邮票已贴在这封信上了。

[1] [2] [3] 涉及毛泽东、毛泽东诗词及毛主席语录部分，梁思成改用红色圆珠笔书写。

沫：

今天睡到 7∶20 才醒，感到很舒适。下午天又暖，水也热，因此洗了个痛快澡。

我这口牙真是出尔反尔，反复无常，昨天经杨大夫再度调整后，又好了许多。虽然还不能算百分之百满意，但也可以打 90 分了。因此，杨的意思可以不另做了，不过他还要我试用几天，如有必要，再调整一两次或两三次就"可以凑合着用些日子了"。因此，请向指挥部、革委会请示，让我在下周内出院何如？出院结账时，除伙食外，还要带采暖（至多不过 10 元）及理发（约 1 元）费来。

万一下周仍不能出院，则本周末请带茶叶、油炒面、排叉、果子蛋糕、广柑，及其他（？）。

成
[1969 年] 1 月 20 日

如不费事，请及早买两个电池。